현실 인식과 시대정신
- 구상의 새로 찾은 글들 -

일러두기

1. 새로 찾은 구상의 글은 발표 당시의 표기대로 싣되, 원문 해독이나 판별이 힘든 경우 ○으로 표시를 해 두었다. 결정적인 오식은 주석을 달았고 그 외에는 원문대로 실었다. 컴퓨터 시스템에서 자동으로 맞춤법을 수정하는 경우가 있어 필자도 모르게 수정된 때도 있었다는 점도 미리 밝혀둔다.

2. 편의상 글들을 시, 산문, 평문, 사설, 대담 등 다섯 갈래로 분류하였으며, 갈래 안의 글의 게재 순서는 발표순으로 배열하되, 그 안에서 다시 문장 성격을 구분할 경우는 발표순과 관계없이 실었다.

3. 작품(글) 원문 끝에는 출전을 밝혀주었으며, 참고 및 인용 문헌과 자료들은 각주에 나타난 것들이 대부분이지만, 각주에 나타나지 않은 소수의 자료나 문헌은 본문에 출처를 밝혀두었다. 그리고 내용에 도움을 줄 수 있는 그림이나 사진은 본문과 함께 게재하였다.

4. 인용된 구상具常 시인의 글은 국한문혼용체로 한글세대들이 읽기에는 어려움이 있을 것 같아 한자어는 한글 옆에 작은 글자로 적었다. 같은 단어가 글 속에 여러 번 반복될 경우 처음 두세 번만 나란히 표기했다.

현실 인식과 시대정신

− 구상의 새로 찾은 글들 −

한명수

ⓔ 예다인

[저자 한명수 韓明水]

시인이요, 문학평론가이다. 대구가톨릭대학교 대학원 종교학과에서 박사학위를 받고, '가톨릭 사상과 윤리적 삶에 관한 강의'와 '문학과 문예창작에 관한 강의'를 해왔다. 이와 함께 한국천주교회사와 순교자를 연구하면서『관덕정 순교자들의 신앙과 삶』『성 이윤일 요한』『십자가의 길』등을 발간하였다. 그는 우리의 근현대문학에 대한 자료들을 수집하고 정리하는 작업도 병행하였는데, 최근에는 한흑구의 잊힌 자료들을 발굴하여 우리나라 최초로『흑구 한세광의 영시들』을 소개하고,『한흑구 시전집』과『한흑구의 길』등을 펴내어 사계의 주목을 받기도 하였다. 이번에 펴내는『현실 인식과 시대정신-구상의 새로 찾은 글들』역시 같은 맥락에서 정리한 것으로 구상 시인의 20주기를 맞아 헌정하는 의미를 담고 있다. '문학과 종교', '예술과 영성' 등에 관심을 가지고 창작 활동을 하는 그는 시집『꽃마중』『시간과 영원 사이에서』외 다수의 시집과 평론집『수필의 정신세계』『시선 혹은 영성』등을 펴내기도 하였으며, 현재는 한국의 현대문학과 작가에 관하여 연구하고 있다.

현실 인식과 시대정신
- 구상의 새로 찾은 글들 -

초판인쇄　2024년 09월 20일
초판발행　2024년 09월 30일

지 은 이　한 명 수
발 행 인　유 재 경
펴 낸 곳　도서출판 예다인
　　　　　04552 서울시 중구 충무로7길 21(을지로3가)
　　　　　전화: 02-2266-5005
　　　　　E-mail: w8585@hanmail.net
I S B N　979-11-989430-0-2　03810
정　　가　18,000원

- 이 책의 저작권은 책 저자에게 있으므로 무단 전재 및 복제를 금합니다.
- 이 책을 무단 전재 또는 복제하면 「저작권법」 제136조에 의거 처벌을 받습니다.
- 파본은 구입하신 서점에서 교환하여 드립니다.

◆ 발간사 ◆

지난 5월 11일, 구상 은사님 20주기를 맞아 구상선생기념사업회 회원들과 함께 왜관 베네딕도수도원을 찾았습니다. 왜관에 내려간 것은 두 가지 이유에서였습니다.

첫째는 천주교 수원교구 안성추모공원에 모셨던 은사님을 선종하신 지 20주기가 되어 이장을 해야 했습니다. 마침 왜관 베네딕도수도원에서 성직자 묘역인 창마묘지에 〈왜관수도원의 은인〉으로 모시겠다는 뜻을 밝혀와 2023년 11월에 이장을 한 후 20주기에 맞춰 묘역 참배를 간 것입니다.

둘째는 왜관 베네딕도수도원에 〈구상 구대준홀〉 개소식에 참석하기 위함이었습니다. 수도원 백현동 아빠스의 말씀을 빌리자면 "구상 선생님 집안과 우리 수도원은 서울 백동(현 혜화동) 시절부터 북한의 덕원, 그리고 왜관까지 3대가 함께하며 도움을 주고받은 소중한 인연"이라고 합니다.

더구나 구상 은사님의 형인 구대준 신부님은 덕원 베네딕도수도원에 계시다가 6.25 전쟁 때 월남하지 않고 신도들과 함께 수도원을 지키다가 순교하셨기 때문에 더욱 두 분을 기리는 공간을 마련하고자 건축가 승효상에게 맡겨 1957년에 건축한 마오로관 2층을 〈구상 구대준홀〉로 재단장을 한 것입니다.

　행사를 마치고 참가자들은 낙동강변에 있는 〈구상문학관〉으로 향했습니다. 그곳에서 대구가톨릭대학교 최원오 교수님를 만나 한명수 시인이 10여 년 동안 심혈을 기울여 수집하고 정리한 '구상의 새로 찾은 글들'인 〈현실 인식과 시대 정신〉 원고를 접했습니다. 최원오 교수의 전언에 따르면 구상선생기념사업회에서 단행본으로 간행한다면 아무 조건 없이 원고를 넘기겠다는 것이 한명수 시인의 뜻이라고 했습니다.
　사업회 임원, 유가족이 함께 있었던 자리에서 저는 마침 20주기 기념행사를 위해 모금 중인 만큼 중앙대학교 문예창작학과 76학번 제자들 중심으로 힘을 모아 책을 발간해 보겠노라고 의견을 제시했습니다.

　구상 은사님은 하와이대학교에 계시다가 귀국하셔서 1976년부터 중앙대학교 문예창작학과에서 강의를 시작하셨고, 76학번 제자들에게 특별한 애정을 쏟으셨기 때문입니다. 종종 '너희와 나는 중앙대 입학동기다'라는 농담도 건네시곤 하셨습니다.
　이런 인연이 있어 바로 76학번 동기들에게 책 발간 계획을 알리고 의견을 물었습니다. 많은 동기가 발간 비용을 보내왔습니다. 76학번 외에도 발간 소식을 들은 선후배들도 기꺼이 동참 의사를 밝히며 발간 비용을 보내와서 구상 은사님의 20주기에 맞춰 『구상문학총서』에 누락된 은사님의 귀중한 글과 대담 등을 만나게 되었습니다.

원고 발굴에 10여 년 동안 애쓰신 한명수 시인과 은사님의 일에 흔쾌히 정성을 보탠 문예창작학과 제자들에게 깊은 감사의 뜻을 전합니다.
발간 비용을 보내준 제자들의 이름을 하나 하나 적으며, 거듭 고맙고 기쁜 마음을 전합니다. 아울러 이 책이 구상 시인의 문학과 사상은 물론 영성靈性을 연구하는 데 큰 보탬이 되기를 기원합니다.

고마운 이름들
김승종, 박수진, 백영건, 오정국, 이진훈, 정종배, 주찬옥, 허윤목, 홍행숙(이상 76학번), 문경섭(75학번), 장원상(77학번), 이승하(79학번)

2024년, 구상 은사님 20주기에

제자 이 진 훈(사업회 이사) 합장

◆ 머 리 말 ◆

　　1980년대 말부터 필자는 우리나라 천주교회의 역사와 순교자들에 관하여 연구하기 시작하였다. 일차적으로 문헌을 수집하고 정리하는 일에 몰두하면서 1920년대, 30년대, 40년대에 발표된 문단 선배들의 글들도 교회 문헌들 안에서 자연스럽게 접하게 되었다. 후일 교회사를 마무리하면 이들도 살펴보리라는 생각으로 미루어 두었다. 그러다 1950년대의 문헌들을 살펴보던 중 구상具常의 작품들을 보게 되었다. 처음으로 만난 것은 《천주교회보》(현재의 가톨릭신문)에 발표한 시 「은행」, 「하늘이 주저앉기 전에」, 「기도」 등이었다. 그때는 이 작품들이 『구상시전집』(서문당, 1986)에 당연히 실려 있을 것으로 생각했다. 이후 많은 시간이 지나고, 예정하였던 교회사 정리와 연구 과정이 어느 정도 일단락된 후에 이들 자료를 비교해 보니, 『구상시전집』뿐만 아니라 『구상문학총서』(홍성사, 2010)에도 없다는 것도 알았다. 그렇다면 『구상문학총서』라고 해서 그의 모든 작품(글)을 모은 것은 아니겠다는 생각이 들었고, 이후 틈틈이 구상의 작품(글)을 찾아보았다. 그 분량은 엄청났고, 그 가운데 상당 부분은 『구상문학총서』에 있는 작품들이었다.

그렇게 구상의 글들을 정리하던 어느 순간 한계를 느꼈다. 내가 움직일 수 있는 시간이나 공간은 제한적이었고, 그것을 정리하는 일도 전체 작품(글) 중 지극히 일부분에 불과할 것이기에 혼자 용을 쓴다고 해서 될 일이 아니었다. 구상의 글들 모으고 정리하는 이가 또 있을 거라는 생각, 나와 비슷한 생각을 하고 실행에 옮기는 사람이 있을 수 있다고 생각하였다. 그리고 일정한 목표를 가지고 공식적으로 운영하는 '구상선생기념사업회'도 있고, '구상문학관'도 있으므로 이 기관에서 정책적으로 이와 같은 일을 하게 된다면, 이 땅의 어느 한 곳에서 고군분투하는 '그 누구'도 자연스레 알게 될 것이고, 그런 개개인의 작업들이 일정한 기치 아래 모인다면 훨씬 효율적이겠다는 생각이 들었다.

그런데 문제는 '이 일을 어떻게 알릴 것인가?' 하는 것이었다. 그래서 구상의 모든 작품을 다 찾아내어서(사실 불가능하다) 정리하기보다는 그 일부를 정리해서 세상에 내놓고, 이것을 공유하자는 생각에 이르렀다. 그러면 나보다 훨씬 유능하고, 시공간적으로 폭이 넓고, 연구의 깊이도 있는 이가 공감하게 된다면 좀 더 체계적으로 '의미 있는 작업'이 이루어질 수 있을 것이라는 소박한(?) 생각에 이르렀다. 그래서 틈날 때마다 하나씩 구상의 작품(글)을 정리하였고, 그 정리 가운데 하나의 결과물이 이 책이다.

일반적으로 작가를 연구하는 일에는 단순히 작가의 자료를 모아 정리하는 것이 아니라 그 실증적 자료를 바탕으로 연구자의 관점과 서술 방향을 중심으로 여과와 선택의 과정을 거치게 되어 있다. 작가의 의지와는 상관없이 작가가 남긴 자료들은 그 작가를 연구하는 데 일차적인 자료로 활용되고, 분석과 평가는 독자의 이해를 돕는 데 일조한다. 문학사적으로 중요한 작가일수록 전체 문학사 서술의 한 축이 될 수도 있으므로 작가가 남긴 자료들은 어떤 형태로든 정리·공유된다면 더 객관적이고 심층적인 결과를 얻게 되리라는 것이 나의 생각이다.

연구자 처지에서 볼 때, 작가와 작품의 상호관련성을 배제하지 않고 총체적으로 연구할 수 있다면 더없는 보람일 수도 있고, 나아가서 작가의 사상과 철학, 영성까지도 규명한다면, 이는 단순히 어느 특정 작가의 작품에 관한 연구(작품론)나 작가에 관한 연구(작가론) 수준을 넘어서는 일이다. 이를 구상연구具常研究에 적용한다면 이것은 '새로운 시대정신을 적극적으로 탐구하고 영원 속의 현존을 추구해 온[1] 한 인간, 그 가치 있는 생명'의 숭고한 정신세계를 공유하는 일이 될 것이다.

이런 기본적인 생각을 바탕으로 한 이 글의 기본 취지는 일차적으로 구상을 연구하는 연구자에게 구상연구, 즉 구상의 문학과 삶, 작품과 인간, 글과 생활 등 구상이라는 한 인격체를 중심으로 한 전반적이고 총체적인 연구를 위한 기본 자료 집결의 필요성과 그 작업의 동기를 부여하는데 있다. 이와 함께 구상의 작품을 누리고자 하는 이에게는 우리가 일반적으로 접할 수 있는 글들 외에도 많은 작품(글)이 있다는 사실을 공유하

---

[1] 구상, 「나의 시의 좌표」, 『구상문학총서』 제1권, 홍성사, 2002, 205.

고, 그 실증적 자료를 일부나마 제공하여 그 기쁨을 좀 더 누리도록 안내하는 데 있다.

여기에 모은 글들은 구상의 전 생애에 걸쳐 발표한 글들을 모두 확인하고 정리한 것이 아니라 그 가운데 지극히 일부이다. 좀 더 구체적으로 말하면, 구상이 월남한 이후(1947년)부터 『침언부어』(1961년 5월) 발간 이전까지 발표한 구상의 작품(글) 중에서 『구상문학총서』에 없는 작품(글) 43편이다. 구상이 1986년 『구상시전집』을 펴낼 때 5백여 편의 시에서 4백여 편만 싣는다2)고 기록한 것을 기준으로 한다면, 1백여 편의 시는 빠졌다는 것이 된다. 그런데 다행인 것은 그 시 전집을 엮을 때 첫 시집을 포함한 9권의 시문집을 토대로 하였기 때문에 후일 구상의 작품을 총 집대성할 때면 그 빠진 시들의 소재 파악은 어렵지 않으므로 이 글에서도 그 1백여 편에 대해서는 고려하지 않았다.

편의상 시, 산문, 평문, 사설, 대담 등으로 갈래지었으며, 한편의 작품(글) 앞에는 발표의 배경과 관련한 내용을 넣고, 작가의 글을 소개한 후 필자의 견해를 짧게 기록하거나 관련 문헌에 기록된 글들을 참고하여 첨添하는 형식을 취했다. 후일 구상의 작품(글)을 집대성할 때 편집자의 취사선택에 참고할 수 있을 정도이다. 그런 면에서 이 글은 '구상연구'에 필요한 하나의 자료집 역할을 할 수 있을 것이다.

---

2) 구상, 『구상시전집』, 서문당, 1986, 16-17.

그리고 우리가 일반적으로 접해온(『구상문학총서』 기준) 구상의 글과는 다른 영역에 속하는 글들도 있다는 것을 알고, 구상의 글과 자료를 모으고 정리할 때, 하나의 참고가 되거나 선택의 기준을 설정하는 데 도움이 될 것으로 본다. 섣부른 판단인지는 모르지만, 이 글이 '구상전집'(구상연구의 기초 자료집)의 실현을 위한 하나의 마중물이 될 수 있다는 생각도 든다.

발간사 ·· 6
머리말 ·· 9

1 시편들 ·· 20

1.1 '이제사 마즈막 인경을 울려'와
 '우리는 마음이 가난한 백성이기에' ················ 21
1.2 청년 ·· 34
1.3 사랑의 윤리 ·· 39
1.4 봄의 신 ·· 44
1.5 한국·시인 ·· 46
1.6 마선시초 ·· 50
1.7 하늘이 주저앉기 전에 ······································ 52
1.8 삼일위령가 ·· 54
1.9 사랑을 지키리 ·· 58

2 산문들 ·· 64

2.1 헌사 ·· 64
2.2 서울의 풍경초 ·· 70
2.3 된장을 말함 ·· 73
2.4 시단빈상 ·· 77
2.5 종군기 ·· 82

2.6 종합예술제여담 ································· 91
2.7. 운전병「ㄹ」중사 ································ 103
2.8. 종군작가단 2년 ································ 106
2.9. 문학정신과 혁명정신 ························ 114
2.10. 군인 이야기 ···································· 119
2.11. 전선집수초 ······································ 121
2.12. 『전선문학』편집후기 ······················· 128
2.13. 인간적 유죄 ···································· 133
2.14. 향우 중섭 이야기 ··························· 135

3 평문들 ································· 148

3.1 고투와 관조와 적멸 ························· 150
3.2 방황하는 시정신과 반성기의 우리 시단 ············· 156
3.3 경작과 파종기 ·································· 166
3.4 꽃들아! 네 마음대로 피어라 ············· 170
3.5 시인과 토양과 그 작업 : 시인론 ········ 176
3.6 김남조 제3시집「나무와 바람」 ········· 180
3.7 치열과 불굴의 정신을 ······················· 183
3.8 민중문화와 여적 ······························· 186

4 사설들 ································· 192

4.1 지주보상액 결정의 일시석 ··············· 192
4.2 부세운송제도 실시를 기함 ··············· 197

5 대담들 ···································· 204

5.1 월남작가좌담회 ···························· 205
5.2 정치경제문화인 정담회 ···················· 219
5.3 종군예술가좌담회 ························· 230
5.4 신춘문학좌담회 ··························· 239
5.5 격동기의 지성-문필인들은 말한다 ········· 256
5.6 술 먹고 웃은 죄로 옥살이 반년 ············ 273
5.7 제2공화국에 바라는 문화정책 ············· 279

꼬리말 ··· 297
참고 및 인용 자료 ································· 300
부록 / 구상의 새로 찾은 글들 목록과 출전 ········ 303

[이미지 1] 구상의 시 「여인상女人像」 ················· 23
[이미지 2] 구상·공중인 작사, 이흥렬 작곡
　　　　　「삼일위령가」 악보와 가사 ················· 57
[이미지 3] 상화시비제막식에서 헌사를 낭독하는 구상 ········· 68
[이미지 4] 대구 미국공보원USIS에서 열린
　　　　　이중섭 화전 팸플릿 ················· 137
[이미지 5] 이중섭이 담배 은지에 그린 그림(부분)-1 ·········· 138
[이미지 6] 이중섭이 담배 은지에 그린 그림(부분)-2 ·········· 140
[이미지 7] 신춘문학좌담회 참가자 친필서명 ················· 245
[이미지 8] 레이더 사건 후 인터뷰 당시의 구상 ················· 275

1 시편들

1.1 '이제사 마즈막 인경을 울려'와
    '우리는 마음이 가난한 백성이기에'
1.2 청년
1.3 사랑의 윤리
1.4 봄의 신
1.5 한국·시인
1.6 마선시초
1.7 하늘이 주저앉기 전에
1.8 삼일위령가
1.9 사랑을 지키리

1. 시편들

구상은 1942년 《북선매일신문北鮮每日新聞》 기자로 활동할 때부터 신문사 동료들의 권유로 시를 때마다 발표하였다. 현재는 그 발표한 시들 중 몇 편이 구상의 기억에 의존해 다시 쓴 작품으로 전해오고 있고,[3] 이후 1946년 함경남도 원산의 원산문학가동맹이 출간한 광복 기념 시집 『응향凝香』에 발표한 작품들도 마찬가지로 그의 기억에 의존해 다시 쓴 시들이 전해온다. 1942년부터 1946년까지 그가 이북에서 발표한 작품의 수가 얼마나 되는지는 알 수 없는 상태이다. 구상은 1947년 소위 '응향 필화사건' 이후 월남한 후 여전히 시를 썼다. 그 가운데 한 편인 「여인상女人像」(《부인신보婦人新報》(1947년 6월 20일))을 발표하기도 하였다. 이 외에도 《부인신보》에 2편의 시를 더 발표하는 등, 여러 매체에 다양한 생각을 담은 시를 발표하였다.

1947년부터 1960년까지 그가 쓴 시들 중 10편을 소개한다. 이 가운데 「삼일위령가三一慰靈歌」는 공중인孔仲仁과 공동작이고, 「사랑을 지키리」는 『백민』에 발표한 것을 일부 수정하여 시집 『구상』에 수록한 것이지만, 『구상문학총서』에 없는 작품이다.

---

[3] 구상, 「에토스적 시와 삶」, 『구상문학총서』 제1권, 홍성사, 2002, 187.

1.1 '이제사 마즈막 인경을 울려'와
'우리는 마음이 가난한 백성이기에'

　1945년 8월 15일, 우리는 해방이 되었지만, 얄타회담의 결정에 따라 국토는 38도선을 기준으로 남과 북으로 나뉘었다. 이북은 소련의 군정을, 이남은 미국의 군정을 받아야만 했다. 이북에서는 조만식曺晩植을 중심으로 한 민족진영이, 이남에는 여운형呂運亨을 중심으로 한 건국준비위원회가 구성되었다. 그러나 이북에 진출한 소련군 사령부는 이북의 건국준비위원회를 해체하고, 8월 27일 인민정치위원회를 구성하였고, 이후 1946년 2월 8일에는 '북조선임시인민위원회'를 구성하여 사실상 이북의 정부 구실을 하였음은 우리 역사의 잘 알려진 사실이다. 그 당시 원산에 있던 구상具常은 북한 민족진영의 결집체인 건국준비위원회에 가담하였으나 그 위원회는 곧 해산당하였다. 이후 1946년 8월 29일 결성된 '북조선노동당'이 체제를 형성하였고, 구상은 그들의 조직 사업에 일체 외면하였다.4)

　그런데 우리가 이미 알고 있듯이 '모스크바 삼상회의와 신탁통치'에 대한 결정으로 1945년 12월의 서울은 신탁통치 반대운동이 휩싸였다. 이 분위기는 이듬해까지도 이어져 사회는 매우 혼란스러웠고, 시간이 갈수록 좌우 정치세력의 분열은 심화하였다. 1946년 3월 20일에는 임시정부 수립을 위한 제1차 미소공동위원회美蘇共同委員會가 열렸지만, 임시정부 구성을 두고 대립을 보였으며, 상호 간의 조율을 통하여 4월 18일에는 미소공동위원회에 협력하면 과거 반탁 행위를 불문하고 협의를 위한 대

---

4) 구상. 「시집 《응향》 필화사건 전말기」, 『구상문학총서』 제6권, 홍성사, 2007, 164.

상에 참여시키겠다는 '공동성명 5호'를 발표하였다.

사실 "반탁 투쟁에 불을 지핀 것은 언론의 왜곡 보도였다. 《동아일보》는 12월 24일경부터 연일 모스크바 삼상회의에 대한 왜곡 보도를 했고, 반소 기사를 실었다. 이승만은 26일 방송을 통해 미국이 아니라 소련이 신탁통치안을 주창하고 있음을 시사했다. 27일 《동아일보》는, 소련은 신탁통치를 주장하고 미국은 즉시 독립을 주장한다는 훨씬 자극적인 왜곡 기사를 실었다. 같은 날 한민당과 국민당이 신탁통치 배격을 결의했다. 삼상회의 결정이 발표된 28일에도 국내 신문은 엉뚱하게도 계속해서 소련이 신탁통치를 주장한다고 보도하면서 소련을 맹렬히 비난했다."5)

이 기사가 실제 모스크바 결정의 내용인 것처럼 남한 사회에 널리 퍼졌고, 이런 내용은 일제 강점의 식민 지배에서 완전한 독립을 희구하는 우리나라 사람의 민족감정을 자극했기 때문에 신탁통치를 반대하고 소련을 반대하는 운동이 대대적으로 펼쳐졌다. 이런 가운데 구상에게는 소위 '응향필화사건'이 발생하여 구상은 이북을 떠나 1947년 2월, 서울에 도착하였다.6) 이후 《부인신보》의 문화부장으로 활동하면서 사회적 문제에 좀 더 많은 정보를 얻고 판단할 기회를 가질 수 있었을 것이다.7)

---

5) 우리나라 해방기의 신탁통치와 관련한 사회적 흐름은 서중석의 『한국현대사』(개정증보판), 웅진지식하우스, 2013, 55-85를 참조하였다.
6) 구상. 앞의 글, 앞의 책, 173. 구상은 그가 서울에 도착한 시기는 조금씩 다르게 쓰고 있다. 그가 쓴 글을 속에서 1947년 2월 초순(「나의 반생기」), 중엽(「시집 《응향》 필화사건 전말기」), 봄(「나의 기자시절」) 등으로 기록하였는데, 당시의 긴박한 상황에 대한 구체적인 시각을 일지처럼 기록한다는 것은 불가능한 일이었을 것이고, 서울 도착 시기를 기억에 의존해서 쓴 것이기 때문에 그러하다고 본다.
7) 구상은 당시 편집국장 최태웅이 신병상의 이유로 자리를 비워놓고 있어 그 대리 행세를 대내외적으로 해야 했었다. 구상. 「나의 기자시절」, 『구상문학총서』 제1권, 홍성사, 2002, 162. 실제로 1947년 8월 10일에는 조선신문기자협회가 새롭게 발족할 때 구상은 위원으로 선임되었고, 이 협회위원회의 선전부 위원으로 활동하기도

당시 가장 큰 사회적 문제는 조국의 분단과 통일, 신탁통치, 정부수립에 관한 것이었다. 1947년 6월 12일에 미소공동위원회의에서 발표한 '공동성명 12호'에는 '마침내 발표! 민주임정수립구체안'이라는 제목을 달고 있었고, 이런 소식을 접한 우리 민족은 그 위원회에 대한 기대감이 높았다. 이후 "6월 23일에는 각 정당과 사회단체가 미소공위의 협의 대상으로 참여하겠다는 청원서를 제출했다. 25일에는 서울에서 미소공위 양측 대표단과 각 정당·사회단체 대표들이 한자리에 모였다. 7월 1일에는 평양에서 동일한 회의가 열렸다."8) 이와 더불어 반탁운동도 더욱 활기를 띠게 되었다. 국가와 민족의 미래 문제에 민감하였던 구상은 이러한 사회의 흐름을 읽고, 분명 고뇌의 시간을 가졌을 것으로 판단한다.

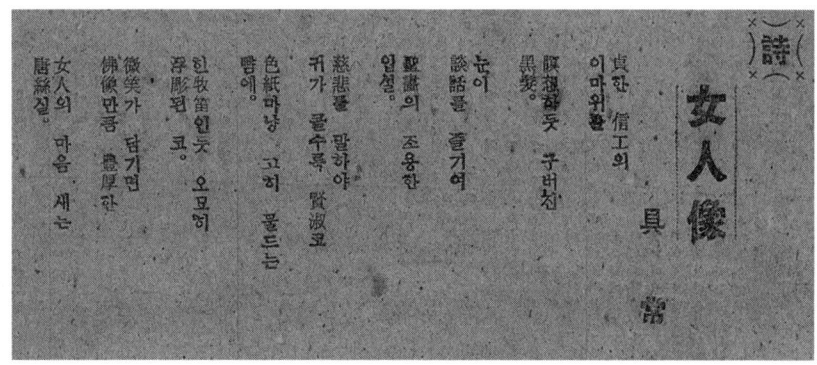

[이미지 1] 구상의 시 「여인상女人像」. 출처: 《부인신보》 (1947. 6. 20.).

이 무렵 그는 《부인신보》에 세 편의 시를 발표하는데, 「여인상女人像」(1947년 6월 20일)9), 「이제사 마즈막 인경을 울려」(1947년 6월 25일)와 「우

하였다. 《민중일보》의 기사 「민족진영 각 신문인 총궐기코」 (1947. 8. 12.)와 「부서와 시찰대 파견 결정」 (1947. 8. 22.) 참조
8) 서중석. 앞의 책, 75.
9) 이 작품은 최초 발표작의 개작 과정을 거쳐 현재 『구상문학총서』 제2권에 게재되어

리는 마음이 가난한 백성百姓이기에」(1947년 6월 28일)가 그것이다. 이 중 신탁통치를 반대하는 민족적 운동에 동참하여 발표한 시가 「이제사 마즈막 인경을 울려」(1947년 6월 25일)와 「우리는 마음이 가난한 백성百姓이기에」(1947년 6월 28일)이다. 두 시에는 '결사반탁봉기決死反託烽起에 붙이는 노래'라는 부제가 붙어 있고, 「우리는 마음이 가난한 백성이기에」에는 두 번째임을 나타내는 '二'가 붙어 있다. '결사'라는 말이 보여주듯 두 시를 통하여 구상은 우리 민족의 '자주독립정부' 수립의 열망을 표출하고 있다. 한번 마음먹은 뜻을 굽히지 아니하고, 매우 굳세게 신탁통치를 반대하는 뜻을 강한 어조로 드러낸 이 작품을 보면 다음과 같다.10)

있다. 그가 1947년 월남한 후 약 3개월 후에 발표한 이 작품은 시간상으로 볼 때, 이 작품 이전에 발표한 시가 발견되지 않는다면, 구상의 월남 후 최초로 발표한 작품이 되는 셈이다.
10) 이후 인용하는 작품(글)은 원문대로 옮긴다.

이제사 마즈막 인경을 울려
- 決死反託烽起(결사반탁봉기)에 붙치는 노래 -

어기찬 일이여라
하늘도 무심할 손
어기찬 일이여라

信託(신탁)의 검은 장막이
수상히 드리운 하늘 아래
大漢門(대한문) 앞에
사뭇 罪人(죄인)인 듯 꿀어

이제사
마즈막 피를 뿜어
눈물을 뿌여

죽어지고 벗으려는
人民(인민)들에게

다시금
어찌 아옹눈을 가리고

뉘 손길이사
앙화받을 손

이름 모를 굴레를
씨울 것이냐.

어기찬 일이여라
하늘도 무심할 손
어기찬 일이여라

멍도 가시지 않은
손들이
피를 쥐고
사랑을 쥐고

三·一의 피ㅅ길을 딿아
鋪道(포도)를 굴르며

굶주린 이리떼마냥
咆哮(포효)하여

죽어지고 뿌리치는
人民(인민)들에게

다시금
어찌 아웅눈을 가리고

뉘 손길이사
앙화받을 손

이름 모를 멍에로
감을 것이냐.

信託(신탁)의 검은 장막이
수상히 드리운 하늘에

멍도 가시지 않은
주먹을 높이 들어

噴水(분수)마냥 솟꾸치는
피눈물을 吐(토)하며

石造殿(석조전)이여
世界(세계)여

이제사
마즈막 決死反託(결사반탁)의

인경을 두다려
호소하나니

장막이여 찢어지고
大漢門(대한문)이여 뻐개지라

오오 그 단사
우리의 英雄(영웅)들을
主人(주인)으로 맞어드려

신이 나게
세워질 손

自主獨立政府(자주독립정부)여
民族(민족)의 榮光(영광)이여.

《부인신보》(1947. 6. 25.)

우리는 마음이 가난한 百姓(백성)이기에
- 決死反託烽起(결사반탁봉기)에 붙이는 노래 (二) -

어기찬 일이여라
하늘도 무심할 손
어기찬 일이여라
×
어느 뉘가 잊을진저
光復(광복)의 날 八(팔)월 十五(십오)일

아름찬 半萬年(반만년) 줄기차게
흘러온 先烈(선열)들의 피

또다시
응혈진 脈搏(맥박)에 용솟음치고
식어들던 가슴에 사랑을 끄려

이제사
눈감고도 만저질
自由(자유)와 幸福(행복)인 줄 알았기에

우리는 그렇게도
마음이 가난한 百姓(백성)이기에

사죽마다 피고인 설흔 여섯 해
屈辱(굴욕)의 설음마저 우서 버리고

오로지 平和(평화)로서 피여질
世界의 意志(의지)를

즐겁게 따르기로
盟誓(맹서)했노라.
　　　　×
어기찬 일이여라
하늘도 무심할 손
어기찬 일이여라.
　　　　×
어느 뉘가 잊을진저
눈 뒤집힐 外電(외전)의 十二월 二十七일

友邦(우방)의 서울 幕府(막부)에서
酩酊(명정)이런가 醉氣(취기)런가

三强外相(삼강외상) 잔채 끝에
비저진 수상한 膳物(선물)

이름부터 소름치는
信託(신탁)의 決定(결정)을 받고

우리는 눈물로 호소하여
고스란히 돌리려 했노라.
　　　　　×
이제 해아릴 수 없는
피눈물의 時刻(시각)도 가고

우리를 부끄리는
少數(소수)의 무리들이

碩學(석학) 아인슈타인도
鑑別(감별) 못하리라는

날이 갈수록
수상한 그 膳物(선물)로

끝내 이 땅을 亡(망)치려고
덤비는 이 마당에

우리는 마음이 가난한
百姓이기에

이제사 마즈막 인경을 울려
幽明(유명)을 달리한 先烈을 불러

祖國의 自由와
榮光(영광)을 위하여

사랑의 秩序(질서)로 充溢(충일)하여야 할
새로운 世界를 위하여

우리는 목숨을 거러
싸호려 하노라.

죽음을 거러
바꾸려 하노라.

《부인신보》 (1947. 6. 28.)

25연 58행(「이제사 마즈막 인경을 울려」)과 26연 56행(「우리는 마음이 가난한 백성이기에」)의 긴 시이지만, 결코 길게 느껴지지 않은 것은 구절의 반복과 리듬을 통한 시적 간결함과 각 연과 행을 간결하고 강렬한 어조로 노래하여 읽는 이들의 가슴을 뜨겁게 만들기 때문이다. 그뿐만 아니라 우리 민족이 해방을 맞이하기까지 있었던 선열들의 희생과 분단 상황의 역사 인식과 신탁통치의 배경까지 시로 노래하여 그 모든 시대적 흐름을 몸소 체험한 당시의 민중들에게 호소하는 바가 크기 때문이다. 우리가 알고 있듯이 '인경'은 통행금지를 알리거나 해제하던 종이 아니던가. 인경을 울린다는 것은 통고通告의 의미와 함께 경각심을 일으키는 효과도 있다. '인경을 두드리며'에서 볼 수 있는 것처럼 국민이 함께, 같은 목소리로 일어서는 일[봉기]을 상징적으로 보여주는 행위이기도 하다. 구상은 바로 이런 단결된 경각심으로 국민이 일어서기를 촉구한 것이다.

우리 민족 그 누구도 생각지도 못했던 '신탁信託의 검은 장막'이 찢어지고, 죄인도 아닌 인민들이 꿇어앉아 호소하는 그 진정한 마음이 이루어지기를 바라면서, 미소공동위원회가 재개되자 우리나라의 신탁통치를 목숨 걸고 반대하며 오로지 우리 선열들, 우리의 영웅들을 중심으로 자주독립정부를 수립하여야 한다는 것을 호소하고 있다. 우리는 마음이 가난한 백성이기에 지난 36년간의 일제 강점의 고통과 '굴욕의 설움마저도' 웃어넘기고, 오로지 평화로 결정한 '세계의 의지를 즐겁게 따르기로' 했지만 '조국의 자유와 영광' 그리고 '새로운 세계'를 위하여 목숨 걸고, 죽음을 걸고 싸우고자 하는 뜻을 담았다.

사실 우리나라의 반탁운동에 불을 지핀 것은 전술前述한 것처럼 언론의 왜곡 보도였다는 것은 잘 알려진 사실이다. 그러니 진실이 밝혀지는 데에는 많은 시간이 지난 후였다. '어느 뉘가 잊을진저 / 눈 뒤집힐 외전

外電의 12월 27일'이라는 표현에서 알 수 있듯이 구상 역시 눈 뒤집힐 소식이 아닐 수 없었던 그 충격을 인지하고 있었다.

　이 두 편의 시는 민중의 편에서 민중의 평화를 추구하였던 구상 삶의 한 면을 읽을 수 있을 뿐만 아니라 그가 견지한 민중의 생명과 삶, 인간이 지닌 존귀함과 같은 철학과 사상을 엿볼 수 있는 시편이기도 하다. 또 한 편의 강렬한 그의 목소리를 들을 수 있는 이 시, 그의 초기 시편에 해당하는 이 작품이 시사하는 바가 적지 않다고 생각한다.

1.2 청년

　구상은 1947년 9월 1일 《가톨릭청년》에 '청년으로 칭하는 젊은이들'을 예찬하면서 당대가 처한 사회적으로나 국가적 어려움을 극복하는 존재로서의 청년에게 자부심을 불러일으키는 시「청년靑年」을 발표하였다.

　구상이 이 시를 쓸(물론 이전에 생각했을 수도 있고, 시대와 상관없이 구상이 지닌 사상과 철학의 발로일 수도 있지만) 당시의 우리나라는 앞에서 살펴본 바와 같이 전국은 제2차 미소공동위원회 이후에도 반탁운동의 물결 안에 놓여 있었고, 1947년 7월 19일에는 우리나라의 분단을 막기 위하여 모든 힘을 기울이고, 친일파를 제외한 모든 좌우 세력이 공정하게 참여한 연대를 통하여 통일국가를 이룩하기 주장하며, 좌우와 남북 합작에 온 정성을 쏟았던 여운형呂運亨(1886~1947)이 극우 청년에게 암살당하는 사건이 생기는 등 정치적으로도 매우 혼란하였다. '여운형의 죽음은 미소공위에 의한 임시정부 수립이 불가능하다는 것을 상징적으로 보여준 사건'11)이었으며, 술렁이는 정국 속에서 그의 장례식이 8월 3일 인민장(사회장)으로 치뤄지던 시기였다.

해방 후 우리나라에는 여러 청년단체가 나타나기 시작했다. 정당들의 내부에는 청년조직들이 있었고, 조선청년총동맹, 조선민족청년단, 서북청년회, 대동청년단, 광복청년회, 대한독촉청년총연맹 등이 그것이다. 1947년 미소공동위원회가 재개되면서 서북청년회를 비롯한 여러 청년단체에서는 폭력 활동에 더욱 힘을 기울였고, 이에 대응하는 미군정의 활동은 전쟁이나 다름없는 사회적 혼란을 가중했다.12) 해방 이후 길지 않은 시간이지만 북한과 남한의 상황을 모두 경험한 구상의 시선에는 분명 청년의 활동이 눈에 들어왔을 것이고, 더불어 청년이 우리 사회에 이바지할 몫에 대해서도 생각했을 것이다. 결사 반탁의 시를 노래하였던 구상은 청년의 중요성을 성찰하며 그들에게 우리의 미래와 희망을 걸었을지도 모른다. 당시 서울에 있는 서북청년회, 청총, 광총 등의 청년단체 정보부로 북조선인민위원회 위원장 김일성의 피살설이 입수되어 물의가 발생하는 일도 있었다.13) 이런 가운데 구상은 당시의 시대정신을 구현할 수 있고, 미래의 조국을 열어나갈 젊은이들의 역할에 시선을 돌렸다. 구상이 이 시를 쓸 무렵 그는 부인신보사의 문화부장으로서 1947년 8월 10일 '조선신문기자협회' 위원으로 선임되었고, 이어 8월 19일 협회의 제2차 위원회에서 상임위원회의 선전부 위원으로 활동하기도 했었다.14) 이런 사회적 배경에서 구상은 자기 자신의 철학과 사상을 담은 시 「청년」을 발표했다. 내용을 보면 다음과 같다.

---

11) 서중석. 앞의 책, 79.
12) 해방기의 청년단체의 조직과 활동에 대해서는 Bruce Cumings. 『한국전쟁의 기원 2-Ⅰ』(김범 옮김), 글항아리, 2023, 298-309를 참조하였다.
13) 《민중일보》 (1947. 8. 22.) 기사 「북조선의 독재주의자 김일성 씨 피살설」 참조.
14) 《민중일보》 (1947. 8. 12. 및 8. 22.) 참조.

靑年(청년)

靑年
너는 생각하는 사나히여라.

가슴만의 精熱(정열)이란
대-루 잃은 火筒(화통)마냥 위태러워…

지나온 步行(보행)을 默想(묵상)하고
오늘을 勇敢(용감)이 算術(산술)하고
燦爛(찬란)한 明日(명일)을 設計(설계)하기에

그대 머리는
抄針(초침)보다 가쁘리라.

○

靑年
너는 창세의 男性(남성)스레 健康(건강)하여라
이지러지고 물은 몸엔
빛나는 젊음도 피 식어버려……
나무 모양 前程(전정)을 우르러 四肢(사지)를 뻗고
飛翔(비상)을 앞둔 鳥類(조류)의 姿勢(자세)를 갖으며

참대처럼 곧은 거름내토야
오직 眞理(진리)를 가기에
비틀거리지 않는다.

○

靑年
너는 하늘 같은 마음씨를 지녀라.

흐린 눈과 허황한 우슴은
이미 敗北(패배)한 者(자)의 것…

眞實(진실)에서 恒時(항시) 微笑(미소)하고
靜泌(정비) 속에서 成長(성장)하며
구름같은 蠻勇(만용)을 避(피)하라

正義(정의)의 불을 吐(토)하기엔
홀로도 주저치 않는다.

○

靑年
오오 世上의 太陽(태양)

그대가 빛을 잃은 곳은
滅亡(멸망)의 소돔城(성)이리니……

어버이와 형제가
國家(국가)와 世界가 아니 왼宇宙(우주)가

해바라기 되어 그대를 믿고
바라고 따르는 것이 아니냐.

[註] 소돔城(성)-咀呪(저주)받은 都市(도시)
『가톨릭청년』 5권 6호 (1947. 9. 1.)

　　전체적으로 그리스도교적 철학과 사상이 담겨 있고, 비유와 표현에도 그리스도교적 소재들을 사용한 이 시에 구상은 ○를 사용하여 내용상 크게 4부분으로 구분하였다. 첫째 부분에서 셋째 부분까지는 청년이 지녀야 할 덕목을 노래하였는데, 청년은 '생각하는 사나이여야 하는 것', '창세의 남성스럽게 건강한 것', '하늘 같은 마음씨를 지닌 것' 등이다. 그리고 넷째 부분은 아래에서 보는 바와 같이 청년을 '세상의 태양'으로 비유하여 온 우주가 해바라기가 되어 청년을 믿고 따른다는 자부심을 부여함과 동시에 젊은이들이 자기 성장을 위한 부단한 노력과 성찰을 유도하고 있다.

구상은 청년들이 '빛을 잃은 곳은 / 멸망의 소돔성'으로 규정하고 세상의 태양인 청년들이 빛을 잃지 말고 어버이와 형제와 국가와 세계를 넘어, 온 우주가 청년들을 믿고 따를 것이기에 빛을 잃지 말기를 당부한다. 소돔Sodom은 구약성경에 나오는 죄악의 도시란 것은 이미 잘 알려진 내용이다. 창세기 19장 전체에 걸쳐 소돔과 고모라가 인간으로서 입에 담을 수 없는 불경한 죄와 그 대가로 불과 유황의 비에 휩쓸려 멸망한 이야기가 실려 있다. 구상은 청년이 빛을 잃은 곳은 바로 멸망일 것을 소돔에 비유하여 노래하였고, 혼란의 정국에서 청년이 빛을 잃지 말고 온전히 제자리를 찾아 민족의 희망이 되기를 바라는 마음을 드러내고 있다.

1.3 사랑의 윤리

월남 후 바로 언론계에 몸을 담았던 구상은 문화부 관련 업무를 다수 다루면서 여러 문인과 접촉하였다. 다양한 문학 작품을 만나면서 작품에 대한 개인 소감을 나누기도 하였을 것이다. 특히《부인신보》에 근무할 때는 "나는 수많은 우리 여성계의 선구들을 접할 수 있었으며 모윤숙, 임옥인, 전희복 등 여류 문인들과 함께 일을 하게 되었다"[15]라는 구상의 회고처럼 여류작가와 문학적 교류도 적지 않은 것으로 보인다.

《부인신보》에 구상의 시 「여인상」을 발표하기 전인 1947년 6월 12일

---

15) 구상. 「나의 기자시절」, 『구상문학총서』 제1권, 홍성사, 2002. 162.

구상은 김말봉金末峰의 장편소설 「가인佳人의 시장市場」 연재를 예고하는 기사를 실었다. 약 1주일 뒤 「카인의 시장」으로 소설 제목을 수정하여 발표한 예고문에서 알 수 있는 바와 같이 이미 김말봉은 일제강점기였던 1935년 《동아일보》에 연재한 소설 「밀림密林」으로 독자들에게 잘 알려진 작가였다. 구상은 부인신보사에 근무할 때부터 잘 알고 있었던 김말봉의 장편소설 『찔레꽃』을 읽고, 「사랑의 윤리」라는 제목의 시를 발표하였다.16) '김말봉金末峰 여사女史 저著 『찔레꽃』에 붙이는 시적詩的 환상幻想'이라는 부제가 붙은 이 시는 그가 『찔레꽃』을 읽은 소감을 '시적 환상'이라는 제목으로 기록한 것으로 보인다.

『찔레꽃』은 김말봉이 1937년 3월 31일부터 10월 3일까지 《조선일보》에 129회 연재한 장편소설이다. 이후 인문사(1939년), 합동사서점(1948년), 문연사(1955년) 등에서 단행본으로 발간하였으며, 김말봉에게 대중적 작가로서의 명성을 확고히 해준 대중통속소설이다. '이 작품은 표면상 단순한 애욕의 갈등극인 것처럼 보이지만 그러한 갈등이 삶에 내재한 욕망으로 빚어지는 근원적 문제임을 보여주고 있으며, 또한 일반적으로 기대된 가치, 즉 순결한 가치의 성취가 이루어지지 않는 반어적 사태에 관한

---

16) 구상은 글을 발표할 때 대부분은 정확하게 '구상'이라고 이름을 밝혔지만, 간혹 한글로 '상'이라고 하기도 하고, 한자로는 '常'이라고 표기하기도 했으며, 'K생'이라는 표현도 했다. 이들에 대해서는 신중하게 판단하여 구상의 글임이 확실한 경우에만 가져왔으며, 문체상으로나 정황상으로 구상의 글이라고 확신은 들지만, 단서를 발견할 수 없는 경우는 선택하지 않았다. 그리고 기본적으로 구상의 작품(글)은 발표 당시의 원문대로 기록했다. 이는 후일 누군가가 혹은 어느 특정 단체나 다수의 연구자가 구상의 작품(글)을 집대성하고자 할 때, 이 선행 작업에서 발견되는 오류를 반복하지 않도록 도와줄 뿐만 아니라(오히려 방해될 수도 있지만, 그런 일은 없기를 바라면서), 시간적인 이로움도 줄 수 있기 때문이고, 필자의 부족한 시각으로 바라본 현대어 변환은 오히려 역효과를 줄 수 있기 때문이다. 구상은 《연합신문》에 '구상'이라는 이름 외에 'K생'과 '상'이라는 표기도 했다. 이 작품에는 'K생'으로 표기하였다.

작가의 운명론적 삶의 통찰이 드러나고 있다. 이 작품은 삶의 온전성을 일반대중의 수준에서 그들 나름대로 유지하게 하려는 도덕적 건강성을 일깨운 것'17)으로, 이후 대중소설의 전범典範이 되었다는 점에서 그 문학적 의의가 있다. 이 작품에 대한 소감을 시적 환상으로 표현한 구상의 「사랑의 윤리」를 소개하면 다음과 같다.

사랑의 倫理(윤리)
- 金末峰(김말봉) 女史(여사) 著(저) 『찔레꽃』에 붙이는 詩的 幻想(시적 환상)

찔레꽃 포기포기 가시난 찔레꽃은 해마다 피고 지고 젖빛 구름 아래 오래도록 계절의 다사로움을 사랑하리라

○   ○

찔레꽃- 그 하이얀 꿈들을- 아아 그 꿈결에 살아리 千年 살아지고 새벽녘 이슬맺힌 젖가슴, 머-ㄴ 들 넘어로 떠도는 쪽빛구름모양 흘러 그리고 오랜 날을 저마다 잊어 가리니

○   ○

찔레꽃 송이송이 그대로 사랑의 첫 마디로 아픈 가슴을 히게 또한 붉게! 고요가 서린 밤낮으로 더듬어선 머-ㄴ 후ㅅ날을 채색하고-

○   ○

찔레꽃은 하늘거리는 바람결 제 모습에 어지러워 빙그레 아양 떨다

---

17) 국어국문학편찬위원회. 「찔레꽃」 항, 『국어국문학자료사전』, 한국사전연구사, 1999, 2806-2807.

가 다시는 다시는 못올 사랑에 초조해졌다

　언제나 사상은 오고 가고 가고 오고 찔레꽃 훈겨진 안속에 얽혀져 한 나절 나비처럼 황홀해졌다

　　　　　　　○　　　○

　찔레꽃- 너는 언제 어느 머-ㄴ 곳에서 그렇게 두려운 妖魔(요마)가 가까히 닥쳐오기에 푸른 시절 아늑한 봄철에도 조심스럽게 『가시』의 덩굴로 몸을 잠기지 않으면 안되었드뇨- 찔레꽃- 파르라니 비람이 설레이는 날이면 네 우름이 가슴에 스며 뼈마자 저리더라

　찔레꽃 미처 태우지 못한 너의 정열은 일찌기 먼동이 터오던 동방의 첫새벽 하늘로 멀-리 志向(지향)하던 『미유-스』의 아름한 날개였어라

　　　　　　　○　　　○

　찔레꽃- 푸르고 둥근 하늘이 향내 어린 네 모습을 사르랑 아시우곤 봄동산에 잃어진 오랜 추억을 샛별처럼 밀어가고 그늘진 아늑한 구석마다 행복이 언제나 물결을 따라 흐르는 머-ㄴ발자욱을 무지개처럼 피여 오더라

　　　　　　　○　　　○

　찔레꽃 나는 끝내 저- 푸른 神話(신화) 속에 오래 묻지도록 나의 그늘로 찾어가야지만 되겠다

　　　　　　　○　　　○

　찔레꽃- 이리도 가슴에 으르대는 봄철 사랑은 어떻게 오아 어떻게 피여야 된다디? 그리고 오랜 날 홀로 안고 궁글던 너의 많은 꿈을 알려라! 찔레꽃- 때때로는 너는 바위에 감도라친 배암처럼 아슬한 이야기에 젖어 있다 때로는 가까히듯일 훈훈한 숨결이 봄빛에 잦어선 五月(5월)의 아침 窓(창)가로 흐르는 한 줄기 햇살처럼 드맑다

찔레꽃— 나로 하여금 俗(속)된거리라. 덤불 속이라. 이 아아 꾀임 많은 그 속에 있게 하여다오, 그때 너의 사랑의 倫理(윤리)는 거기서 마치 凍結(동결)된 감정의 횃불을 밝혀 오리라! 이리도 애모찬 내 가슴 - 간얄프고 미련하고 어리석은 것이여서!

찔레꽃— 너는 革新(혁신)을 싫어하더라 우연히 태여나 未完成(미완성)에 지고 말더라 스스로 제 가슴으로 파고드는 『찔레』의 逆行(역행)으로 그늘을 지어라

《연합신문》(1948. 1. 28.)

구상은 무슨 이유로 「사랑의 윤리」라는 제목을 생각했을까? 구상은 그 소설의 주인공인 '안정순'을 비롯한 등장인물 대부분이 복잡한 애정 관계로 얽혀 있는 가운데, 여성의 수난이 순결의 훼손이나 인습에 따른 것이 아니라 사회적 계급의 조건이나 돈에서 비롯된다는 것을 보여준 소설의 맥락에서 주인공이 그 모든 오해와 금전적인 문제에서 벗어나 오로지 자신의 원래 모습을 유지할 수 있었던 것은 사랑의 윤리였다고 판단한 것으로 보인다. '새순이 나올 무렵, 껍질을 살짝 까서 먹어보면 풋풋함과 함께 순수한 맛이 입안 가득 퍼진다. 찔레는 몸에 가시가 있어 잡으면 찔려 아프지만 바라보면 순수하면서도 청초한 아름다움을 그대로 담고 있고 그윽한 향기까지'[18] 내뿜는 찔레꽃의 생태적 특성을 주인공의 아름다움과 정신적 고통에 비유하여, 구상은 그 환상적인 감상을 서술한 것으로 보인다.

구상이 이 작품에 '시적 환상'을 부여한 것은 인간의 육적 욕망의 와

---

18) https://www.nihhs.go.kr/usr/persnal/Flower_today.do 농촌진흥원 국립원예특작과학원. 꽃말사전의 「찔레」 항 참조.

중에서 주인공 안정순이 찔레꽃과 같은 그녀의 순결을 온전히 간직하는 그 정신적 승리, 그 도덕적이고 윤리적으로 건강함에 방점을 둔 것으로 보인다. 그것을 '사랑의 윤리'로 이름을 붙였는데, 이는 그의 그리스도교 신앙에 터한 삶과 의식, 삶의 윤리에 대한 가치와 무관하지 않다.

1.4 봄의 신

구상이 《연합신문》에 부임한 후 신문을 대형으로 편집하였고, 문화부장으로서 신문의 질적 향상을 위한 혼신의 정열을 기울였다는 사실은 익히 알고 있는 일이다. 인문, 사회, 자연과학 등 다방면에 관심을 두고 신문을 만들어 가는 과정에서 이름 없이 쓴 기사들도 있지만, 위의 「사랑의 윤리」에서 'K생'으로 표기한 것처럼 「봄의 신」도 그렇게 표기하였다. 「봄의 신」은 '사진기사' 형식으로 발표한 것으로 봄풍경 사진 밑에 사진 말로 적은 글이다. 사진 이미지를 돕기 위한 단순한 줄글이 아니라 한 편의 산문시이다. 그 내용을 보면 다음과 같다.

봄의 神(신) [19]

어디서 우러오는 먼 종소리를 발자욱으로 새벽노을 아름채색한 봄을 더부러 우리 목멘 소리를 더듬어 주느뇨

× × ×

일찌기 머-ㄴ 祖上(조상)들이 처음 구버보는 새벽바다처럼 그립고 오랜 가슴에 으르대는 들리지 않는 永遠(영원)의 希求(희구)를 지녀오와 우리 마을로 뭉게뭉게 꽃피도록 그한 날개로 훈훈한 바람을 보내 주옵소서

× × ×

오랜 날 찬 바람이 힘쓰러 눌러놓은 生命(생명)과 서리매찬 大地(대지)에 입새마다 파릇파릇 욱어져 푸른 合掌(합장)의 凍結(동결)처럼 오색 祭典(제전)을 꾸며 주시와 오-랜 平和(평화)의 노래를 베푸러 주옵소서

× × ×

샘은 솟아 어디나없이 골고루 봄빛은 더듬어라 언제나 철없는 어린애 가슴처럼 오래도록 젓빛구름마양 떠도라 머-ㄹ리로 나부껴가리라 머-ㄹ리로!

《연합신문》(1949. 2. 3.)

---

[19] 「봄의 신」 이후에도 《연합신문》에는 사신기사 영식의 글은 여러 번 게재되었다. 그러나 「봄의 신」 이후의 글에는 글쓴이가 적혀 있지 않고, 구상의 글이라고 확정할 근거를 발견할 수 없었다.

1949년 입춘(2월 4일)을 앞두고 쓴 것이다. 4행으로 구성된 이 시는 2행과 3행은 화자의 기원을, 1행과 4행은 화자의 감흥을 노래하였다. 이 작품은 사진기사로 기획하고, 봄의 정취를 잘 드러낼 수 있는, 사진과 잘 어울리는 글을 덧붙이려고 했을 것이다.

　　봄과 함께 '우리의 목멘 소리를 더듬어' 주는 무형無形 존재인 '봄의 신'에게 훈훈한 바람과 평화의 노래를 베풀어 달라고 희구한다. 그리고 봄빛이 멀리 나부끼기를 노래하면서 일반인들이 느끼는 봄의 정서에 인격화한 신의 능력을 더하여 참으로 따뜻하고 평화로운 시대가 되기를 원하는, 혹은 우리가 그러한 삶을 살 수 있도록 기원하는 마음이 드러난다. 남과 북이 정치-사상적으로 대치한 상태에서 남한 정부가 수립된 지 7개월을 막 넘어선 시점에서 시대가 요구하는 국민적 기원은 이유 여하를 막론하고 평화로운 삶을 희구하지 않았겠는가? 그리스도이니 아니더라도 평화의 시대를 희망하는 염원은 누구나 간직하였을 것이다. 민족의 정서를 온전히 품으면서도 가톨릭 신앙인으로서 기도하는 마음이 드러난다.

1.5　한국·시인

　　1948년 유엔임시총회(소총회)에서는 한반도에서 선거가능지역만 선거를 실시한다는 결의를 통과시킨다. 당시 우리 사회는 격동의 사회라는 표현대로 그 혼란은 일일이 표현할 수 없을 정도였다. 김구의 '삼천만 동포에게 읍고함' 성명서 발표, 중앙토지행정처의 귀속농지 민간 불하, 김규식의 남북협상 재개, 제주 4·3사건과 무고한 양민 학살, 5월 총선거를 통한 제헌국회 구성, 헌법제정(대통령중심제, 대통령 선출은 국회 간접 선거), 정부수립, 반민족 행위 처벌법 제정, 여수-순천 사건, 국가보안법 제정, 김구 암살 사건, 국민보도연맹의 출범, 국회 프락치 사건 등 그야말로 격동의 한국 사회의 흐름이 진행되는 2년 동안 구상은 언론인으로, 또한 작가로서 시대를 바라보는 심정은 참으로 참담하기 그지없었을 것이다. 그렇게 1950년이 새로이 열렸지만, 사회 상황은 크게 나아지지 않았고 혼란만 거듭하던 중 구상은 백민사의 청탁으로 우리나라 시단의 기념비적인 작가 27인을 선정하고 특집으로 꾸민 『백민白民』에 「한국·시인韓國·詩人」을 발표하였다. 작품을 보면 다음과 같다.

韓國·詩人

아침을 가로질른 것은
밤보다도 짙은 어둠이였다.

부질없는 歡呼(환호)와 피섞인
아우성 속에서
날쎄는 더욱 궂어만 갔다.

억수장마래도
좋으니
차라리 어서 퍼붓기를 기다리는 것은
그기 많은 사립들과 품을 수 있는
오직 하나의 眞實(진실)이 아니랴…

이 골목 저 골목 수상한 거리에선
暗黑(암흑)의 勝利(승리)를 노리는 놈팽이떼들의
눈뒤집힌 作亂(작란)질이
끝장을 볼 듯이 한창 고비인데,

간밤부터 요기를 못한 그와 저들이
아주 견디지 못할 것은
「平和」의 商標(상표)가 으젓이 붙은 캰듸를
아모리 주서 씹어도
혓바닥에 가시가 돋을 뿐
더욱 심해만 가는 허기증이였다.

그래도 어디선가 히미하게
울려오는 망추소리 있어
불 홍수를 앞두고
배를 다듬는
망추소리가 들려와

그는 손꼬락에 불을 켜들고
눈에 쌍심지를 돋우며
미칠 듯이 찾어
헤메는 것이였다.

錯覺(착각) 안닌 그의 錯覺(착각)의 울음소리를
찾어 헤매는 것이였다.

『백민』 제5권 제21집 (1950. 3. 1.)

월간 『백민』의 '시와 평론 특집' 중 '시단 27인집'에 실린 작품이다. 이 잡지의 '편집후기를 대신하여'에 보면 "今月號(금월호)는 豫告(예고)와 같이 詩(시)와 評論(평론)을 特輯(특집)하였다. 여기에 收集(수집)된 詩(시) 二十八篇(28편)[20])과 評論(평론)들은 今日(금일) 우리 文化(문화)의 貴重(귀중)한 財産(재산)임은 다시 말할 것도 없거니와, 韓國新詩發達(한국신시발달)의 經路(경로)와 詩(시)의 奇巧論(기교론)은 特記(특기)할 만한 자랑거리이다"라고 기록된 것으로 보아 사전에 기획된(특집 대부분이 그러하지만) 지면에 작품을 보낸 것이다.

우리 사회의 혼란함을 틈타 개인적으로나 집단적으로나 국가 사회의 다양한 곳에서 자기 이익과 욕심으로 얼룩이 진다. 굶주린 이들이 더욱 힘들어하는 것은 '평화의 상표가 붙은 캔디를 씹어도 혓바닥에 가시만 돋을 뿐 더욱 심해지는 허기증'이다. 껍데기와 속이 같지 않은 평화는 굶주린 소시민의 삶을 힘들게 할 뿐이고, 민중의 삶을 도외시하는 정치적 책략은 텅빈 구호에 불과함을 비판하고 있다. 구상은 주변에서 일어나는 이러한 모습을 보면서 암울해하지만, 그래도 어디에선가 조국의 재건을 위

---

20) 실제로는 수주, 김동명, 임학수, 박두진, 조영암, 장만영, 김춘수, 조병화, 구상, 이상로, 이경순, 임호권, 징운삼, 이한식, 김연승, 설창수, 공승인, 이정호, 서정태, 조향, 박귀송, 김달진, 김영랑, 오상순, 한용운(유고), 박용철(유고), 아르튀-르 램보(손우성 역) 등 27인의 작품이 실려 있다.

하여 제 자리에서 제 할 일을 다하는 이름 모를 노동자의 망치질 소리에 한 가닥 희망을 품는다. 그 삶의 현장과 주인공을 찾아 나서는 것, 그래서 희망의 불씨를 되살리는 것, 그 '착각이 아닌 착각의 울음소리'를 찾아 시인은 사회를 헤맨다고 노래한다. 어둡고 참담한 현실 앞에서 주저앉는 것이 아니라 그사이에 가려진 희망의 빛을 발견하고, 이를 키워나가려는 긍정의 마음은 구상이 지닌 기본적 성향으로 보인다. 그것은 후일 그가 발표한 전쟁 경험을 담은 많은 글에서 볼 수 있기 때문이다.

1.6 마선시초

1948년, 남한 단독정부가 수립된 후 북에서는 12월에 소련군이 철수하고, 남에서는 1949년 6월 군사 고문단만 남기고 미군이 철수하였다. 그러자 북에서는 약칭 북로당과 남로당이 조선노동당으로 통합한 후 조국통일민주주의전선을 조직하였다. 남에서는 좌익과 반대파에 대한 이승만 정권의 탄압이 시작되고, 급기야 6월 26일에는 김구金九가 암살되는 사건이 벌어졌다. 때를 맞추어 북은 7월부터 빨치산을 남파하기 시작했고 북에서는 대남 공격을 구체적으로 준비하기 시작했다. 이 무렵, 구상은 육군 정보국으로부터 문관으로 위촉을 받아 첩보부대의 특별 홍보물과 북한에 대한 격문 등을 제작하는 일을 맡게 되었다.[21] 그리고 이듬해 소련의 스탈린이 북한의 대남 공격을 찬성한 것이 1950년 4월이었다. 이

---

21) 구상은 정보국에서 지하신문 〈봉화〉, 〈북한특보〉 제작을 비롯해 첩자문서 연락, 귀순공작, CIC 정보수, 국방부 기관지 주간 등의 일을 맡았다. 구상, 「정화여난」, 『구상문학총서』 제7권, 홍성사, 2008, 116.

런 정치적 혼란과 남북의 이념 대결 가운데 구상이 삼팔선을 살피고 쓴 시 「마선시초魔線詩抄」를 《국제보도Pictorial Korea》22)에 발표하였다. 작품을 보면 다음과 같다.

魔線詩抄(마선시초)

숲속으로
숲속으로
하이한
이매 망량들이 기어간다.

사뭇 위태로히
흔들리고
祖國(조국)의 한복판

朴一等上士(박일등상사)와 나와
쏘아보는 北方(북방)의 하늘이
──── 金日成(김일성)은 샛파란 馬賊(마적)의 아들.

《국제보도》 24호 (1950. 4. 25.)

---

22) 국제보도연맹國際報道聯盟 International Publicity League of Korea에서 1945년 창간한 잡지. 발행인은 송정훈宋政勳으로 우리말과 영이로 발행하였다. 우리나라 최초로 시사 사진 화보 중심의 잡지로서 사진작가들의 활동을 반영하는 전문잡지로 평가받고 있다. 국제보도연맹은 1948년 조직된 국민보도연맹國民保導聯盟과는 다르다.

1. 시편들

구상은 북한특보의 편집 책임을 지고 있으면서 비밀히 북한으로 보내는 화보의 제작을 담당했을 뿐만 아니라, 북한 방송 청취록을 분석·판단하는 임무도 맡았다. 그래서 그는 북한의 무력도발의 조짐을 접하고 관련 내용을 문서로 보고하기도 했다.23) 6·25전쟁이 일어나기 약 2개월 전 그는 삼팔선을 살필 기회가 있었다. '조국의 한복판', 즉 삼팔선의 위태롭고 불안한 상황을 감지하고, 남과 북이 대치한 삼팔선의 숲으로 기어가는 자기 모습을 묘사하고 있다. 남한의 군인, 즉 국방군인 '박 일등상사'와 함께 삼팔선의 숲에서 쏘아보는 북방의 하늘은 위태롭기 짝이 없고, 전쟁의 위험이 감도는 한반도의 상황을 인지한 후 남한을 적화통일하려는 '김일성은 샛파란 마적의 아들'이라고 폭로한다. '마적'은 주로 만주지방에서 활동한 도둑을 말하는 것이 아닌가? 구상이 마선魔線이라고 표현한 것은 그 당시 삼팔선을 '38마선魔線'이라고도 불렀기 때문이다.24)

1.7 하늘이 주저앉기 전에

구상은 6·25 전쟁 중 《가톨릭신문》(당시에는 《천주교회보》, 《가톨릭신보》)에 몇 편의 시를 발표하였다. 「은행-부부의 노래」(1951. 9. 1), 「하늘이 주저앉기 전에」(1952. 6. 25.), 「기도」(1953. 6. 20) 등이 그것인데, 이 가운데 「은행」과 「기도」는 약간의 수정을 거친 후 그의 연작 「초토의 시」로 편입하였고, 「하늘이 주저앉기 전에」는 그대로 남았다. 시의 제목에서 보여주

---

23) 구상, 「무등병 복무」, 『구상문학총서』 제1권, 홍성사, 2002, 287-288.
24) 《경향신문》(1949. 8. 15.) 기사 「월남문화인 중심으로 대한문화인협회가 준비 중」; 《경향신문》(1950. 2. 15.) 기사 「38마선을 끊으라 민족재결합 위해서」 참조.

듯이 당시는 전쟁의 참혹함이 하늘이 주저앉는 듯한 고통과 절망의 상황이었다고 하겠다. 작품을 보면 다음과 같다.

하늘이 주저앉기 전에

나 모른다
헛개비를 쫓다가 눈에
진물이 고였네

울어도 울어도 빈 항아리……

저기 모두들 非命(비명) 속에
저간다
재떔이가 된 서울 할복판에
채송화 한 떨기 망울지렴

하늘이 주저앉기 전에
님의 얼골
마리아

피여 지고

《천주교회보》(1952. 6. 25.)

초토화된 서울 한 복판에도 봄이 지나고 다시 여름이 시작될 무렵, '울어도 울어도 빈 항아리'처럼 울림만 이어지고 울음의 결과는 그리 희망적이지 않고, 현실은 더 나아지지 않는다. 사람들은 죽어 나가고, 마치 하늘이 주저앉을 것 같은 절망 가운데, 화자는 채송화 한 송이를 발견하였다. 희망의 끈을 놓지 않고 꽃이 피고 지듯 그 안에 피고 지는 '님의 얼굴', '마리아'를 떠올리며 '하늘이 무너지기 전에' 전쟁이 끝나고 다시 평화의 시기가 오기를 간절히 희망하는 화자의 고통스러운 마음을 엿볼 수 있다.

모든 생명이 죽어 나가고, 누구 하나 보살핌도 없어 보이는 서울의 한복판에서 이를 되살릴 수 있는 것은 신적 생명의 강력한 개입을 생각한 것으로 보인다. 성모 마리아의 이미지를 초토에서 떠올린다는 것은 그의 그리스도교적 신앙의 표출이기도 하다. 성모 마리아가 지닌 여성성, 그리고 생명성에 대한 무한한 신뢰를 바탕으로 처절하게 파괴되고, 폭력적이며, 악의적인 현실 앞에서 '하늘이 주저앉기 전에' 평화의 어머니, 생명의 어머니 마리아의 도움으로 그 생명성이 실현되어 전쟁이 끝나고 죽어가는 이가 없기를 간절히 희망하는 마음이다.

1.8 삼일위령가

1919년 삼일운동 이후 우리는 줄곧 그 정신을 되새기며 살아왔고, 일제강점기를 지나 조국 광복 후에는 더욱 그 정신을 잊지 않기 위하여 매년 기념식을 열기도 했다. 삼일절을 기념하거나 그 정신을 노래하거나 그와 관련한 내용의 작품을 발표하는 작가들도 많았다. 구상도 1949년 삼일절 기념의 때를 맞추어 「삼일위령가三一慰靈歌」를 발표하였다. 그런데 이 작품은 처음부터 작곡을 염두에 두었던 것으로 보인다. 운율상 3음보 (3·4·5조)를 띠고 있는 이 작품은 그의 자유시와 차이가 있다. 내용을 보면 다음과 같다.

三一慰靈歌(삼일위령가) [25]

韓(한)나라 無窮(무궁)토록 三一의 햇불
짓밟혀 쓰러지며 피로 밝혓네
잃어진 우리 樂園(낙원) 피로 찾었네
핏길을 밟고 밟어 봄은 오는데
님들의 멍든 모습 지금 어디뇨

億萬年(억만년) 변함없이 代代(대대) 빛내세
大韓(대한)이 기리 전할 三一抗爭(삼일항쟁)을
民族(민족)이 드러올릴 그 한 햇불을
목메도록 가슴마다 웨처 불러도
대답이나 있으랴 목멘 그 소리

터를 닦는 三千里(삼천리) 우리 하늘에

---

[25] 이 작품은 2019년 3·1운동 100주년 기념 기획 논문으로 장유싱·신예승이 「같은 사건 다른 노래: 3·1절의 기념과 추모」에 소개한 적이 있다. 『이화음악논집』 23집 1호, 이화여자대학교 음악연구소, 2019, 30-34.

징소리 다그치는 피의 울림을
징소리 다그치는 피의 울림을
임들의 붉은 정성 인경을 울려
새벽은 닥어오니 고이 쉬소서

《연합신문》 (1949. 3. 1.)

이 작품은 구상具常과 공중인孔仲仁26)이 공동으로 작사하였다. 작곡가 이흥렬李興烈이 곡을 붙여 《연합신문》에 악보와 함께 발표한 작품이다. 구상이 어떤 연유로 공중인과 공동 작업을 했는지는 알 수 없지만, 공중인은 구상에게 있어서 작품을 같이 생산할 만큼 정신적인 공감대가 있는 작가였을 것으로 판단한다. 공중인이 삼일절과 관련하여 「삼·일보三·一譜」라는 작품을 발표한 일27)을 구상은 알고 있었고, 연합신문사의 문화부에서 그 발표 지면도 당시 그들이 함께 만들던 《연합신문》이라는 점을 고려한다면 공동 상의相議를 할 수 있는 여건이었을 것으로 짐작한다.

이 작품은 "3·1절을 맞아 희생된 조상들의 영혼을 위로하고 천도를 빌어주기 위해 만든 노래이다. 처음부터 끝까지 3·1운동 당시에 희생된 수많은 사람들의 넋을 기리고 추모하는 내용으로 이루어져 있다. 특히 추모의 효과를 극대화시키기 위해 3·1절 당시의 희생된 조상들의 상황을

---

26) 공중인은 당시 구상과 함께 《연합신문》 문화부 기자로 활동한 시인이다. 1946년 월남越南하여 김윤성金潤成·정한모鄭漢模·조남사趙南史·정한숙鄭漢淑 등과 「시탑詩塔」 동인으로 활동하였고, 1949년 《신세기新世紀》의 편집을 담당, 이듬해 한국문화연구소韓國文化研究所에 입사, 최태응崔泰應과 함께 기관지 〈별〉을 편집했다. 6·25 때는 문총구국대文總救國隊의 일원으로 참전, 1952년 《희망希望》 편집장을 지냈다. 국어국문학편찬위원회, 「공중인」 항, 앞의 사전, 255-256.
27) 공중인, 「三·一譜」, 『시탑(詩塔)』 제4집, 시탑사, 1947, 4-5.

비극적으로 생생하게 묘사했다. 예를 들어 총 3절로 이루어진 이 노래의 절에서 '피'란 어휘가 세 번이나 나오고 '멍'이나 '짓밟혀 쓰러지며'라는 표현이 등장하는 것이 이를 증명한다. 당시의 상황을 비극적으로 묘사한 것은 자연스럽게 마지막 3절에서 이에 대한 추도로 이어진다. 비극의 상황이 강하면 강할수록 그에 대한 추모는 강렬하게 다가올 수밖에 없다. 비극의 묘사는 추도의 간절함을 배가시켰는데, 특히 마지막 3절의

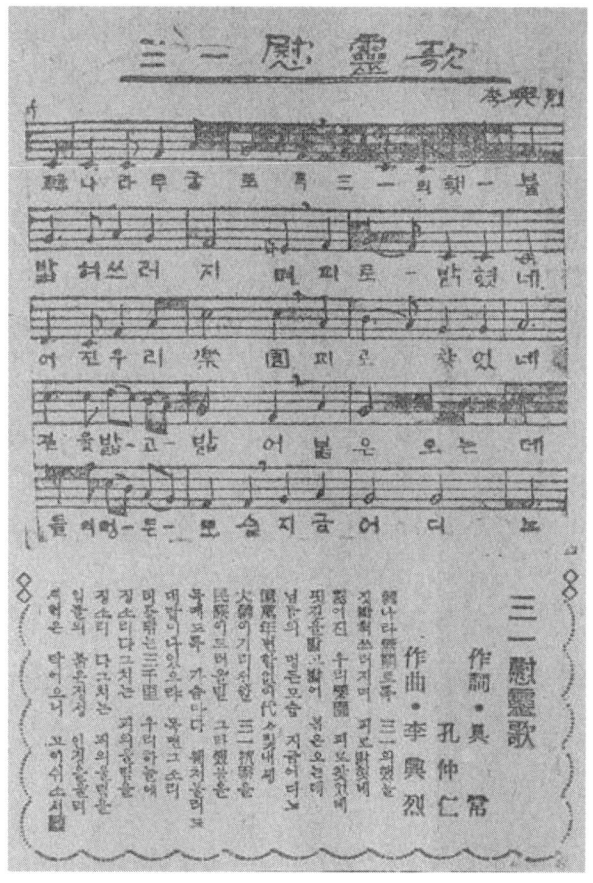

[이미지 2] 구상공중인 작사, 이흥렬 작곡 「삼일위령가」 악보와 가사. 출처: 《연합신문》 (1949. 3. 1.).

"고이 쉬소서"에서 '~소서'라고 하여 기원형 종결어미를 사용한 것도 이러한 효과를 가져온다."[28] 삼일절을 노래하면서 '위령가'라는 제목을 달고 있는 것에서 알 수 있듯이 구상의 영혼관과 그리스도교적 세계관을 엿볼 수 있는 표현이기도 하며, 삼일절 혹은 삼일운동과 관련한 다른 작품들과 차별되는, 영혼 위로라는 관점의 창작관도 엿볼 수 있다.

1.9 사랑을 지키리

구상은 1951년 5월, 그의 첫 시집 『구상具常』(청구출판사)을 발간하였다. 그가 이 시집을 엮을 때, 그동안 발표했던 작품을 모두 수록한 것은 아니었다. 이 시집에 실은 작품들은 『구상시전집』(서문당, 1986)을 엮을 때도 그대로 수록하였지만, 그의 초기 시의 한 작품인 「사랑을 지키리」가 빠졌고, 『구상문학총서』에도 역시 빠졌다. 이 시는 『백민白民』 제5권 3호(1949. 6.)에 처음 발표한 후 첫 시집을 발간할 때 재수록하였다. 『백민』에 게재한 작품과 시집 『구상』에 게재한 작품을 차례대로 보면 다음과 같다.

---

28) 장유성·신혜승, 앞의 논문, 24-25.

사랑을 지키리

        人情(인정)은 물일레라 스밀 데만 있으면
                        흘러가는 물일레라
                  - 讀人不知(독인부지) -

        ×

十년 가믈에도 마르지 않을
바다마냥 넓고 깊은 이랑을 파서
님과 나의 사랑을 지키리.

노아 洪水(홍수)에도 끗떡 않을
하늘모양 높고 맑은 뚝을 쌓서
님과 나의 사랑을 지키리.

끝없는 밤이 오드래도
도적이 얼신 못하게
눈을 부릅뜨고 지키리.

                        『백민』 제5권 3호 (1949. 6.)

사랑을 지키리

　　　　　　　人情(인정)은 물일레라. 스밀 데만 있으면
　　　　　　　　　　　　　　흘러가는 물일레라.

十年 가믈에도 마르지 않을
바다마냥 깊고 넓은 이랑을 파서
님과 나의 사랑을 지키리.

억수장마에도 끄덕 않을
하늘모양 높고 맑은 뚝을 쌓서
님과 나의 사랑을 지키리.

끝없는 밤이 오더라도
도적이 얼신 못하게
눈을 부릅뜨고 지키리.

　　　　　　　　　　　　　시집 『구상』(1951. 5.)

　　두 게재지의 작품을 비교해 보면, 부제 부분의 내용은 같으나 행 구분과 배치, 그리고 '讀人不知(독인부지)'를 삭제한 것에 차이가 있고, 본문에서는 '바다마냥 넓고 깊은'를 '바다마냥 깊고 넓은'으로, '노아 洪水(홍수)에도'를 '억수장마에도'로 바꾼 것 외에는 모두 같다.
　　사람의 정을 물에 비유한 부제를 보면, 물은 흘러갈 곳이 있으면 흘러가듯이 사람의 정 역시 그러하다는 기본 개념을 염두에 둔 것으로 보인다. '님'이 의미하거나 지칭하는 것이 구체적으로 누구인지, 아니면 무엇인지 정확히 알기는 어렵지만 한 가지 분명한 것은 그 사랑의 대상을 지키기 위하여 이랑을 파고, 둑을 쌓아서 님과 나의 사랑을 지키겠다는 의지를 드러낸 작품이다. 끝없는 밤이 오더라도 도적이 얼씬하지 못하도록 눈을 뜨고 지키겠다는 강한 의지의 표명인 바, 제3연에서 그의 신앙의 한 면을 읽을 수 있다.

'끝없는 밤'과 같은 삶의 고난이 오더라도 도둑이 님과 나의 사랑을 훔쳐 가지 못하도록 "깨어 있어라"(마르 13, 32-37; 루카 17, 26-30. 34-36)라는 예수님 말씀을 실천하겠다는 의지가 아니겠는가? 이렇게 본다면, 이것은 구상의 신앙고백과 같다. 이런 맥락에서, 곽효환이 말한 대로 "구상 초기시의 중요한 특징은 어둡고 불의한 현실에 자기희생적이고 선지자적인 태도를 보이거나 절대적이고 거대한 현실 앞에서 개인의 무력함과 미력함을 깨닫고 구도자적인 태도를 취하는 것으로 요약된다. 북으로부터 신변의 위협을 받고 월남했고 전쟁 과정에서 북에 정면으로 맞섰지만, 구상의 시세계는 공격적이거나 적대적인 태도를 보이는 대신 헌신적이고 초극적인 신앙적 태도로 나아가고 유지되고 있다"[29] 점에서 이 시 역시 그런 범주에 든다고 하겠다.

그러나 또 하나의 관점은 작가가 생각한 그 사랑의 대상이 어느 특정인으로 해석할 수도 있다. 그는 1945년 4월에 서영옥과 결혼하였는데, 부인에 대한 사랑의 확약으로 단정해도 무리가 없어 보인다.[30] 구상과

---

[29] 곽효환, 「구상 초기시 연구 — 「수난의 강」에서 「초도의 시」까지」, 『한국시학연구』 제59호, 2019, 26-27.
[30] 한 가지 염두에 둘 것은 시집 『구상』에 '억수장마'라고 표기한 부분이 『백민』에는

서영옥의 결혼 일화는 구상을 연구하는 이들뿐만 아니라 그의 작품을 읽은 이라면 누구라도 알 수 있을 만큼 알려진 사실이다. 구상은 서영옥과 결혼하기 전에 이미 약혼녀를 염두에 둔 구절을 삽입한 시 「소야곡」31)을 쓰기도 했고, 순수한 연정을 드러낸 시 「백련」을 쓴 예32)로 보아, 아내에 대한 사랑의 서약과 같은 시를 발표한 것은 자연스러운 일이 아닐 수 없다.

'노아 洪水'라는 그리스도교적 이미지를 사용한 후 1951년 시집 『구상』에 일반적인 이미지로 바꾸었다는 것이다.
31) 이 작품은 구상의 첫 시집 『구상』에는 「세레나데」라는 제목으로 수록되어 있었으나 『구상문학선』에는 「세레나데」의 우리말 번역인 「소야곡」으로 수록하였다.
32) 이숭원. 『구상평전』, 분도출판사, 2019, 48-58 참조.

2 산문들

2.1 헌사
2.2 서울의 풍경초
2.3 된장을 말함
2.4 시단빈상
2.5 종군기
2.6 종합예술제여담
2.7 운전병「ㄹ」중사
2.8 종군작가단 2년
2.9 문학정신과 혁명정신
2.10 군인 이야기
2.11 전선집수초
2.12 『전선문학』편집후기
2.13 인간적 유죄
2.14 향우 중섭 이야기

〈황소 그림 앞에서 이중섭〉

2. 산문들

'산문'이라는 갈래로 14편의 글을 소개한다. 비슷하게 갈래지을 수 있을 것 같은 글들끼리 재배치를 하다 보니 순서가 시간적 배열과는 다소 거리가 있다. 글 중에는 6·25전쟁 중에 쓴 것이 많고, 일부는 그 이전과 이후에 쓴 것들이다. 이 가운데 『전선문학戰線文學』 편집후기에는 2편의 글이 있다. 『전선문학』 제2호와 5호의 글인데, 성격상 하나의 이름으로 분류하였다. 제목은 필자가 정한 것이고 실제는 제목이 없다. 그리고 1955년 대구에서 전시회를 연 이중섭의 화전畵展 팸플릿에 실은 구상의 글은 독립된 글로 분류하지 않았다. 후일 재편집의 기회가 생긴다면 함께 논의할 필요가 있다.

2.1 헌사

1948년 3월 14일, 대구 달성공원에서 이상화 시인의 시비제막식이 있었다. 이때 구상은 조선청년문학가협회의 대표 자격33)으로 시비제막식

---

33) '대표자격'이라는 것이 조선청년문학가협회의 회장이라는 뜻은 아니다. 본 협회에

에 참석하였고, 이 자리에서 헌사를 낭독하였다. 그 낭독문 전문이 「헌사 獻辭」라는 제목으로 『죽순竹筍』 제8집에 게재되었고, 글의 마지막에 '구상 具常 초草'라고 기록해 두었다. 그런데 이 작품은 원래 『죽순』에 게재하기 위한 원고로 작성하였다기보다는 당일 행사용(낭독용)으로 구상이 직접 손으로 쓴 것을 이윤수李潤守가 책을 발행할 때 활자화한 것으로 추측한다.34) 그 내용을 살펴보면 다음과 같다.

서는 1947년 11월 5일 제2회 전국대회에서 유치환을 회장으로 선임하였고, 구상은 시부(詩部) 위원이었다. 《동아일보》(1947. 11. 9.) '문화소식' 및 《독립신문》(1947. 11. 11.) 기사 임생(林生)의 「조청문협대회를 보고③-신지영과 기대」참조. 그리고 '상화시비제막식' 후 기념 촬영 사진에는 유치환도 구상과 함께 사진을 찍을 걸로 보아 유치환도 그 행사에 참석한 것을 알 수 있다.

34) 이윤수가 기록한 「시비제막기」에 보면 "다음은 來賓祝詞인데 道公報課長의 祝詞가 있은 다음 二, 三人의 祝詞가 있었고 靑文協을 代表하야 서울서 遠來한 具常 氏의 獻詞를 素雲 氏가 拒絶하였을 때(何等의 時間의 餘裕가 없는 것은 아니었는데 ……… 具 氏는 여간 不快하기 생각하지 않았음에 도리어 大邱있는 우리들이 부끄러웠다. (중략) 이윽고 어떠한 變化였던지 素雲 氏가 具常 氏만 許諾하는 바 있어 하여간 具 氏는 獻詞를 올리긴 올렸으나 不快히 느끼고 있었다."라는 내용이 있다. 『죽순』 제8집, 죽순시인구락부, 1948, 58-59. 그리고 이와 관련한 기사가 지난 2024년 1월 14일자 《가톨릭신문》에 게재되었는데, 자칫 오해할 수 있는 내용이 있어 이 기회에 바로 잡아둔다. "1948년 대구 달성공원의 '상화시비' 건립식 때 구상 선생님께서 추모시를 낭송했다는 사실을 아십니까? 즉석에서 화선지 위에 추모시를 쓰시고 낭독했던 당시의 알려지지 않은 일화와 자료들을 확보했습니다."에서 '상화시비 건립식'을 '상화시비 제막식'으로, '추모시'를 '헌사'로, '즉석에서 화선지 위에 추모시를 쓰시고'(이 헌사를 현장에서 바로 작성한 것으로 잘못 이해할 수 있는데, 이미 작성한 것을 들고 현장에 도착한 것이다.)를 '직접 화선지 위에 쓰신 헌사를'로 바로잡아 둔다. 《가톨릭신문》 제3376호(2024. 1. 14.) 기사 「인류애 가득한 글들, 후학에게 전하고파」를 참조할 것.

獻辭(헌사)

「지금은 남의 땅 빼앗긴 들에도 봄은 오는가」

폐부를 찌르는 詩人 尙火(상화)의 이 노래는 일찍 얼마나 허다한 이 땅의 피 있는 젊음들을 울렸읍니까! 이제 우리 땅 도로 찾은 들에서 마음 가난한 旅屬(족속)들의 손으로나마 이루어진 尙火詩碑(상화시비) 앞에 따스한 봄볕을 받으며 모여선 이 자리가 어찌 偶然(우연)이겠읍니까!

우리를 땅이 꺼지게 울리고 응혈진 가슴을 지닌 채 간 詩人의 노래를 멍도 가시지 않은 손들이 한 조각 돌에나마 새겨본다는 것은 헛된 수고도 아니요 부질없는 꿈도 아니요 더욱 偶然(우연)도 아닌겝니다.

尙火가 우리 詩壇(시단)과 접촉을 끊은 지는 二十年 가까운 세월이 흘러 그의 노래는 거의 우리 기억에서 사라지고 있습니다. 그러나 그의 주옥같은 몇 편의 노래와 이름 석 字는 詩를 진정으로 사랑하고 이해하는 少數(소수) 사람들의 가슴과 가슴을 외롭게 傳(전)해 내려왔으며 우리 겨레의 오래인 不幸(불행)과 連結(연결)되어 왔습니다. 이제 尙火가 作故(작고)한 지 五년이 다 못 되어 詩人(시인)의 노래는 또다시 그 光彩(광채)를 말하며 우리 三千萬(삼천만) 가슴 속에 피여 나고 있습니다.

印度(인도)에 타-골이 있었고 英國(영국)에 바이롱이 있었고 獨逸(독일)에 하이네가 있었지만 그들의 노래를 不運(불운) 속에 낳다가 不運 속에서 도라간 우리 尙火의 노래와 比(비)할겐 한낮 비타민이 빠진 飮食物(음식물)에서 더하지 않습니다. 우리에겐 尙火의 노래만

이 보다 숨결에 통하고 피에 용솟음치고 가슴을 끓이게 하는 것입니다. 번화스러운 넋두리를 거두렵니다.

오직 詩人 尙火를 소중히 아는 이 족속들의 오늘의 가진 바 현실적 정성의 담뿍이오며 우리는 詩人 尙火의 엮은 꿈을 이어서 平和와 愛情(애정)으로 피여질 世界의 꿈, 아니, 宇宙(우주)의 꿈을 엮어 볼 것을 이 자리에서 맹세합니다. 幽明(유명)을 달리하여 尙火 계시나 우리 이 간난한 정성에 微笑(미소)하시라.

마금으로 素雲(소운)님을 비롯해 大邱(대구) 여러 벗님네들이 쓰신 애는 이 詩碑(시비)와 더불어 우리 詩史(시사)에 영원히 빛날 줄 알며 이것을 獻辭(헌사)로 합니다.

青年文學家協會員 一同(청년문학가협회원 일동)

- 具常 草(구상 초) -

『죽순』 제8집 (1948. 3. 25.)

이상화의 시 「나의 침실로」의 일부가 새겨진 '상화시비'는 우리나라 최초의 시비이다. 그 제막식에 구상이 조선청년문학가협회의 대표 자격으로 헌사를 낭독하는 것은 이상화 시인이 지닌 비중도 비중이려니와 민족시인으로서의 이상화에 대한 공경심과 위대한 시인에 대한 자부심이 저절로 우러났으므로 공적으나 사적으로도 의미 있는 일이었을 것이다. 헌사의 내용을 보더라도 이런 마음이 고스란히 담겨 있음을 확인할 수 있다. 헌사의 끝에 '구상具常 초草'라고 기록한 것으로 보아 구상이 그 기초를 잡은 것이다. 그것은 곧 청년문학가협회원 일동의 이름으로 바치는 글이지만, 이상화에 대한 구상의 생각과 마음이 좀 더 깊이 녹아 있다는 것을 뜻하지 않겠는가?

그런데 한 가지 생각해 볼 것이 있다. [그림 3]의 사진(상화시비제막식에서 헌사를 낭독하는 구상)은 분명 1948년 3월 14일 행사 당일 현장의 모습이다. 이 행사를 주관하였던 죽순시인구락부의 이윤수도 '서울서 원래한 구상 씨'라고 표현하고 있다. 당일 서울에서 내려왔거나 아니면 전날 대구에 도착하였을 가능성도 있지만, 아무튼 서울에서 대구로 온 것은 분명

[이미지 3] 상화시비제막식에서 헌사를 낭독하는 구상. 『죽순』 제8집(1948. 3. 25.) 상화시비 제막식 사진화보에 '조선청년문학가협회 대표로 참석한 구상 씨의 헌사 낭독'이라고 기록되어 있다.

해 보인다. 그런데, 우리가 익히 알고 있듯이 구상은 젊은 날 결핵을 앓았고, 1948년의 2월경 2차 발병까지 하였다. 그때 구상의 부인이 마산 교통요양원 의사로 부임하면서 구상도 함께 마산으로 내려간 것으로 기록한다. 당시 경향신문 1948년 4월 18일 자 '문화수첩'란에 구상 시인이 마산 요양원으로 전양轉養하였다는 기사가 나오는 것으로 보아 시기적으로 4월 18일 이전에 요양원에서 요양 중이었다는 결론이다.35) 구상이 상화시비제막식에 참석한 날은 3월 14일이고, 그가 마산의 교통요양원에서 썼다고 기록한 시 「꽃과 주사약」36)이 『죽순』 제8집(1948. 3. 25.)에 발표하였다. 그 시기가 3월이다. 책이 발간되기 전 최소한 1주일 전에는 편집이 마감되는 점을 고려한다면 적어도 이 시가 이윤수에게 전달되려면(물론 이전에 우편으로 전달되었을 수도 있지만) 시비제막식 당일에는 구상이 직접 원고를 전달했어야 했을 것이다. 그렇다면 구상은 마산의 교통요양원에서 병중의 몸으로 행사에 참여하였다는 결론이 나온다. 이윤수가 '서울서 원래한'이라는 기록을 덧붙인다면 마산에서 서울로, 서울에서 다시 대구로 이동하였다는 이야기이다. 이 추측이 사실이라면 구상은 투병 중에 상화시비제막식에 참석할 만큼 이 일은 중대한 의미를 지닌 일이었을 것이다.

투병 가운데에서 상화시비제막식에서 헌사를 낭독하였고, 그 내용이 현재 남아 전하고 있다. 잊힐 수도 있는 이 헌사를 지금이라도 접할 수 있는 것은 다행한 일이기도 하고, 대구문학사를 넘어 한국문학사의 일부를 담당할 수 있는, 참으로 소중한 자료라고 생각한다.

---

35) 《경향신문》(1948. 4. 18.) '문화수첩' 및 이숭원, 앞의 책, 69.
36) 구상은 "이 시는 내가 월남한 지 1년 만에 결핵에 걸려 뒤따리 넘어온 아내는 의사로, 나는 환자로 마산 교통요양원에 가 있을 때 쓴 것임."이라고 기록하고 있다. 구상. 『구상문학총서』, 제1권, 홍성사, 2002, 32.

2.2 서울의 풍경초

《연합신문》의 문화부장으로서 구상은 신문의 질적 향상은 물론 민중문화를 수용하는 다양한 기획을 하면서 당시 해방 공간의 서울 거리의 한 장면을 마치 숨 쉬는 그림처럼 짧은 글로 묘사하여 기사화하는 기획을 선보였다. 그것이 바로「서울의 풍경초」였다. 연재를 기획한 것으로 보이지만 실제로는 연재 번호 4로 끝이 난 기획물이다. 그 가운데 첫 번째「서울의 풍경초」는 '진고개, 동대문시장, 다방, 역전'의 풍경을 그리고 있다. 그 내용을 보면 다음과 같다.

서울의 風景抄(풍경초) [37]

> 진고개

황혼의 서울은 마치 모-든 것을 빼앗긴 여와처럼 초초하다. 그러나 진고개를 거니는 마음은 또한 희망음악회의 다사로운 그것이다. 상상 속에 떠도는.

---

[37]「서울의 風景抄」는《연합신문》1949년 2월 4일부터 11일까지 4번의 연재 번호를 달고 있으나 2월 4일 자에만 'K생'이라고 표기되어 있다. 연재의 흐름으로 보아 다른 글들도 구상의 글로 보이지만, 근거를 확인할 수 없었다. 같은 이름으로 연재하는 난欄이라서 첫 회분에만 표기한 것은 연재물의 연속성을 고려한 것은 아닐까라고 추측해 본다. 이런 현상이 다른 글에서도 발견되므로 그렇게 추측할 뿐 확실한 근거가 없는 글은 제외하였다.

◇

　인파의 쏘나타!『마카오』무역○이 일고 파노라마로 나부끼는 인형과 소리 소리…

　바야흐로 비회의 교착을 아로 색이는 진고개! 거기엔 우리의 꼬집힌 사랑이 흐른다. 무수한 시간이 흘러간다,『인사하는 유행』- 집보다 큰 간판 - 너는 언제『아저씨의 거리』가 되어 가진 위선과 양담배와 껌과 파이푸와 꾕통과 미처 헤아릴 수 없는 拋物線(포물선)의 網條(망조)와도 같이 자꾸만 자꾸만 얽혀지는 삶의 ○○을 지키지 않으며 않되었드뇨?

◇

　이국인은 해바라기보다 키가 크다.

◇

　거리의 ○○, 악의 꽃, 모리배, 그리고 수만의 청춘남녀 꿈 우에 노는 그들의 亂舞(난무)는 끊일 새 없다. 輪轉機(윤전기)를 미끄러 쏘다지는 신문지처럼…

동대문시장

　혼잡과 아우성이 비저낸 광란의 三角洲(삼각주)『墨歌(흑가)』를 부르며 억제로 흐르는 淸溪川(청계천)을 사이에! 쉴 새없이 팔고 팔리는 골동품과 박래품. 하로의 때무든 인생의 기폭을 매몰지은(?) 바락크 지붕 위로 퍼득이고 너펄거리고 - 여흥 뒤의 주석 모양 지저분한 끝에 陶○(도○)된『인플레』의 過○(과○)을 던지고 만다.

다방

　음악이 흐른다. 紫煙(자연)사이시고 소곤소곤 말과 말이 피어지고 - 게으름과 慰安(위안)과 思索(사색) 靜止(정지)한 채로 꼼작 않는 전기시계와 忘劫(망겁)의 여백에다 결합시키고 만다.

　『인젠 그데의 눈을 『삼킬』 수 없게 되었구려』
　『그래요? 마치 『먹을 수 없는』 당신으 藝術(예술)처럼…』

　『커피』 한 잔에 모-든 사념은 昇降機(승강기)처럼 오르나리며 흐터진다. 紫煙(자연)으로 감추어버린 오-ㄴ 하로 - 음악은 계속해서 흘러 나온다.

驛前(역전)

　온갖 ○○의 貯水池(저수지). 가고 오고 가고 모이곤 흐터지고 대열지은 오만의 사색이 우연한 시간을 약속하듯 두 궤도 위로 달릴게다. 십삼도사향이 코를 찌른다. 곳곳의 『사투리』가 ○악을 베푸러 때때로 으아하는 소파를 이르킨다. 봇따리 집짝에는 방랑객의 푸른 ○회가 깃드려 있는지 - 낮은 낮대로 밤은 밤대로 거기엔 어둠을 헤쳐간 머-ㄴ 협주곡이 종일을 굴른다- 물레방아 돌 듯이 그러나 ○전당은 언제까지나 대불처럼 원만히 보았다.

《연합신문》 (1949. 2. 4.)

'초抄'라는 말이 의미하듯 서울의 풍경을 세밀화처럼 그리는 것이 아니라 그 공간의 모습을 인상적으로 표현하는 데 필요한 것들을 간략하게 묘사하고 있다. 거기에다가 작가의 생각과 느낌을 적절히 배치하고, 호흡의 절제와 압축, 연의 구분 등 상세한 설명보다 독자의 상상력을 불러일으키는 여운이 마치 한편의 산문시 같은 효과를 자아내고 있다. 어쩌면 산문시를 염두에 둔 시도는 아니었을까? 1949년 당시 서울의 풍경을 구상의 시선으로 짧게 그려낸 이 글은 그의 초점이 어디를 향하고 있으며, 그 눈길이 닿은 곳을 어떤 관점으로 보았는지를 가늠할 수 있으며, 당시 30대의 청년 구상이 바라본 서울 풍경의 일부를 엿볼 수 있는 자료이기도 하다.

2.3 된장을 말함

이 글은 『부인경향婦人京鄕』에서 '나의 아내를 말함'이라는 주제로 몇 작가에게 청탁한 것이다. 구상의 글과 함께 김진흥金振興의 「아내는 나의 평복平服이다」, 김동명金東鳴의 「180도百八十度의 전환轉換」 등과 함께 실린 것이다. 기획한 주제에 더욱 실제성을 부여하기 위한 것인지는 모르지만 작가의 부인 사진을 함께 실은 것도 특장점이다.

구상은 「된장을 말함」이라는 제목으로 아내 서영옥 여사에 대한 자기 생각을 적으면서 부인의 사진도 함께 보낸 것으로 보인다. 이 사진이 잡지에 보내기 직전에 찍은 것이라면 서영옥 여사의 1950년도 모습인 셈이다. 우선 그 내용을 살펴보면 다음과 같다.

된장을 말함

아내! 된장 간장이나 김치 깍두기 틀림없이 이렇게 된 것이 나의 아내요, 이렇게 소홀하고도 필요한 것이 아내요. 詩란 하나의 精神的(정신적)인 熱(열)을 意味(의미)하는 것이기 때문에 옛날부터 詩쭐이나 쓴다는 작자들은 또 하나의 熱(열)인 戀愛(연애)라는 것과 詩를 混同(혼동)도 하였고 또 이 두 가지 熱(열)을 維持(유지)해낸 偉大(위대)한 몇몇 君(군)도 있오. 그러기에 世上에서는 詩人이란 職業動物(직업동물)에게는 아내와 愛人(애인)이 區別(구별)되지 못하는 줄 알고 있읍디다만 그런 意味(의미)에서 나는 落第生(낙제생)이요. 또한 가장 古典的(고전적)이며 現代的(현대적)인 感情(감정)의 企業化(기업화)(詩 感情의)를 認定(확정)하는 사람이요.

내가 나의 아내를 맞은 方法(방법)이란 仲媒中(중매중)에선 最上級(최상급)일께요. 卽(즉) 나의 兄(형)이 되는 神父(신부)가 자기의 季娚(계수) 氏(씨)를 自擇(자택)했고 무슨 불꽃이 뛰는 刹那(찰라)도 맛보지 못한 채 兄의 司祭(사제)로서 婚配(혼배)가 이루어졌던 것이요.

그러니 나의 아내가 決(결)코 나의 久遠(구원)의 像(상)일 수 없는 것은 뻔한 理致(이치)니 爲先(위선) 남[형]이 골랐다는 이 致命的(치명적)인 事實(사실)! 自己가 스사로 빨리지 않았다는 이 事實(사실)은 그 對象(대상)의 如何(여하)는 덮어놓고라도 永遠(영원)히 愛人感情(애인감정)을 채[滿(만)]우지 못하는 것이기 때문이요.

그러면 우리 人間(인간)의 自由意思(자유의사)란 얼마나 尊嚴(존엄)한 것이며 틈낼 수 없고 侵害(위해)할 수 없는 것인가를 나는 이렇게 알고 있소.

이러한 나의 님의 分身(분신)을 이끌고 어린것의 아버지마저 된 어처구니없는 나는 가끔 망칙스럽고도 近似(근사)한 時間(시간)을 가저보군하오.

그런데도 不拘(불구)하고 그저 탈 없이 잘돼가는 건 그건 平和(평화)에 對(대)한 차[○]지 못하는 愛情(애정)에 對(대)한 共同的(공동적)인 憧憬(동경)이란 말이요. 그러나 이 탈 없는 維持(유지)를 爲(위)한 努力(노력)은 아내와 나와 判異(판이)하오.

나는 家庭(가정)의 平和도 對等(대등)한 位置(위치)에선 있을 수 없다는 主論(주론)에서 덴노헤이까[現人神(현인적)] 權威(권위)를 確保(확보)하는 데 있고 아내는 奴隷的(노예적) 屈服(굴복)을 더욱 指揮(지휘)해 나가는데 우리 家政(가정)에 適當(적당)한 調和(조화)의 祕密(비밀)이 있단 말이요.

그래서 나는 爲先(위선) 便(편)하고 그도 爲先(위선) 便하고 이렇게 되는 것이요.

여기에 하나 端的(단적)으로 公開(공개)할 수 있다면 나를 家政에서 保護(보호)하기 爲(위)한 手段(수단)으로선38) 眞正 共産黨式(진정 공산당식) 宣傳(선전)과 方法도 가리지 않고 있다는 것이요.

이렇게 쓰면 나의 아내가 어떤 性味와 물건인지를 질작하실39) 줄 믿소.

그리고 마금으로 하나 덧붙일 것은 친구들에게 예펜네 - 生活經濟(생활경제)에 덕을 볼 수 있는 - 를 가진 多幸(다행)은 빈정도 대고

---

38) '~으로선'의 오기로 보임.
39) '짐작하실'

하나 이것은 아내라는 것을 도대체 나의 呼吸(호흡)이 通(통)하지 않는다는 것을 이 機會(기회)에 宣明(선명)하는 바이오.

『부인경향』 제1권 3호 (1950. 3. 1.)

'나의 아내를 말함'이라는 주제에 '된장을 말함'이라고 제목을 붙인 구상의 은유는 참으로 인간적 따스함이 묻어 있다. '나의 아내는 된장'이라는 은유를 통하여 아내의 특성이랄까 아니면 개성이랄까, 그 존재 가치를 드러낸 글이다. 첫 문장 '아내! 된장 간장이나 김치 깍두기 틀림없이 이렇게 된 것이 나의 아내요, 이렇게 소홀하고도 필요한 것이 아내요.'라는 부분에서 사실 핵심은 다 말한 셈이지만, 조금씩 풀어서 가정의 평화를 유지하고 가정생활을 영위하는 부부의 지혜를 통하여 아내의 위치와 역할 그리고 가치를 말하고 있다.

구상은 그의 수필 「참담한 이해-우리 내외를 말한다」에서도 '아내는 우리 집 된장이나 간장 맛처럼 그 인품의 장단長短 역시 유일의 것'40)이라고 고백할 만큼 부인의 존재가치를 대치할 것이 없다고 표현한다. "아내라는 것을 도대체 나의 호흡呼吸이 통通하지 않는다"라는 표현은 부부간의 불화를 말하는 것이 아니다. 의사인 아내(과학자)와 작가인 자신(시인)의 '이상적 결합이라는 그 착각은 일찌감치 그 본색을 드러나기 시작했는데 전공 분야의 상반이 실제 부부생활에 있어 얼마나 많은 인생사에 견해 차이와 감정의 위화를 가지고 오며 그것을 극복해 나가기가 얼마나 힘든가 하는 것은 체험 당사자들만이 안다고 하겠다'41)라고 말한 것처럼 상반된 성격에 대한 이해상, 성격유형상의 차이에서 오는 시선임을 가늠하겠다.

---

40) 구상. 「참담한 이해」, 『구상문학총서』 제9권, 홍성사, 2010, 99.
41) 위의 책, 98-99.

그의 부인도 그렇게 받아들이고 있다. 1982년 《매일경제每日經濟》의 서영옥 인터뷰를 보면 구상의 언행에 대한 서영옥 여사의 입장을 알 수 있다. '서 여사 자신은 그건 이해가 아니라 어쩔 수 없는 구 시인의 개성일 뿐이라고 -『문학적인 면은 전 문외한이니까요. 내가 할 수 있는 것이라야 건강이나 돌보고-. 차원이 다르니까 내겐 물어보시지도 않아요. 내가 혼자 읽어보면 내 혼자 좋으면 좋고-』시인 아내의 삶을 얘기하며 수줍게 웃는다'42)라는 내용으로도 아내에 대한 구상의 표현을 이해할 수 있다.

2. 4 시단빈상

해방 후 남북이 분단되고, 단일정부 수립에 대한 열망이 큰 만큼 남북한의 정치적 사상의 간격도 커지고 있었다. 남한에서는 일제강점기에 강제적으로 단절되었던 민족정신을 회복하자는 움직임이 크게 일었고, 이는 정치계뿐만 아니라 사회 전반적인 흐름을 이루었다. 문학계에서도 마찬가지였다. 1947년 2월 13일 민족진영 문화인들이 모여 문화옹호남조선문화예술가 총궐기대회를 열면서 결속을 강화해 갔고, 그 이듬해 민족정신앙양전국문화인총궐기대회 준비위원회에서는 12월 27일과 28일 서울 시공관市公館(서울 명동에 있는 극장)에서 민족정신앙양전국문화인총궐기대회를 열기도 했다. 이때 구상은 준비위원 명단에 이름이 올랐다. 이 궐기 대회는 당시 정부의 미온적인 좌익 견제에 항의를 표시한 것으로 좌익에 대한 집단적 경고대회였다. 유엔에 의한 통일정책을 환영한다는 것

---

42) 홍승희. 「예술인의 아내(10)-시인 구상 씨 부인 서영옥 여사」, 《매일경제》 (1982. 8. 3.)

과 문화진영의 궐기가 필요하다는 것, 그리고 좌익의 반통일적·비민족적 언론출판기념을 규제하여야 한다는 것 등이다.43) 이 준비위원회에서는 이런 내용을 담은 취지서를 발표하기도 하였다.44)

이와 비슷한 시기 《민중일보》에 발표한 「시단빈상詩壇貧像」에서 구상의 민족정신 혹은 민족문학에 관한 견해를 읽을 수 있다. 시기적으로 볼 때,

---

43) 장사선, 「해방문단의 비평사」, 『한국현대문학사』, 현대문학, 2008⁴, 337.
44) 참고로 '민족정신앙양전국문화인총궐기대회 취지서' 내용을 기록해 둔다. "우리는 문화인이다. 우리는 문화가 쇠퇴하거나 발전하지 못하는 환경 속에서 생존할 의욕을 가지지 못하는 자이다. 문화는 정신이오, 문화야말로 가장 진실한 생활이며, 또한 생활의 부단한 비판인 까닭이다. 그러므로 문화의 향상과 발전은 생활의 향상과 발전을 전제한다. 그럼에도 불구하고 해방 후 3년을 지나 대한민국이 수립된 오늘에 이르기까지 문화는 어찌되었느냐. 정당이거나 단체거나 할 것 없이 그 위신을 자랑하기 위하여 문화란 말은 잊어버리지는 않았으리라마는 문화의 시설은 누구의 손아귀에 들어갔으며 400억에 달하는 화폐발행고 중 문화를 위한 금융은 과연 몇%가 되며, 잡다한 유령간판 중 문화의 간판은 정히 어디서 찾아야 하게 되었는가. 그러나 문화는 살고 또 살아야 할 강력한 의욕을 다시금 새롭게 하는 민족사활의 중대한 현실에 닥쳤으니 이것은 역사적 현실에서 규정된 신성한 명령이다. 보라, 순천·여수의 반란사건은 해방 후 이북의 악랄한 계획과 이남의 온상에서 육성된 공산당의 치밀하고 조직적인 학살행동이라고 하겠으나 의식 없이 이에 유도되고 기만되어 가담한 동포의 정신적 황혼은 과연 총검과 投監(투감)으로써만 해결될 문제일까? 총검의 윤리를 시비하거나 감옥의 교화를 무시함이 아니로되 우리의 급선무는 민족의 생명에서 구현되는 민족정신의 건전한 앙양에 있으니 민족의 사는 데는 나라가 있어야 한다는 이 신성한 명제를 문화의 주제로써 우리는 분석하고 검토하고 종합하여 그 부동의 이념을 건국의 초석 밑에 파묻어, 이 한 알맹이 씨가 민족이 평화할 때나 민족이 위태로운 때를 막론하고 그 단계마다 발전을 약속하고 동요를 방지하는 영원한 정신적 생산의 모태가 되어 민족의 안전을 보장하고 민족의 영예를 보전케 함에 금번 문화인 궐기대회의 현실에서 규정된 역사적 의의가 있는 것이다. 민족이 살고 민족이 살려면 나라가 있어야 한다. 이러한 의욕이 우리로 하여금 드디어 一堂(일당)에 모이게 하는 바이니 이미 UN을 통하여 세계의 일환으로 세계사상 찬연한 기록을 지은 우리들은 인류공존의 이념으로 나타난 민주주의를 민족화 하는 사명을 띠고 이에 반만년 역사상 한 권의 결정서를 내리고자 하는 바이다. 그리하여 문화인의 순정과 이성을 다하여 모든 매국적 예속성을 극복하고 38선의 철막을 돌파하는 단계에 들어가려는 오늘 강호의 주시가 이미 집중되기를 바라는 바이다. 《국제신문》 (1948. 12. 21.).

이 글은 구상이 마산의 교통요양원에서 요양 중에 쓴 것이다. 글의 제목이 말하듯이 우리 시단에서 발견되는 '빈약한 것'과 '갖추어야 할 것'에 관하여 적은 것이다. 특히 시대의 흐름을 제대로 읽지 못하거나 개성이 없는 시 혹은 시인들에 대한 시선을 엿볼 수 있다. 그 내용을 보면 다음과 같다.

詩壇貧像(시단빈상)

詩란 또 詩人이란 各種各色(각종각색)의 花草(화초)에 比(비)할 수 있어 제 天品(천품)대로 재조껏 꽃을 피우면 그만일 게고 또 그렇게만 努力(노력)하는 것이 가장 價値(가치) 있는 일인 것이다.

이렇게 各種各色(각종각색)의 花草(화초)가 자랑하듯이 꽃을 피우고 茂盛(무성)한 곳을 우리는 花壇(화단), 화원花園이라고 부른다. 좀 더 제법하고 훌륭한 花壇이고 보면 同科(동과)로 分類(분류)될 수 있는 花草(화초)들끼리는 色(색), 姿態(자태), 位置(위치) ○을 競爭(경쟁)하고 나아가서는 ○만한 各種花草들이 눈부시게 滿發(만발)하여 꽃의 殿堂(전당)을 이루게 되는 것이다.

이런 意味에서 나는 시방 우리 詩壇(시단)에 貧相(빈상)은 各自詩人이 明確(명확)한 自己發見(자기발견) 乃至(내지) 測定(측정)이 缺乏(결핍)해 있다든가 이런 努力마저 忘却(망각)하고 있는데 있지 않은가 하고 홀로 생각한다. 이 自己라는 것은 어떤 詩 또는 그 詩人의 韻律(운율), 個性(개성), 本質(본질)이라 해도 좋다. 때문에 自己에게는 勿論(물론) 손꼽히는 또는 偶像化(우상화)되는 어떤 詩人에게 엄청난 進化(진화)와 妖術(요술)을 要求(요구)하는 것이다.

一例(일례)를 들면 詩人 徐廷柱 氏(서정주 씨)의 카오쓰의 世界가 양귀비꽃이라 하면 - 실상 나는 그가 뭣인지 입때 모르고 두고 봐야 할 것이고 이것은 假設(가설)뿐이다 - 그는 양귀비의 휘황한 아름다움이나 어지러운 향기의 發散(발산)할 것을 바라면 足(족)할 텐데 해바라기 - 世稱(세칭) 朴斗鎭 氏(박두진 씨) - 의 華愁(화수)나 진달래 - 世稱(세칭) 素月(소월), 그래서 눈물 많흔 우리 百姓(백성)들은 그분을 朝鮮詩人(조선시인)이라 愛稱(애칭)하는가 보다 - 의 哀愁(애수), 심지어는 코쓰모쓰의 아름다움마저 지녀주지 않으면 不滿(불만)스럽다는 ○理○한 注文(주문)을 한다.

더욱 自己에게 바라는 것은 造物主(조물주)도 미치지 못한 各花草(각화초)의 諸笑的(제소적) ○○를 다 포○한 超萬物的(초만물적)인 것을 빚어보려 한다. 勿論 나는 이런 勇氣(용기)만은 否定(부정)치 않는다.

시방 우리 詩壇은 다 말러빠진 傳來(전래)의 몇 그루 아니면 설된 씨앗의 移種(이종)뿐으로 아즉도 自己의 本質(본질)이 明確(명확)히 ○見(○견)되고 把握(파악)되고 또 이런 努力에서 씨여진 詩가 피여 나지 않았고 또 그런 詩人이 움트려드는 그쯤일 게다. 이것은 亦是(역시) 朝鮮(조선)이란 고장이 이 花草 詩가 全盛(전성)하기에는 風土(풍토), 培養(배양), 玩賞(완상), 諸條件(제조건)이 不利(불리)했던 탓일 것이다. 그럼으로 오늘의 詩의 工夫(공부)의 첫 課題(과제)는 이런 諸惡條件(제악조건)을 克服(극복)하면서 自己發見(자기발견)에 爲先(위선) 集中(집중)하여야 할 것이다.

×

이와 反對(반대)로 詩가 가지는 作用(작용)에 대한 認識問題(인식문제)로 여기에 兼(겸)처 생각해 보지 않으면 안 된다. 卽(즉) 詩는 各

自限界的(각자한계적)인 意味에서 꼭 껴안는 作用(작용)도 하고 살결 갖다 대여 따쓰한 感觸(감촉)만을 주는 作用도 하고 몸을 휘감아 황홀하게도 하고 막 못살게 뒤흔든다든가 때린다든가 하는 作用도 하고 눈에만 아른거린다든가 귀에 대고 앵앵 입마춤 等(등) 이렇게 五官(오관)만을 刺戟(자극)시키는 作用도 한다.

그리고 이 作用은 詩人의 ○○ 生理的 條件(생리적 조건), 自然的 條件(자연적 조건) 또는 그의 主觀意識(주관의식, 사상思想) 客觀意識(객관의식), 時代 社會 環境(시대 사회 환경) 이런 것들이 調和(조화)되여 詩를 낳고 ○給하게 되며 讀者(독자) 亦是(역시) 위와 같은 諸條件(제조건) 밑에서 詩를○○○○하게 된다. 이런 意味에서 우리는 어떤 詩에 또는 詩人에게서 一律的(일류적) 作用만을 要求(요구)함은 또 不當(부당)한 일이다. (文壇人 參記一節(문단인 참기일절))

《민중일보》(1948. 3. 27.)

구상은 당시 시인들이 '명확한 자기발견 또는 측정이 결핍해 있다든가 이런 노력마저 망각'하는데 시단의 빈상이 있다고 일침을 놓으며, 그런 노력으로 쓰인 시가 아직 나타나지 않고, 그런 시인이 몸을 움츠리는 그 지점에 우리 시단에 머물러 있다고 진단한다. 이를 극복하기 위하여 시인은 자기 발견에 집중할 것을 요구한다. 덧붙여 시가 가지는 인식 문제를 두고, 시와 시인에게 일률적인 작용만을 요구해서도 안 된다는 견해를 밝힌다.

일제강점기를 지나 해방공간에서 빚어지는 현대시의 모습을 보면서 우리나라의 현실적 여건들이 그렇게 유리하지 않다는 점, 그러나 거기에 안주해서는 안 된다는 점을 강조한다. 시단에 대한 논평이면서도 같은 시대와 공간을 살아가는 시인으로서 진심 어린 충언이 담긴 글이다.

2.5 종군기

　　1948년 연합신문사의 문화부장으로 활동하던 구상은 육군 정보국으로부터 특청을 받았다. 남북이 정치적으로나 이념적으로 대치한 상태에서 구상은 "공산당 북한을 폭로하는 기관지 〈북한특보〉의 발행과 대북 지하신문 〈봉화〉를 제작하는 임무를 맡았다. 이 〈봉화〉라는 것은 자유 남한의 뉴스와 북한 동포에게 보내는 격문 등을 편집하여 4·6배판으로 사진 축소해서 비밀 루트를 통해 북한에 살포하던 것으로, 그 편집은 비밀리에 하며 조판, 인쇄도 엄중한 경계 속에 단독으로 진행되었다. … 중략 … 이런 일을 하면서 나는 6·25를 맞았고 그래서 군과 함께 후퇴, 남하를 하였다."45) 이 무렵 구상이 한강을 건너기 전 1950년 6월 27일 아침 6시부터 오후 3시까지의 이야기이다. 이미 우리가 알고 있듯이 북한은 남침한 지 몇 시간 되지 않아 경기도의 포천과 의정부를 점령하였고, 6월 28일에는 서울을 점령하였다. 서울이 점령되기 전 바로 전날의 긴박했던 상황을 구상이 실제로 경험한 바를 그대로 그린 글이 바로 「종군기從軍記」의 '도강전渡江前' 편이다. 그 내용을 보면 다음과 같다.

---

45) 구상, 「무등병 행각기」, 『구상문학총서』 제9권, 홍성사, 2010, 113-114.

從軍記(종군기)

渡江前(도강전)

六월 二十七일 아침 여섯시.

왼밤내 꼬박 각지구 CIC에서 드러오는 전투정보를 수신하다가 겨우 교대를 하고 의자에 기대인 채로 눈을 감고 신경만을 죽이고 있으려는 참에 대장 R대위가 어깨를 흔들어 깨우며 자기를 따르라고 손짓한다.

밖에 나와 차고車庫쪽에 이르니 땅까지 자자지는 음성으로, 『구형, 정부가 수원 쪽으로 간다오. 서울에 시가전이 있을 모양이오. 우리 정보국도 비전투부대니까 따러 이동하게 된 모양이요. 문관들은 아침으로 자유해산이니까. 구형 어쩔라오.』

자못 침통한 어조며 표정이었다.

『나는 이미 군과 같이……..』

무어 생각해 보고의 판단이 아니라 이제까지 나의 모든 생활이 스사로 결정해준 대답이었다.

『그러면 어서 댁에 가서 편의便衣를 준비해 가지고 오시오.』

R대위는 차를 지시하며 내 손을 잡았다.

집에 다 오니 어느 틈엔가 정보수 Y씨가 와서 집안 사람들과 수성대고 있었다.

모두 나의 얼굴만 쳐다보며 최후선고가 있기를 기다리는 눈치다.

『서울에 저이 들어올찌도 모르겠다. 나는 군과 끝까지 행동을 한다. 이제부터는 너이들은 너이들대로 살어라. 그리고 나의 일체

글빨은 불을 태워라.』

나는 아조 가볍게 한 마듸로 해부쳤다. 가방에다 시고詩稿를 넣다가 그것마저 팽겨처버리고 양복만 가러입고 이러서는 참에,

『싸움은 우리가 이기는 싸움이야.』

무슨 신통한 이런 소리를 남겨 놓았다.

마즈막 방을 나오려는데 우리집 명자가 아마 월급 받었을 이만원이나 되는 돈을 준다. 아모리 너이들이나 쓰래도 막무가내로 우리는 어떻게 살어도 아저씨는 돈이 있어야 한다는 것이다.

유난히도 떨어지지 않는 홍아란 놈을 뿌리치며 안해 얼굴도 뉘 얼굴도 차마 처다보지 않고 차에 올라버렸다. Y씨도 내가 군과 끝까지 한다는 결의에 어느 틈에 집엘 갔다가 따라왔다.

대에 돌라와 보니 벌서 벽에 근무표마저 떼서 내다가 태우는 판이다. 나는 비짜루를 찾어 휴지조각이 떠러 허트러진 실내를 말끔이 쓸고 열어 재껴진 서랍문을 차례 차례 닫고 의자와 책상 위를 깨끗이 정리하였다.

「땅-땅」

「땅-땅」

지하실 영칭에서 나는 총소리였다.

남침 바로 앞서 북한에서 보내온 소위 ○○ 사절들을 처치하는 총소리였다.

벌서 나의 일체 사고思考 영위란 정지 상태였다.

정문 집합 여덟시 이십분경.

풀가랑잎과 솔가지로 의장한 추럭 한 대 찝 세대, 대원들은 명령도 없이 누가 시키지도 않는데 제가끔 올라타려다가 그만 본부

장本部長 H중령 호령에 정렬하였다.

그러나 뜻밖에도 『군인 외에 문관 촉탁은 잔류』라는 명령이 떨어지고 R대위와 말 한 마디 얼굴 한번 마주 처다볼 새도 없이 차는 출발해 버렸다.

『닭 쫓든 개 지붕 처다보기.』 아니 그 허무함이란 어느 우화寓話로서도 비길 배가 아니었다.

청내廳內는 일시에 영혼 나간 육신이었다.

잔류殘留가 아니라 자유해산의 재강조였다. 이런 경각頃刻에 홀자기의 모체母體가 미러버리는 군복무자들의 맛보는 설음이란 반듯이 고쳐저야 할 것이다.

일부는 그래도 이동移動의 집합 장소인 육군본부로 향하고 또 거기가도 랴오落伍할 것이라고 믿는 우리들은 그야말로 정처 없이 발길을 돌렸다.

행인도 없는 거리, 위선 노상 거니든 길손이기에 조선호텔 앞에서 『푸러워』길로 빠저 행여나 하고 『문예』 빌딩을 찾었으나 텅 비여 있을 뿐이었다.

무턱대고 쫓아오는 Y씨와 더부러 다시 행길로 나섰다. 군용차만이 꼬리를 물고 어디론지 정말 어디론지 달음질칠 뿐이었다.

괴뢰군이 침입한 남한 하늘 아래 군과 떠나서 공산당의 대역大逆 구상이가 생명을 보지하기에 몸을 피할 곳이 아니 숨을 쉴 곳이 어데란 말인가.

기가 차다. 그렇다고 침통도 없었다. 그저 허깨비모양 이르른 곳이 그래도 또 간접적으로 복무하는 정보국 제三(삼)과였다. 마침 K대위가 무슨 일로 지체되다가 마즈막으로 차에 오르는 참이여서

85

2. 산문들

그는 무어 묻지도 않고 차에 태우더니 쏜살같이 육군보부46)로 향하는 것이 아닌가.

육군본부 마당에는 이동 대기 중에 각 부대들로 꽉 차 있었다. 서열도 없이 군데 군데 모혀 수군거리고 있었다. 모두 다 그림자처럼 어두운 표정이었다.

대장 R대위는 반가워하였다. 찦차를 두 번이나 돌아 보내고 부하를 시켜 전차마저 세워 나를 찾었다는 것이다. 어느새 다른 군속들도 다 모혀와 있었다.

그런데 또 벼락이 내렸다. 본부장은 다시 인원을 점검點檢하더니 사복私服만은 군인 군속을 막론하고 역시 잔류殘留부대?(이것은 아직도 나는 미확)로 편대된다는 것이다.

이때에 어디서 듣고 왔는지 내 옆에 섰던 Y씨는 내 귀에다 대고,『저들이 이동하면 한강철교를 끊는다니 어서 R대위에게 말해서 저 이동에 끼우자』는 것이다.

나는 R다위47) 있는 쪽을 힐끗 처다보았다.

그런데 R대위는 언제부터 벌서 나를 찾고 있었던지 어서 오라는 손짓이다.

그때 나의 머리엔 어떤 결심이 번개같이 지나갔다. 어떻든 R대위를 따르면 그를 괴롭힐 것이라는 우정이 나를 꽉 지배해버려 손짓으로 나는 가만 두라고 가로 가로 저었다.

그랬드니 이번엔 큰소리로 나의 이름을 질러 부르는 것이다.

『하여간』하고 자리를 뜰랴니 아래만은 군복을 입고 있던 어떤

---

46) '육군본부'의 오식으로 보임.
47) '대위'의 오식으로 보임.

정보수 하나가 그 사복은 완전하니 벗어놓고 가라는 것이다.

나는 돌아온다고 굳이 이야기를 하고 R대위 앞으로 왔다. 뒤에는 부르지도 않은 Y씨가 뒤쫓어와 서고.

R대위는 군복 서열 중에서 어떤 하사관 하나를 부르드니, 『이 구상 씨는 우리 임무상 본대와 행동을 같이 해야할 것이니 너는 군복을 벗어 구상 씨와 바꿔 입어라』는 것이다.

하도 어이없는 이 우정에 나는 말도 않나왔고 오직 손짓만 허위댔다.

본부장도 또 다른 장교도 옆에 서 있었다. R대위는 이 긴장도 넘은 최후 순각에 자기 부하를 죽이고(?) 친구 하나를 살리자는 결심인 것이다. 겨우 나는,

『R형 안되? 나는 걱정 말어! 군을 따러가야 어디 내가 총 한 방 쏠 줄 아나. 어서 걱정 말어! 나는 또 살길이 있어! 아니 신문기자들과 같이 갈 것이야.』

그저 막 주서 넘기곤 뒤로 돌아 큰 소리를 처 겨우 서열에 와선 푹 주저 앉어 버렸다.

진땀이 났다. 숨이 가뻣다. 한참만엔 어찌된 셈인지 갑재기 머리와 가슴이 후련해지며 이제는 어찌 되도 아모렇지도 않다는 생각이 났다.

자기 생명과 대치(代置)할 수 있는 현세적 의미의 한 귀통을 발견하고 체험한 느낌이었다. 다시 R대위 쪽을 바라보니 R대위가 목석같이 아까 그 자리에 움찍 않고 섰길래 다시 손을 휘졌었다. 그제서야 R대위는 무슨 면구스러운 것을 본 것처럼 외면하고 다른 쪽으로 움지겨 가는 것이 아닌가.

나는 퍽으나 마음이 흥그러우리만침 너그러워저 지시 있을 때까지 해산 대기라는 바람에 양지다름에 가서 홀로 기대 있었다.

북한에서 귀순해온 K대위 B중위 동료H 정보수D 이리저리 서성거리며 몰켜서 저주와 울분에 못 이기여 나오는대로 막지꺼려들댔다. 어떤 대원은 훌쩍훌쩍 울기도 하였다.

나도 조곰 전에 느끼던 초려와 불안과 공포와 절통은 없어졌다고는 하나 이 마당에 꽉 낀 암담은 어찌 제어할 길이 없었다.

적기가 또 공습해왔다. 모다 일시에 그 마당 그 속에서도 피신하느라고 야단법석들이다. 그중에도 어떤 용기 있는 병사 몇은 기관단총을 하눌에 대고 퍼부었다.

이렇게 되면 장병들의 대화는 저주로 좌충우돌이었다. 누구 욕 누구 욕 나종에는 우방 미국까지 처들며 마구 떠드러잿껏다.

이러한 암담한 대기의 시간이 한 시간 두 시간 또 한 시간 이러다가 오후 세 시쯤 되니 누구에 입에선가.

『미국 비행기 백 대가 오늘 뜨게 되었다』는 랑보가 돌기 시작하였다. 참으로 랑보였다. 금시에 광장 안의 땅이 꺼질 무거운 공기는 걷우어지고 장병들 표정엔 생기가 떠돌았다.

연이어 이번엔 정보국장 언명이라고 하여

『미국이 참전하고 미국전투지휘소가 서울에 설치됨으로 수원 갔던 미국고문단들이 지금 돌아오는 길이다』라는 쾌소식이 퍼졌다. 이번엔 환성이 무데기 무데기 이러났다.

그런지 얼마 안가 당시 보도과장 김현수 대령이 어디로부터인지 찝차에 올라선 체 나타났고 국방장관 차가 느러오고 『차렷』, 『경례』 소리가 나고 정말로 의심스러울 만큼 미군고문관들의 책상

걸상이 없인 지엠씨가 드러오고 광장에는 일제히 박수가 나오고 감격의 환성이 일어나고…….

장병들의 감격은 분수처럼 터져 올랐다. (계속)48)

『문예』 제2권 제7호, 통권 12호 (1950. 12.)

당시 이승만 정부의 수원 천도 결정 소식이나 미 극동군 사령부의 수원 전방 지휘소 설치, 한강 인도교 폭파 예정 등과 관련한 소식을 접한 구상이 군과 끝까지 함께 하겠다는 의지로 가족들과 헤어지는 상황, 문관은 잔류해야 하는 상황, R대위와 우정 어린 이야기, 적기의 무차별적인 공격에 응수하는 아군의 모습과 미군고문관들이 돌아오는 모습을 보고 감격해하는 장병들의 모습까지 묘사하고 있다. 당시 상황을 구체적이고 생생하게 묘사하여 읽는 이가 현장감을 잘 느낄 수 있을 뿐만 아니라 전쟁사 기록이나 전쟁문학의 한 부분을 차지할 수 있는 글이다.

구상이 종군기를 발표할 무렵인 1950년 12월 20일 시공관市公館에서는 자유옹호의 굳은 결의 있음을 전 세계에 선포하는 신문기자 총궐기대회가 열렸는데, 이날 구상은 《승리일보》의 주간으로서 '일선장병에' 게 보내는 메시지를 낭독하기도 하였다.49) '일선장병에'라는 제목의 메시지

---

48) 『문예』 통권 13호가 1952년 1월에 발간되었으나 이후의 글은 이어지지 않았다.
49) 참고로 이날 선언한 메시지 5가지를 기록해 둔다.
   1. 선언(동아일보, 김삼규金三奎),
   2. 유엔총회에(조선일보, 성인기成仁基),
   3. 미 대통령에(연합신문, 임원규林元圭),
   4. 맥원수에(경향신문, 민재정),
   5. 일선장병에(승리일보, 구상具常) 등이었다.
   당시 사회의 정신적 흐름에 동참했던 구상의 사유를 가늠할 수 있다는 면에서 이날 발표된 선언문을 참고로 적어둔다. 그 내용은 다음과 같다. "이 나라의 민주주의적 자유를 수호하고 확립하는 것을 유일한 사명으로 하는 우리 언론인 일동은

가 어떤 것인지는 알 수 없지만, 상황으로 보아 장병의 사기를 앙양하기 위한 내용으로 추측한다. 그가 쓴 이 글도 이러한 맥락에서 본다면(물론 완성된 것은 아니지만) 그가 생각하는 '전쟁문학의 한 작품'의 서두에 해당할 수도 있겠다. 이 글의 마지막에 '계속'이라는 표현으로 보아 종군기간 동안 체험한 것을 기록하고자 의도한 것으로 보인다.

6·25사변을 계기로 이 자유가 얼마나 귀중한 가를 더욱 통감하였고 중공의 도발적인 참전에 의하여 전 인류가 막대한 위기에 직면하게 된 이때에 인류의 운명을 살육과 공포와 노예의 함정으로부터 구출하는 유일한 길은 민주주의적 자유를 단연코 사수하는 길이 있을 뿐이다. 지난 10월 하순경 중공이 월경 침입하려 할 때에 유엔과 미국은 국경지대에 있는 중공의 권익을 존중하겠다고 언명하였음에도 불구하고 불법한 침입으로 허다한 살육을 감행하였고 한국전쟁을 국지화하려는 유엔의 기본방침에 의하여 한국정전안이 52대 2의 절대다수로 유엔 총회를 통과하였음에도 불구하고, 견강부회의 요구조건을 고집할 뿐 하등의 반성도 보이지 않음은 적색제국주의의 침략성과 괴뢰성을 노골적으로 표시한 것이다. 여기에 우리는 중공을 침략자로 규정하기에 추호도 주저하지 않는 바이며 동시에 이러한 평화교란자를 지구상에서 말살해 버리기를 전 세계의 민주여론에 호소하는 바이다. 우리는 전 세계 민주우방과 더불어 민주주의적 자유를 수호하기에 전력을 다할 것을 굳게 결의하는 한편 대내적으로 군·경민이 뜨거운 동족애에 입각하여 서로서로 얽히고설켜서 불타는 애국심을 12분으로 발휘하기 위하여 먼저 전 언론인이 사소한 이해와 구구한 소아에 국척함이 없이 대국적 견지에서 국가와 민족을 위하여 총단결을 수범함으로써 충천의 화주가 되어야 할 것을 엄숙히 요청하는 바이다. 이것은 언론계 자체의 권위를 위하여서 뿐만이 아니라 민주국가의 권위를 위하기 때문이요, 나아가서는 이러한 성실성과 권위 없이 3천만 동포와 더불어 이 중대한 시국을 돌파할 수는 없기 때문이라. 동지 제군! 적색제국주의의 살육과 공포와 노예화정책을 분쇄하고 조국과 인류의 자유와 평화를 위하여 총궐기할 때는 왔다. 신앙의 자유를 위하여, 동포를 기아와 결핍에서 구출하는 자유를 위하여, 인권과 평화를 위협하는 공포를 제거하기 위한 자유를 위하여, 그리고 진실한 보도와 비판으로 민의를 반영할 수 있는 언론의 자유를 위하여 총 궐기할 때는 왔다. 이러한 민주주의적 자유를 수호하는 데 노력과 성의와 정열을 경도하는 것만이 조국과 인류를 현재의 위기에서 구출하는 유일한 길임을 여기에 엄숙히 선언하는 바이다. 《동아일보》(1950. 12. 21.) 기사 「신문기자 총궐기대회 개최」 참조.

2.6 종합예술제여담

구상은 6·25전쟁 때 남하하여 수원 어느 학교에서 처음 진을 쳤고, 제2차로 진을 친 곳이 대전이었다. 그때 남하한 문인들을 만났으며 문총구국대라는 이름으로 종군을 시작했다.50) 구상은 육군종군작가단의 부단장으로 활동하면서 『전선문학戰線文學』에 다수의 글을 발표하기도 하였다.

『전선문학』은 1952년 육군종군작가단에서 군인들의 사기 앙양을 목적으로 한 작품들을 수록하여 부정기적으로 간행한 잡지이다. 1952년 4월에 제1호를 발간하여 1953년 12월 제7호까지 발행하였다. 육군종군작가단이 결성된 것은 1951년 5월 26일 대전에서이며, 육군 정훈감실政訓監室 예하로 되어 있다. 단장에 최상덕崔象德, 부단장에 김팔봉金八峰·구상具常, 단원으로는 박영준朴榮濬·정비석鄭飛石·최태응崔泰應·유치환柳致環·장만영張萬榮·양명문楊明文·이호우李鎬雨 등의 소설가·시인들을 비롯하여 음악가·미술가 등의 예술 각 분야의 중진 작가들로 구성되었으며, 발행된 곳은 대구이다. 내용은 평론·시·소설·좌담 또는 종군기 등으로 구성되어 있다.51) 여기에도 구상의 작품들을 다수 만날 수 있다. 그 중 첫 번째로 발표한 것이 「종합예술제 여담」52)이다. 내용을 보면 다음과 같다.

---

50) 구상. 「무등병 행각기」, 앞의 책, 114.
51) 국어국문학편찬위원회. 「전선문학」 항, 앞의 사전, 2581.
52) 『전선문학』 창간호 목차에는 글의 제목이 「문인극여담」이다.

綜合藝術祭餘談(종합예술제여담)
- 陸軍創立六週年記念(육군창립6주년기념) -

1. 擇日(택일)

이번 藝術祭(예술제)를 陸軍創立第六週年記念日(육군창립6주년기념일)인 一月十五日을 擇(택)하고 建軍記念祭典(건군기념제전)으로 擧行(거행)하게 된 動機(동기)라는 것은 내가 한동안 國防部機關紙(국방부기관지)인 勝利日報(승리일보)를 主幹(주간)하였던 까닭에 이 날을 記憶(기억)하고 있었기 때문이요 그래서 去年十一月(거년 11월)부터 李總參謀長(이총참모장)이나 政訓監室(정훈감실) 關係官(관계관)들에게 公私席(공사석)에서 때마다 이날 作家團(작가단)이 從軍文學藝術人(종군문학예술인)들의 一年間(일년간)의 總決算(총결산)을 지워볼 것 豫告披瀝(예고피력)해 왔었기 때문이었다. 이런 決算(결산)을 가짐으로서 所期(소기)한 바는 첫째, 우리 三軍(삼군) 從軍作家(종군작가)들이나 其他(기타) 從軍姉妹藝術人(종군자매예술인)들의 自己戰意(자기전의)의 再點檢(재점검)과 文化戰力(문화전력)의 擴充(확충)을 目的(목적)하였으며 둘째, 從軍作家나 從軍藝術人이라면 一線(일선)에 軍幕請負事業者(군막청부 사업자)나 慰安興行師(위안흥행사), 極端的(극단적)인 例(예)로 誤認(오인)한다던지 또는 新聞記者(신문기자)들처럼 時間的(시간적) 그 效用性(효용성)이 稀薄(희박)하니까 軍(군)의 食客取扱(식객취급)을 하는 軍內(군내) 軍外(군외)의 無知(무지)한 認識(인식)을 是正向上(시정향상)시키는 데 意圖(의도)가 있었고 셋째, 우리 韓國文化運動(한국문화운동)에서 가장 缺如(결여)된 文化(문화)의 平面運動(평면운동), 卽(즉) 民衆(민중)과의 提携(제휴)를 어떻게 할 것인가 하는 試驗(시험)이었던 것이다. 물론 이러한 內在的(내재적)인 目的(목적) 外(외)에도 建軍意識(건군의식)의 昂揚(앙양)이라던가 軍民合作(군민합작)이라던가 이 藝術祭가 가지는 意義(의의)는 實(실)로 許多(허다)한 바 있었으며 空前(공전)의 絶讚(절찬) 속에서 無事(무사)히 閉幕(폐막)된 오늘 이 藝術祭의 意義(의의)를 歸納的(귀납적)으로 分別(분별)해볼 때 所期(소기)의 目的(목적)을 達成(달성)했느냐 안 했느냐 또는 얼마쯤 達成했느냐보다 오히려 그 餘德(여덕)과 結果(결과)에서 온 - 文人劇(문인극)의 - 文學史的(문학사적) 位置(위치) 等(등)은 收穫(수확) 中에 收穫(수확)이라 아니 할 수 없다.

2. 豫算(예산)

漠然(막연)하나마 作家團 當任陣(상임진)에서 建軍記念祭(건군기념제)가 論議(논의)되었고 그 祭典(제전) 特色(특색)으로 弄半眞半(농반진반)으로 文人劇(문인극)이 입에 오르는 중에 去年(거년) 十二月下旬頃(12월 하순 경) 陸軍本部人事局(육군본부인사국)에서는 建軍記念行事準備次(건군기념행사 준비차) 各關係官會議(각관계관 회의)가 召集(소집)되었는데 우리 所聞(소문)이 드러갔던지 政訓監室(정훈감실) 幹旋(간선, 揀選(간선)?)이었던지 내가 作家團代表(작가단 대표)로 參席(참석)케 되었다. 그 會議席上(회의석상)에서 나는 從軍報告講演會(종군보고강연회) 및 藝術祭企劃案(예술제기획안)을 提出(제출)하였던 바 異議(이의) 없이 通過(통과)를 보고 그 翌日(익일) 具體的(구체적) 計劃案(계획안) 및 豫算案(예산안)을 作成提出(작성제출)하였으며 同志(동지)들에게 이 喜報(희보)를 傳(전)하는 同時(동시)에 그 準備(준비)에 着手(착수)하였다. 團員同志(단원동지)들은 고사하고 全文友(전문우)들은 한결같이

贊同(찬동)이요 또 跳躍(도약)이었다. 여기에 勇氣(용기)를 얻은 나는 補助豫算請求額(보조예산청구액) 五百七十萬圓(570만 원)은 손에 이미 쥐고 있는 者(자)처럼 脚本(각본)을 委囑(위촉)하고 또 포스터·삐라· 畵案文案(화안문안) 等(등)을 準備(준비)시키고 劇場交涉(극장교섭)을 하는 等, 이러는 途中(도중)에 靑天霹靂(청천벽력) 作家團藝術祭는 豫算不通過(예산불통과)로 中止(중지)라는 通報(통보)가 政訓監室(정훈감실)로 傳達(전달)되었다. 달려간 나에게 政訓次監(정훈차감) 金中領(김중령)과 公報課長(공보과장) 趙少領(조소령)은 今般(금반) 陸軍本部記念行事費(육군본부기념행사비) 全體(전체)가 겨우 百六十萬圓(600만 원)이니 五百七十萬圓(570만 원)이라는 巨額(거액)이 外廓團体行事費(외곽단체행사비)로서 支出(지출)될 수 없을 것이 當然(당연)할 것이라고 意氣銷沈(의기소침)한 語調(어조)로 斷念(단념)하라고 勸誘(권유)하였다. 나는 앞이 캄캄하였다. 今般(금반) 藝術祭意圖(예술제의도)에 對한 自失(자실)도 自失이려니와 한참 氣勢(기세)를 올리고 있는 文友들에게 軍에 對한 失信失望(실신실망)을 무엇으로 메꿀 것인가 하는 恐怖(공포)와 - 具常(구상)이 네가 나서본 일이 그렇지 - 하는 自嘲(자조)로 무턱대고 陸軍本部로 간다고 빌려 탄 찝車(차)가 어듸 向方(향방)없이 막 갔으면 하는 이런 어린애 같은 暗澹(암담)과 不安(불안)에 쌓여 있었다.

　陸軍本部에 닿아서는 - 에이 돈 안줘도 한다. 家家戶戶(가가호호) 求乞(구걸)을 하여서라도 하리라는 뱃짱을 세우고 同行(동행) 趙少領(조소령)과 人事局長(인사국장)을 비롯해 各關係參謀(각관계참모)들을 만나는 대로 침이 마르도록 又福藝術祭(우복예술제)의 意義(의의)를 個別强調(개별강조)하고 마지막으로 李總參謀長(이총참모장)을 찾아

들어갔다.

- 陸軍本部로서 못 내실여면 總參謀長께서 어느 企業體(기업체)에 名啣(명함) 한 장 써 주시구료. 그러면 내가 寄附强要(기부강요)를 할 터이니요. -

이렇게 是非調(시비조)로 달여드는 나를 눈치챘든지 『오늘 參謀會議(참모회의)에 걸어 善處(선처)하지요.』하는 한 마듸로 李總參謀長은 話題(화제)를 딴 데로 돌렸다.

이리하여 그날 參謀會議에서 豫算通過(예산통과)를 보았다. 全陸軍行事費(전육군행사비) 一百餘萬圓(일백여만 원)인데 우리 藝術祭 補助金(보조금) 五百七十萬圓(570만 원) 支出(지출)을 決議(결의)한 李總參謀長을 비롯한 各參謀(각참모)들의 勇斷(용단)은 이 藝術祭와 더부러 우리 文化史(문화사)에 記憶(기억)될 것이다.

3. 劇場(극장)

이번에야 서울이 좋은 줄 알았다면 鄕土(향토)에 對한 失言(실언)일 것이고 文化意識(문화의식)이 낮은 韓國(한국)에서도 그래도 서울은 文化人의 擧事(거사)가 全體的(전체적)일 때는 劇場借館(극장차관)쯤은 念頭(염두)에 두지 않어도 좋았던 것이다. 여기에는 國立劇場長(국립극장장)이 柳致眞(유치진) 氏(씨)라거나 市公館(시공관)을 비롯한 各劇場館主(각극장관주)가 文化的 呼吸(호흡)에 洗鍊(세련)된 點(점)에 있기도 할 것이다.

그래서 이번 記念日이 記念日이요, 藝術祭가 藝術祭요 또 大邱劇場協會側(대구극장협회측)에서도 陸軍本部準備委員會(육군본부준비위원회)에 參席(참석)하였더니 만침53) 어느 劇場이나 通告程度(통고정도)

로 하면 自然協力(자연협력)이 있을 줄 믿었던 것이 誤算(오산)이었다. 그래도 우리는 軍權(군권)을 利用(이용)한다고 誤解(오해)받기도 싫고 鄭重(정중)을 期(기)하기 위하여 作家團 當任陣(당임진)들이 交代(교대)로 公報課長(공보과장) 趙少領(조소령)과 같이 大邱(대구)에서 藝術祭를 하기엔 文化劇場(문화극장) 밖에 없으려니 하고 同館長(동관장)을 七八回(칠팔회)를 찾어가 通事情(통사정)도 하고 哀願(애원)도 하고 또 會食(회식)까지 하면서 歎願(탄원)도 해보았다. 그러나 莫無可奈(막무가내)다.

館長(관장)의 對答(대답)에 이런 行事(행사)만 하다가는 劇場(극장)이 維持(유지) 못 된다는 것은 그래도 事業家(사업가)로서의 自己立地(자기입지)를 明白(명백)히 하는 정도였으나 『그대들은 藝術人으로서 왜 藝術을 蹂躪(유린)하려드느냐』는데는 義憤(의분)을 사지 않을 수 없었다. 當時(당시) 上演(상연)될 映畫(영화)는 『베르나의 悲戀(비련)』으로서 얼마던지 延期上演(연기상연)도 技術的(기술적)으로 可能(가능)하였으나 아주 딱 『拒否(거부)』를 目的(목적)삼고 있는 바에야 이[齒(치)]가 들어갈 리 없었다.

이 這間消息(저간소식)은 이미 世上이 다 아는 事件(사건)으로 여기서 再擧論(재거론)할 興味(흥미)를 느끼지 않으나 오직 한 가지 밝혀둘 것은 拒否後聞(거부후문)으로 『强權(강권)을 排擊(배격)키 爲(위)하여』라는 拒否辯(거부변)이 있는데 이것은 千不當萬不當(천부당만부당)인 言辞(언사)이다. 왜냐하면 强權(강권)이 發動(발동)되었드라면 陸軍創立第六週年記念行事(육군창립제6주년기념행사)인 建軍記念藝術祭

---

53) 마침

(건군기념예술제)가 더욱이나 現役從軍文學藝術人(현역종군문학예술인) 總動員(총동원)의 祭典(제전)이 幅(폭) 六尺(6척)도 못되는 自由劇場映畫上演舞台(자유극장영화상연무대) 위에서 거행되었으며 樂隊(악대)들이 半(반)은 舞台(무대) 위에서 半(반)은 觀客席(관객석)에서 演奏(연주)를 한다는 二十世紀의 기형 舞台를 만드렀겠느냐는 것이다. 藝術祭 開催中(개최중) 公憤(공분)을 느낀 團体(단체)에서『反動劇場聲討大會(반동극장성토대회)』를 開催(개최)하겠다고 要請(요청)이 드러온 것은 無抵抗(무저항)의 抵抗(저항)이 勝利(승리)로 돌아온 것으로 믿으며 우리 文學藝術人들은 그런 殺氣(살기)가 없다기보다 不必要(불필요)했기 때문에 이를 辞讓(사양)하였다는 것을 公表(공표)해둔다. 또 한편 도리켜 생각할 때 今般(금반) 舞台(무대)가 全從軍文學藝術人(전종군문학예술인)이였기 때문에 戰線(전선)의 困難(곤란)을 從軍(종군)으로서 몸소 体驗(체험)하였기 때문에 이런 舞台條件(무대조건)을 克復(극복)할 수 있었다라고 自矜(자긍)도 삼어본다.

4. 文人(문인)들의 天使性(천사성)

이것은 自畵自讚(자화자찬)이래도 헐 수 없는 이야기나 이번 藝術祭(예술제)를 通(통)하여 所謂(소위) 글 쓰는 사람들 人間性(인간성)이 얼마나 優位(우위)에 屬(속)해 있나 하는 것을 나는 새삼스럽게 깨달았다는 것이다. 한 마디로 말해 世俗的(세속적)인 意味(의미) 그『人間이 좋아』라는 人間과 우리 文人眷屬(문인권속) 中에서『人間은 怪癖(괴벽)이 있어』하는 그 人間性을 無嚴(무엄)할 일이나 比較(비교)해 볼 때 이 所謂(소위) 藝術人間은 열 倍(배) 백 倍기 豊富(풍부)한 人間性의 所有者(소유자)라는 것이다. 오직 自己 어떠한 文學精神(문학정신)의 統○(통○)을 爲(위)하여 自己自身(자기자신)이 가지는 個性的(개성적)인 內在律(내재율)의 開遮(개차)가 이를 變貌(변모)시키고 있을 따름이지 그 人間素地(인간소지)에 있어서의 豊富(풍부)한 優位性(우위성)을 나는 認定(인정)한다는 것이다. 却說(각설) 이것을 人間等差論(인간등차론)이나 選民思想(선민사상)으로 誤解(오해)해서는 困難(곤란)하고 내가 感情(감정)으로 느낀 바 端的(단적)인 所懷(소회)인 것이다.

내일 아츰엔 아홉 식구 아침거리가 없다면서도 劇○○場(극○○장)을 못 떠나는 Z 女士(여사)나, 어린 것이 ○○염으로 죽어간다면서도 연성 高聲大言(고성대언)으로 自己(자기)의 台詞(대사)를 외우는 ○兄(형)이나, 茶房開店(다방개점) 初日(초일)인데도 演劇(연극)에 參加(참가)하는 C 女士(여사), 記憶力(기억력)마저 衰退(쇠퇴)한 病軀(병구)를 끌고도 自己配役(자기배역)을 맡으신 先輩(선배) K 先生(선생), 한 보름 文人劇(문인극) 演習(연습)과 公演(공연) 동안에 十人十色(십인십색)의 모두 自己犧牲(자기희생)을 甘受(감수)하면서도 또 어릿광대질이라 自嘲(자조)하면서도 人情(인정)에 얽히여 또는 義務感(의무감)에서 서로 激勵(격려)하고 慰勞(위로)해 가는 양이란 가슴속에 찌르르함이 없이는 못 볼 風景(풍경)이었다.

더욱이 가다가는 어린애 모양 서로 투정도 하고 울기도 하고 싸흐고 두르려 패기도 하면서도 물벤듯이 잊어버리고 또 어울려 모든 强烈(강렬)한 個性(개성)들이 調和(조화)되는 것을 目擊(목격)했을 때 나는 原罪以前(원죄이전) 人間相(인간상)을 想起(상기)하였던 것이다.

나도 난생 이번 藝術祭(예술제) 동안 言爭(언쟁)의 最高記錄(최고기록)을 지었을 것이다.

더욱이나 이번 脚本(각본)이 作者(작자) 金永壽(김영수) 兄(형)으로부터

配役(배역)될 文友들의 카리카추어될 수 있는 性格配慮(성격배려) 위에서 執筆(집필)된 것54)이라 喜劇(희극)의 喜劇이 演習(연습) 中에 連日(연일) 續出(속출)되었으며 特(특)히 愉快(유쾌)하고 注目(주목)할 事實(사실)은 素人(소인)들의 劇(극)인데다 喜劇(희극)이라 舞台 위에서 配役들이 演劇(연극)을 하다 웃서버려도 그만 失手(실수)를 해도 그만 觀衆(관중)들이 야지나 非妨(비방)이 없이 文人들을 尊敬(존경)하고 애끼는 마음으로 熱狂的(열광적) 歡呼(환호)만을 보내왔다는 것은 아름다운 風景(풍경)의 하나이다.

나 같은 것은 정말 뒤치닥거리나 하여서 모르나 ○○같은 文友들은 한 열흘 동안 낮이나 밤이나 남아서 하지라도 헛소리 台詞(대사)와 ○○○ ○○ ○○ 狀態(상태)에 놓여 있었던 것을 미루어 볼 때 ○○○ 姉妹藝術(자매예술)일 망정 거기에 對한 情○○ 義務感(의무감)과 眞摯(진지)한 態度(태도)가 얼마나 ○○운 것인가!

5. 缺損(결손)

嶺南日報(영남일보)의 까싶대로 藝術祭는 大盛況(대성황)을 이루었으나 採算(채산)을 모르는 文人들 노름이라 缺損(결손)을 내었다는 것이 事實(사실)이다. 아니 缺損이라는 것은 收入支出(수입지출)이 있고야 하는 거지 公演 收入이라고는 三日 公演에 一百四十萬圓整(일백사십만 원정), 여기에 借館料(차관료)가 百二十萬圓(백이십만 원)이니

---

54) 이때 공연한 각본은 김영수金永壽의 『고향 사람들』로써 1막 2장으로 구성되었다. 출연진은 연극배우가 아닌 남하한 현역 작가들로서 최독견崔獨鵑, 김팔봉金八峰, 최징희崔貞熙, 장딕조張德祚, 정비석鄭飛石, 김영수金永壽, 박영준朴榮濬, 김용환金龍煥, 전숙희田淑禧, 최인욱崔仁旭, 박기준朴琦俊, 박훈산朴薰山, 곽하신郭夏信, 구상具常, 이상로李相魯 등이었다. 《자유신문》(1952. 1. 16.) 기사 「연극문화에 이채」 참조.

二十萬圓(이십만 원)이 公演實收入(공연실수입)이라고 하겠다.

그러나 아모리 單幕(단막)짜리라 해도 극이 있고 音樂(음악) 舞踊(무용) 等의 綜合(종합) 예술제를 五百七拾萬圓(오백칠십만 원)이라는 經費(경비)를 가지고 充足(충족)한다는 것은 無謀(무모)임은 事前(사전) 企劃者(기획자)로서는 旣知(기지)의 事實로서 그○○에 우리는 道와 市와 金融團(금융단)에 應分(응분)의 補助金(보조금) 要請(요청)을 했었고 또 內諾(내락)을 얻었었다.

이것은 내가 文總晋州市支部(문총진주시지부) 主催(주최) 開天藝術祭(개천예술제) 때에 釜山市(부산시), 馬山市(마산시), 晋州市(진주시), 慶南道(경남도)가 그 경비를 ○出補助(○출보조)하였음을 보고 배웠기 때문이다.

그러나 虛事(허사)였다. 예술제를 끝마치고 內諾(내락)된 곳을 歷訪(역방)하니 道에서 一金參拾萬圓(일금삼십만 원)을 實○(실○) 『義損(의손)』해주었을뿐 ○○於市 같은 곳은 十餘次行○(십여차행○)에 乞人視(걸인시)하길래 市長室門(시장실문)을 박차고 나오는 不快(불쾌)탄을 이르켰을 따름이었다. ○○○○로 간 곳이 陸軍本部(육군본부) ○○ ○○이었으니 行政參謀部長(행정참모부장) ○○○○○ ○○ ○○ ○ 通情(통정)을 하여 非法的(비법적)으로 借用(차용)하여다 메꾼 것이 二百萬圓(이백만 원), 갚을런지 못 갚을런지.

이번 藝術祭 더욱이나 文人劇(문인극)에 動員(동원)된 文友들끼리, 아니 나부텀니라도 記念(기억)으로 萬年筆(만년필) 하나씩이래도 낳노아갖이렸드니 모두가 罷場(파장)에는 小玉樓夢(소옥루몽)이 되었을 뿐 오직 企劃者側(기획자측)으로 문우들에게 늘 마음의 負債(부채)를 가지게 된 것 뿐이다.

6. 其他(기타)

이번 藝術祭(예술제)에 共産黨(공산당) 言辞(언사)를 빌여 觀客側熱誠分子(관객측열성분자) 第一級(제일급)이 두 분 계시니 所謂(소위) 民間側(민간측)으로는 馬海松(마해송) 先生(선생)이요 軍側(군측)으로는 金宗平(김종평) 准將(준장)이다. 連三日(연삼일) 皆勤督勵(개근독려) 참으로 얼마나 우리들의 心柱(심주)가 되었는지 모르겠다. 所謂(소위) 情事者(정사자)들 또는 社會知名人士(사회지명인사)들은 鄭重(정중)히 招待狀(초대장)을 보냈으나 하루저녁의 酒宴(주연)이 아까웠던지 政事(정사)가 奔忙(분망)했던지 얼신치 않고 全文學藝術人(전문학예술인)들이 總動員(총동원)하는 行事(행사)래도 아마 『뒷골목 딴따라패』들의 노래로 誤認(오인)한 模樣(모양)인지 이 認識(인식)을 바로 잡기 爲(위)해서라도 藝術祭(예술제)와 文化(문화)의 平面運動(평면운동)은 坊坊曲曲(방방곡곡)에서 一年(일년)에 열 번이고 수무번이고 連續(연속)되어야 하겠다. 끝으로 啓蒙社(계몽사), 建國社(건국사), 白鳥社(백조사) 等(등) 出版社(출판사)의 協助(협조)와 茶房(다방) 『나하나』의 매담 申銀鳳(신은봉) 女史(여사), 濁酒(탁주)집 馬孃(마양) 等(등)의 마음 가난한 膳物(선물)과 晉州文總(진주문총) 薛昌洙(설창수) 兄(형)의 祝意(축의)에 感謝(감사)를 느끼는 바이다. (끝)

『전선문학』 제1호 (1952. 4.)

국군 창립 6주년 기념행사의 하나로 개최한 종합예술제의 전말顚末을 상세히 서술한 글이다. 그렇다고 행사 후 기록한 결산보고서나 행사보고서 같은 글이 아니라 말 그대로 '여담'으로써 행사의 기획과 시작부터 끝까지 책임을 맡은 구상의 생각을 담은 글이다.

구상이 몸담은 육군종군작가단陸軍從軍作家團은 다양한 예술행사를 추진하였는데, 그 활동 상황을 보면, "일선종군 220회, 종군연일수從軍延日數 924일, 종군 보고 강연 8회, 문학·음악의 밤 14회, 문인극 공연 6회, 시국강연 1회, 육군의 밤 방송 6회, 시화전 2회, 부대가部隊歌 및 군가 작곡·작사 수십 편 등이다"55) 기록에서 보는 것처럼 이 종합예술제, 즉 '문인극'은 구상은 육군종군작가단에서 선보인 문인극 공연 6회 중 한 작품이다.

기획의 단계부터 예산 마련, 출연진과 극장 섭외 등 전쟁 중이 아니더라도 쉽지 않은 일을 책임감 있게 추진하고 마무리하는 구상의 성품과 의미 있는 일에 대한 과감한 추진력을 바탕으로 세밀한 부분까지 고민하고 배려하는 기획자의 능력, 게다가 신뢰의 소중함과 사람의 마음을 살피는 시선 등이 고스란히 담겨 있다. '기타' 내용을 보면 구상 특유의 '양면 보기' 시선을 마주할 수 있다. 고마움과 섭섭함을 표현한 부분은 당시 예술인들과 정치-사회인들 사이에 있는 인식의 차이와 분위기를 알 수 있다. 또한 사람들과 어울리며 술과 차를 나누는 구상의 인간적 매력뿐만 아니라 작은 성의라도 크고 귀하게 여기고 깊은 감사를 전하는 구상의 속 깊은 세밀함도 읽을 수 있겠다. 인간 구상을 연구하는 일뿐만 아니라 우리 문학사에서 전쟁 중에 이루어진 문인극 혹은 예술제의 성립 과정 들을 논의할 때 하나의 중요한 자료가 될 수 있다고 생각한다.

---

55) 국어국문학편찬위원회, 「육군종군작가단」 항, 앞의 사전, 2187.

2.7 운전병「ㄹ」중사

구상은 육군종군작가단 활동을 하며 문인들뿐만 아니라 군 관계자들, 사병과 장교들 등 실로 다양한 사람들을 만나게 된다. 전쟁 가운데 만나는 수많은 사람에게서 그가 받은 다양한 느낌과 감정은 이루 말할 수 없이 많았을 것이다. 그런 가운데 특별히 그에게 인상 깊은 인물이나 사건 혹은 정황들은 글로 기록을 해두었고, 때가 되어 한편의 완성된 글로 발표하기도 하였다. 그중 하나가「운전병運轉兵「ㄹ」중사中士」이다. 장교의 전용차를 운전하는 중사의 성품을 그린 작품으로써 중사에게서 느끼는 뿌리 의식을 엿볼 수 있다. 그 내용을 보면 다음과 같다.

運轉兵(운전병)「ㄹ」中士(중사)

「ㄹ」中士는「ㅈ」監(감)의 專用(전용) 찦 運轉兵(운전병)이다.「ㅈ」監室이란 게 本是(본시) 頭腦(두뇌)만 짜내는 곳인데다「ㅈ」監「ㅍ」大嶺(대령)이란 爲人(위인)이 똥그래미와는 아주 남인 사람이라 그 餘德(여덕)이「ㄹ」中士에게 미칠 리 없다.

묻는 말 이외엔 말과 表情(표정)이 없는「ㄹ」中士도 그 언젠가 한번은「말 맙쇼. 이건「국물」은 커녕 車(차) 굴리는데 애가 타서 죽을 지경이에요, 큰 故障(고장)은 整備中隊(정비중대)에 넣는다지만 밤낮으로 이러나는 쬐그만 修繕(수선)이나 附屬品(부속품)이야 ── 히 제가 求乞(구걸)을 단이죠. 어쩝ㅣ까」

이렇게 車管理(차관리)의 苦哀(고애)를 吐露(토로)하였다. 내가「ㅍ」

大領에게 그 隘路(애로)를 進言(진언)하면 되지 않느냐고 反問(반문)하니까 그는

「말했자 소용없어요.「ㅍ」大領님 호주머니를 재가 빤이 아는걸요.」
한 마디로 잘러 말한다. 말하자면 「ㄹ」中士의 「눈치」는 이다지고 熟練(숙련)되고 徹底(철저)하다. 그래서 그는 軍服務上(군복무상) 하루 건너는 들리는 곳이요.「ㅍ」大領과 呼兄呼弟(호형호제)하는 親分(친분)인지라 나도 곳잘 「ㄹ」中士 運轉(운전)에 便乘(편승)을 하고 「ㅍ」大領과 會食(회식) 等을 가는데 밤 열시가 되어도 더 늦어도 指定(지정)한 場所(장소)에 「ㄹ」中士는 틀림없이 있다. 그런데 나는 有心(유심)히 무슨 不平(불평)한 낯이나 않하는가 하고 「ㄹ」中士의 얼골을 살펴보는데 그는 마치 찦56)車의 附屬品(부속품)인 것처럼 無表情(무표정)이다. 이다지도 「ㄹ」中士는 奉仕(봉사)와 犧牲(희생) 속에서 無念無想(무념무상)이다.

그에게는 一定(일정)한 服務時間(복무시간)도 交代(교대)도 없다. 食事(식사)를 하다가도 튀여 나가고 자다가도 튀어 나가고 그야말로 廿四時間(24시간) 勤務(근무)랄까!

「ㄹ」中士는 人情漢(인정한)이다. 그와 前(전)에 같이 勤務(근무)한 일이 있는 前方(전방)의 대外佺安否(외질안부)를 때마다 묻는데 그럴 때 그의 表情은 딴판그레 感傷的(감상적)이다.

찦 車色처럼 검푸룻한 얼골에다 핸덜을 잡은 투박한 손, 아무 裝飾(장식)이 없는 말과 表情(표정)의 所有者(소유자)「ㄹ」中士를 만날 때마다 나는 樹木(수목)의 뿌리를 聯想(연상)하며 運轉兵(운전병)들과

---

56) 위에서는 '찦'이라고 표기하였음.

같은 獻身(헌신)과 隱者(은자)의 功德(공덕)을 본받아 無窮花(무궁화) 祖國(조국)의 뿌리가 될 것을 自省(자성)하곤 한다.

『전선문학』 제3호 (1953. 2.)

이 글은 『전선문학戰線文學』 제3집에 「작가作家와 군인軍人」이라는 표제하에 이상로李相魯의 '표표飄飄」 김대위金大尉', 이덕진李德珍의 'K대위大尉와 부하部下', 박영준朴榮濬의 '일만 아는 R소령少領', 박귀송朴貴松의 '연대장聯隊長 K대령大領', 박목월朴木月의 '어느 大尉' 등과 함께 게재된 것이다. 표제 「작가와 군인」 아래 '작가들은 오늘의 자유조국투쟁에 혈투하고 있는 군인을 새로운 인간 입상으로서 다각적으로 탐구하고 있다.'라는 전문은 독자의 흥미를 유도한다. 그 만큼 다양한 각도에서 군인들을 바라본 글들을 담고 있다. 구상 역시 편집자의 의도에 따라 「ㄹ」중사의 충직한 인간 모습을 관찰한 대로 서술하고 있다. 다른 작가들은 모두 장교들을 그리고 있는 반면에 구상은 병사의 모습을 그리고 있다는 점에서 그의 독특한 시각 혹은 관점을 엿볼 수 있다.

특히 "「ㄹ」 중사를 만날 때마다 나는 수목의 뿌리를 연상하며 운전병들과 같은 헌신과 은자의 공덕을 본받아 무궁화 조국의 뿌리가 될 것을 자성하곤 한다"라는 부분에서 보여준 '뿌리'의 중요성과 그에 대한 인식은 구상의 글 '뿌리는 은자隱者의 겸허와 공덕을 구전具全 겸유兼有하고 있다'(「조국의 뿌리」)57)에서나 '우리는 뿌리에게서 삶의 참모습도 배우고 또 그런 삶의 존귀함과 감사함을 깨우쳐야 한다'(「뿌리의 공덕」)58) 등에서도 이어지고 있다. 전쟁 중에 직간접적으로 좀 더 깊이 의식하게 된 '뿌리

---

57) 구상. 「조국의 뿌리」, 『구상문학총서』 제7권, 홍성사, 2008, 127.
58) 위의 책, 354.

의식'을 바탕으로 한 그의 통찰은 그의 삶과 문학에서 중요한 의식을 형성한 것으로 보인다.

2.8 종군작가단 2년

종군작가단59)에는 육군종군작가단, 공군종군문인단, 해군종군작가

---

59) 종군작가단從軍作家團은 6·25전쟁 직후 대전에서 결성된 문총구국대文總救國隊와 1·4후퇴 이후 각 군별로 결성된 종군작가단을 총칭한다. 가장 먼저 조직된 종군작가단은 1951년 3월 9일 대구에서 결성된 공군종군문인단이다. 육군종군작가단은 1951년 5월 26일 역시 대구에서 결성되었고 해군종군작가단은 1951년 6월 부산에서 결성되었다. 문총구국대를 중심으로 지방 문인들이 합류하여 휴전될 때까지 활동한 육군, 해군, 공군작가단으로 나뉘어 종군하면서 반공과 애국심을 바탕으로 한 작품을 발표하였다. 주요 사업과 업무(활동 사항)는 공군종군문인단의 단장은 마해송, 부단장은 조지훈, 사무국장은 최인욱이었고 최정희, 곽하신, 박두진, 박목월, 김윤성, 유주현, 이한직, 이상로, 방기환 등이 활동하였다. 공군종군문인단은 1952년 5월 16일 임원 개편을 통하여 부단장을 김기진과 구상으로 교체하였고, 사무국장에 박영준을 임명하였다. 이 무렵 만화가 김용환과 아동문학가 윤석중이 신규 단원으로 참여하였다. 공군종군문인단에서 활동한 대구 지역 문인으로는 유치환, 박목월, 박훈산이 있었고 경상북도 영양군 출신의 조지훈 등이 있다. 공군종군문인단은 기관지『창공』과『코메트』를 발간하고, 종군기를『공군순보』등에 발표하였다. 육군종군작가단의 단장은 최상덕, 부단장은 김송, 상임위원은 박영준·이덕진 등이었고 장덕조, 최태응, 조영암, 정비석, 김진수, 정운삼, 성기원, 박인환 등이 활동하였다. 육군종군작가단은 6년 동안 종군 횟수 220회, 보고 강연 8회, 문학·음악의 밤 8회, 문인극 2회 등을 공연하였고,『전선문학』등 잡지를 발간하여 정훈 문학을 활발하게 전개하였다. 육군종군작가단은 공로를 인정받아 최상덕을 비롯하여 김기진, 구상, 박영준 등이 금성화랑 무공훈장을 받았다. 6·25전쟁 중 피난지 대구에서 육군종군작가단과 공군종군문인단은 합동으로 문인극「고향사람들」(김영수 작)을 1952년 1월 15일부터 1월 16일까지 이틀간 자유극장에서 공연하였다. 해군종군작가단의 단장은 이선구였고 염상섭, 이무영, 윤백남, 안수길, 박연희, 박계주, 이종환, 이봉래, 김규동 등이 활동하였다. 6·25전쟁 당시 해전이 거의 없었던 만큼 일선에서 종군하는 일은 극히 드물어 기관지『해군』을 펴내는 일에 주력하였다. 류덕제 집필.「종군작가단從軍作家團」항,『대구역사문화대전』항목

단이 있다. 1951년 3월 공군종군문인단이 처음 결성된 것을 기준으로 할 때 1953년 3월은 종군작가단이 결성된 만 2년이 되는 시점이다. 이에 『전선문학』의 편집자 김팔봉金八峰이 구상에게 '종군작가단의 회고와 전망'을 주제로 원고를 부탁했고, 구상은 '종군작가단 2년'이라는 제목의 글을 실었다. 구상은 이 글의 끝에 "편집자 팔봉 선생 위촉은 『종군작가단의 회고와 전망』이었으나 이러한 졸한 「산문」으로 대하게 됨을 진사하는 바이다"라는 추기를 달아둔 것으로 보아 편집자의 의도와는 다소 차가 있다는 것을 염두에 둔 것으로 보인다. 그는 종군작가단의 탄생부터 육군 종군의 처지, 종군과 단체 활동, 종군작가의 결의 등을 중심으로 종군작가단 2년을 되돌아보았다. 그 내용을 보면 다음과 같다.

從軍作家團(종군작가단) 二年(2년)

一. 從軍作家團의 誕生(탄생)

六·二五 事變(6·25 사변) 前(전)에도 民族陣營(민족진영)의 文人少數(문인소수)가 三八線視察(38선 시찰), 麗順叛亂事件(여순반란사건) 調査(조사) 等의 出動(출동)이 있었으나 이것은 그야말로 個人(개인) 資格(자격)으로 自發的(자발적) 또는 軍部(군부)의 委囑(위촉)에 依(의)하여 行하여 졌든 것이고 文人 從軍(종군)의 始初(시초)라면 動亂(동란) 即後(즉후) 水原後退(수원후퇴)에서 거기 集結(집결)하였던 林肯載(임긍재), 趙靈巖(조영암), 金松(김송), 朴淵禧(박연희), 筆者(필자) 等이 最初(최초)

ID-GC40006452, 대구광역시.
http://www.grandculture.net/daegu/toc/GC40006452.

의 從軍文人이라는 布木腕章(포목완장)을 달았던 것이 그 嚆矢(효시)일 것이다. 그리고 當時(당시) 第一次(제일차)로 永登浦(영등포) 漢江對岸(한강대안) 接戰(접전)에 參加(참가)하였던 林肯載(임긍재)의 名譽負傷(명예부상)이 從軍文人의 最初(최초)의 戰傷(전상)이 되었다. 그러다가 大田後退(대전후퇴)에서 多數(다수) 文人들의 南下集結(남하집결)을 보아 文總救國隊(문총구국대)라는 正式(정식) 從軍團體(종군단체)를 結成(결성)하였고 이것은 九·二八 還都時(환도시)까지 對敵(대적), 對民(대민), 對軍(대군), 政訓工作(정훈공작)에 協調(협조)하여 그 功績(공적)이 至大(지대)하였다. 其後(기후) 一·三 後退(1·3후퇴) 後 大邱(대구)에서 現政訓局副局長(현정훈국부국장) 金基完(김기완) 大嶺(대령)의 斡旋(알선)으로 十餘(십여) 名의 知名作家(지명작가)들이 空軍文人團(공군문인단)의 蒼空俱樂部(창공구락부)의 正式(정식) 發足(발족)을 보았고 뒤이어 四二五二年 五月에 陸軍從軍作家團이 誕生(탄생)을 보았던 것이다.

二. 陸軍從軍(육군종군)의 處地(처지)

陸軍從軍하면 定規(정규)의 待遇(대우)나 補給(보급)이 있는 것이 아니라 그야말로 無等兵(무등병) 志願(지원)에 無等兵 服務(복무)를 하고 있다.

이제 그런 極端的(극단적)인 無智(무지)는 없어졌으나 前線(전선)에서 作家(작가)라니까 軍天幕請負業者(군천막청부업자)로 誤認(오인) 檢問(검문)을 當(당)한 例(예)가 있는가 하면 고작해야 新聞記者(신문기자)로 取扱(취급) 當하는 것이 普通(보통)이다.

그렇다고 新聞記者들처럼 戰線(전선)에 다녀온 그 記錄(기록)이 그 이튿날로 記事(기사)가 되어 社會的인 效用(효용)을 이르키는가 하면

作家의 處地란 그렇지도 못하여 戰線 메모가 하나의 素材(소재)로서 作品化 되기엔 한 달이 걸릴는지 一年이 걸리런지 十年이 걸릴런지 아니 永永 作家들의 腦裡(뇌리)나 가슴속에서만 사려져 버릴런지도 모르는 이런 헛듯 보기에는 無能(무능), 無力(무력), 無效(무효), 無味(무미)한 戰線出動(전선출동)을 從軍作家들은 계속하고 있다.

그러나 作家들의 胸中(흉중)과 그 腦裡(뇌리) 속에는 分秒(분초)를 쉬지 않고 저 非命(비명) 속에 저가는 自由祖國(자유조국)의 勇士(용사)의 그 모습과 또 이 世界史的(세계사적) 韓國戰線(한국전선)에서만이 顯現(현현)되고 있는 人類善惡戰爭(인류선악전쟁)으로서의 巨創(거창)한 素材 이것을 놓지지 못할 決意(결의)와 義務感(의무감)에서 불타고 있다.

오직 이 人類思想戰爭(인류사상전쟁) 속에 內在(내재)된 悽絶(처절)한 素材를 改作(개작) 再現(재현)함으로서 새로운 人類의 精神革正(정신혁명)을 期(기)할 者 우리뿐으로 믿고 있기 때문에, 民族(민족)의 血脈(혈맥)을 具現(구현)시킬 者 우리뿐으로 알기 때문에 作家들은 오늘도 내일도 戰線(전선)으로 戰線으로 달리고 있는 것이다.

지나간 二年 동안 從軍作家들에게서 許多(허다)한 戰爭文學作品(전쟁문학작품)이 生産(생산)되었으나 아즉도 이것이면 하는 世界性(세계성)을 띠울만한 問題作(문제작)의 出現(출현)이 없는 것은 作家 自身들도 認定(인정)하고 있다.

그것은 우리 作家들의 努力(노력)과 力量問題(역량문제)도 있겠으나 여기에는 現實的(현실적)인 命題(명제)가 文學의 現實否定的(현실부정적)인 生命燃燒(생명연소)를 濾過(여과)하지 못한 채 强要(강요)된 肯定(긍정)에 나아가야만 하는 不可避(불가피)의 時間的(시간적) 現象(현상)이기도 하다.

  그러나 이러한 文學本領(문학본령)의 問題는 그를 自身이 解決(해결)할 줄 믿지만 從軍記(종군기)를 쓴다든다 戰線을 素材로 한 作品은 그 發表機關(발표기관)인 新聞社(신문사)라던가 出版機關(출판기관)에서 敬遠忌避(경원기피)하고 에로라던가 官能的(관능적)인 戀愛物(연애물) 等, 이러한 低俗(저속)한, 讀者(독자)들에게 衝動的(충동적) 迎合出版(영합출판)을 爲主(위주)로 하려드는 이 社會傾向(사회경향)을 어찌할 것인가. 더욱이나 從軍作家하면 마치 『御用作家(어용작가)』로 넉이고 또 그 作品은 依例(의례)히 非藝術的(비예술적) 作品○하는 一部(일부) 文○의 通念(통념)을 우리는 默過(묵과)할 수 없다.

三. 從軍(종군)과 團體活動(단체활동)

  從軍作家들의 第一主義인 것은 아모래도 前線從軍(전선종군)이 아닐 수 없다. 그런데 위에서도 말한 바와 같이 正規的(정규적) 補給(보급)이 있는 것도 아니요 또 出動(출동)의 專屬配車(전속배차)가 있는 것도 아니여서 不定期的(부정기적)인 短時日(단시일)의 從軍을 熱意(열의)에 依(의)하여 交替(교체)하여 왔다.

  出版費(출판비) 三百圓(300원, 舊貨 三萬圓(구화 이만 원))을 들고 나서면 서울 가는 旅費(여비)도 될가 말가다. 그래서 作家들이 한번 出動(출동)을 하고 나면 가득이나 가난이 낀 文士 살림에 幾 千圓(기천원)의 구명이 나서 이제는 努力도 바라지 않는 안해들의 바가지를 긁히우고 이래서 홧술에 곤드래가 되어서도 四角(사각)의 原稿紙(원고지) 구명을 밤새워가며 메꿔야 했고 …… 이러한 形便(형편)이고 보매 從軍作家들의 前線從軍(전선종군)니 이제까지는 走馬燈格(주마등격)이 아닐 수 없었다.

　말하자면 한 作家(작가)가 前線出動(전선출동)을 한다면 最小限(최소한) 二十日(20일) 乃至(내지) 一個月(1개월)의 日程(일정)을 잡아 한○戰(○전)이 遂行(수행)되는 全貌(전모)라던가 新設○團(신설○단)의 訓練過程(훈련과정)이 終了(종료)될 때까지의 生活(생활)이라던가 一○ ○○生活이 몸에 배일 때까지라던가 이렇게 그 作家가 意圖(의도)한 바의 戰線 플랜이 있는 從軍이어야겠는데 이러자면 그 期間(기간)의 最小限(최소한)의 家族生計費(가족생계비)가 蓄積(축적)되어야 할 것이며 또한 欲心(욕심) 같아서는 歸還 後(귀환 후)에도 作品 製作期間(제작기간)만은 生計의 保障(보장)이 있어야 할 것이다.

　이렇게 要請論(요청론)을 적다가는 空想論(공상론)에 떨어져 限(한)이 없겠길래 却說(각설)하고 오직 한 마디로 할 수 있는 것은 이제까지의 從軍은 作家들 各自의 再反省(재반성)도 필요하거니와 當路(당로)들의 協調(협조)도 再檢討(재검토) 되어야 할 것이다.

　다음 後方活動(후방활동)으로서 그동안 從軍作家 中心의 文化行事는 아마 全般的(전반적)인 後方文化活動(후방문화활동)에 있어 最高點(최고점)을 받아야 할 것이다.

　報告大會(보고대회)를 비롯한 『文學과 音樂(음악)의 밤』의 定期行事(정기행사)와 各 紀念日行事(각기념일행사), 等 이제는 後方國民(후방국민)에게 있어 人氣(인기)와 注目(주목)이 集中(집중)되고 있으며 後方將兵(후방장병)들의 陣中餘閑(진중여한)의 唯一(유일)한 慰安(위안)이 되고 있다.

　그러나 亦是(역시) 每行事(매행사) 때마다 그 主催側(주최측)과 當路(당로)들의 費用捻出(비용염출) 苦哀(고애)는 이루 枚擧(매거)하기 어려운 바 있으니 이것도 政府(정부)의 戰時宣傳對策費(전시선전대책비)의 ○○가 있어야 할 問題이다.

四. 從軍作家의 決意(결의)

從軍作家란 것은 어떤 職能別(직능별) 團體(단체)의 組織員(조직원)도 아니요 戰時身分保障機關員(전시신분보장기관원)도 아니요 그야말로 作家義勇兵(작가의용병)들인 것이다. 그럼으로서 從軍作家들이 오늘날 가지고 있는 微溫的(미온적)인 『協調意識(협조의식)』이 먼저 淸算(결산)되어야 하며 이와 더부러 이들을 『腕章作家(완장작가)』視(시) 하려는 外部(외부)의 不當(부당)한 冒瀆(모독)도 解消(해결)되어야 할 것이다.

이러기 위하여 金八峰(김팔봉) 先生의 提案(제안)대로 從軍作家로서의 行動規範(행동규범)이나 品性(품성)의 提高(제고)도 强調(강조)되려니와 이보다 더욱 基本的(기본적)으로 要求(요구)되는 것은 祖國戰爭(조국전쟁) 理念(이념)에 對한 本質的(본질적) 文學的 探究(탐구)와 이의 樹立(수립)인 것이다.

오늘날 우리가 가지고 있는 戰爭理念(전쟁이념)이라기보다 그 戰爭口號(전쟁구호)나마도 漠然(막연)하고 稀薄(희박)한 現象(현상)이다.

이렇기 때문에 國民戰意(국민전의)는 이 百年思想戰爭(백년사상전쟁) 앞에서 날로 解弛(해이)되어 가고 敗北(패배)와 絶望意識(절망의식)이 蔓延(만연)하기 시작한다.

오늘 이 땅 文化界에 露出(노출)되고 있는 저 失神狀態(실신상태)의 快樂主義(쾌락주의)와 頹廢主義(퇴폐주의) 속에서 오직 覺醒(각성)과 決意(결의)를 가지고 從軍作家들은 오직 마즈막 남은 祖國의 旗手(기수)가 아닐 수 없다.

勿論(물론) 文學은 本領(본령)이 갖는 作家的인 刑象性(형상성)과 또 藝術性(예술성)을 收拾(수습)하기에 時間(시간)이 필요하며 오늘의 戰爭 素材(전쟁소재)가 오늘로 藝術이 되는『○○예술』일 수는 없다.

그러나 우리는 過去(과거)의 現實的(현실적) 超自然主義(초자연주의)가 喪失(상실)한 바 文學이 本質的으로 具有(구유)하는 바 效用性(효용성)을 恢復(회복)함으로 오늘의 韓國作家로서의 歷史的(역사적) 任務(임무)를 完遂(완수)하여야 할 것이다.

우리는『펜』의 自由보다 祖國의 自由에 더 奉仕(봉사)하여야 할 것이며 人類와 祖國의 榮光(영광) 앞에서 우리『붓』의 榮光을 찾아야 할 것이다.

追記(추기) : 編輯者(편집자)의 八峰 先生(팔봉 선생) 委囑(위촉)은『從軍作家團의 回顧(회고)와 展望(전망)』이었으나 이러한 拙(졸)한「散文(산문)」으로 代하게 됨을 陳謝(진사)하는 바이다.

『전선문학』제5호 (1953. 5.)

이 글은 종군작가단의 탄생과 걸어온 길, 종군작가단의 현실적인 처지와 문제, 조국에 대한 결의를 기록하고 있다. 구상이『전선문학』을 만들면서 종군작가들을 만나 현장의 이야기를 듣기도 했을 것이고, 직접 체험한 이야기들도 있을 것이다. 그 많은 것을 4가지의 관점으로 정리한 이 글의 내용 중에는 그가 주재하기도 하고 참가하기도 한 '종군예술단좌담회'(『전선문학』제2호(1952. 12.))와 '신춘문학좌담회'(『전선문학』제3호(1953년 2월))에서도 중복되는 내용을 읽을 수 있다. 구상은 이 글을 작성하면서 두 편의 좌담회 내용을 참고하였을 것으로 판단한다.

종군작가로서의 활동은 그의 글「종군작가의 변」,「무등병 행각기」,

「무등병 복무」 등에서도 단편적으로 언급되기도 한다. 이런 글들의 내용을 재구성해 보면 구상의 종군작가로서의 활동에 대하여 일정한 부분을 정리할 수 있을 것으로 판단한다. 그런 의미에서 이 글은 그가 활동한 종군작가단의 초기 2년의 행적을 정리하고 연구하는 데 도움이 되리라고 본다.

2.9 문학정신과 혁명정신

1950년대 대구지역에서는 피난 온 문화예술인이 많았고, 분야별로 혹은 문화예술인 개인적으로 교류가 많았다. 지금도 대구의 향촌동을 중심으로 한 거리에는 당시에 활동했던 문화예술인들이 모였던 장소들을 하나의 문화공간으로 조성한 곳을 찾아볼 수 있다. 그 당시 많은 예술인이 문화장文化莊, 청구대학강당, 대구공회당 KG홀(현 대구콘서트하우스자리) 등에서 발표회를 열곤 했다. 1953년 삼일절에 대구 문화장文化莊에서 구상이 강연한 삼일절을 기념 강연 내용의 초고를 '문학정신과 혁명정신'이라는 제목으로 『전선문학』 제4호에 실었다. 그 내용을 보면 다음과 같다.

文學精神(문학정신)과 革命精神(혁명정신)
- 三一節記念講演草稿(삼일절기념강연초고) -

첫째, 먼저 生命(생명)의 平等倫理(평등윤리)가 前提(전제)됩니다. 그럼으로 文學精神이 具有(구유)하고 第一段階的(제일단계적) 革命이란 各個(각개) 生命의 蹂躪(유린)된 尊嚴(존엄)에 向(향)한 鬪爭(투쟁)인 것입니다. 이것은 다시 말하자면 우리 人間(인간)이 基本的(기본적)으로 享有(향유)하고 發揮(발휘)하는 휴-매니티라고 해도 無妨(무방)할 것입니다.

이로 말미암아 모든 人間은 個個(개개)의 生命의 充足(충족)을 爲하여 恒常(항상) 內部革命(내부혁명) 즉 人格革命(인격혁명)을 치루고 있고, 이 原動力(원동력)이 되고 注油力(주유력)이 되는 것이 文學입니다. 作品을 通(통)하여 作家들은 自己가 立像(입상)한 人格을 創造活動(창조활동)시키고 있으며 讀者(독자)들은 그 作品 속에 나타난 人格 속에서 自己의 人格을 改造(개조)하고 活用(활용)하고 發展(발전)시키고 있는 것입니다.

둘째, 文學精神과 革命精神이 人類社會(인류사회)의 革正(혁정)에 있어 不可分離(불가분리)의 相互作用(상호작용)을 하여 왔다는 것을 우리는 歷史的(역사적)으로 알 수 있읍니다. 저 西歐(서구) 宗敎革命(종교혁명)과 『르네쌍스』가 産業革命(산업혁명)을 氣運(기운)시켰던 사실과 오늘 記念(기념)을 맞는 三一運動(삼일운동)이 우리 近代文學(근대문학)의 開花(개화)를 갖어왔다는 事實(사실) 등이 이를 反證(반증)할 것입니다. 여기에 對한 三一運動의 文學史的 意義(의의)는 言及(언급)을 避(피)하거니와 어느 民族, 어느 國家, 어느 社會의 大小革命(대소혁명)에 있어 文學의 役割(역할)이 얼마나 至大(지대)하였다는 것은 그 時代의 風潮(풍조)를 代辨(대변)한 것이 文學이었다는 가장 基本的(기본적) 公式(공식)으로서 말할 수 있는 것입니다. 우리가 저 露西亞(노서아)의 農奴解放(농노해방)과 所謂(소위) 階級革命(계급혁명)이 이루어지기 前夜(전야)의 帝政露西亞(제정노서아)의 虐政(학정)과 그 必

然的(필연적) 曲直(곡직)을 살펴보기엔 『톨쓰토이』의 「戰爭(전쟁)과 平和(평화)」나 「復活(부활)」을 讀書(독서)하는 것이 捷徑(첩경)일 것이요, 당시 政治革命群衆(정치혁명군중)들의 生態(생태)를 살피려면 『꼴키』의 「어머니」를 읽으면 알 수 있을 것이요. 이 작품들이 當時代(당시대)에 끼친 影響(영향)을 想像(상상)하여 보면 될 것입니다.

셋째, 그러면 왜 文學精神과 革命精神이 이렇게 相通(상통)하고 있는 그 類似點(유사점) 또는 共通點(공통점)이 무엇인가를 分別(분별)하여야 하겠읍니다. 그것은 다름이 아니라 文學精神이란 本領的(본령적)인 意味(의미)에서 한 마디로 말하면 現實止揚(현실지양)의 精神이라는 것입니다.

우리가 어떤 個人이나 社會나 民族이나를 莫論(막론)하고 새 世界를 理想(이상)하고 創造(창조)한다는 것은 벌써 現實의 不義(불의)와 不正(부정)과 腐敗(부패)를 是正(시정)하고 排擊(배격)한다는 것이 前提(전제)가 되고 있는 것입니다.

이러한 文學精神의 現實否定的(현실부정적)인 要素(요소)는 곧 바로 革命精神이 되고 있습니다. 즉 革命이란 어떤 社會의 現實的인 壓制(압제)나 權力(권력)의 橫暴(횡포)를 去勢(거세)시키고 打倒(타도)함으로서 正常(정상)하고 健全(건전)하고 希望的(희망적)인 社會를 建設(건설)하려는 熱情以外(열정이하)의 아모 것도 아닌 것입니다.

넷째에서 우리가 分別지어야 할 것은 이러한 革命精神이나 文學精神이 政治群衆(정치군중)들에게 非法的(비법적)인 또는 暴力的(폭력적) 方法(방법)에 利用當(이용당)하느냐 그렇지 않으면 改良的(개량적) 平和的(평화적) 方法에 維持(유지)되느냐 하는 것은 그 時代의 現實的 配慮(배려)의 重量如何(중량여하)에 있는 것입니다. 다시 말하면 革命

精神이나 文學精神이 具有하고 있는 創造力(창조력)과 理想 또는 不義에 向한 充血(충혈)된 憤怒(분노)가 擁護(옹호)되고 育成(육성)되고 또 그 社會現實(사회현실)의 比重(비중)이 얼마나 止揚(지양)되고 있느냐에 따르는 것입니다.

여기에 一例(일례)를 들어 말하면 日本(일본)의 國家運命(국가운명)을 左右(좌우)하는 가장 必然的(필연적)이요 當爲的(당위적)인 單獨講和(단독강화)나 再武裝(재무장)을 日本貴族(일본귀족)의 養成機關(양성기관)인 學習院(학습원) 敎授(교수) 淸水幾太郞(청수기태랑)이나 東京帝國大學 總長(동경제국대학 총장)이던 南原慜(남원민)이가 그 主唱者(주창자)요 先烽將(선봉장)이 되어있다는 事實과, 그들이 免職(면직)도 안되고 옥에도 안가 있다는 事實들은 參照(참조)할 事實입니다. 이것은 무엇을 意味하느냐 하면 日本의 政治家들도 勿論(물론) 이들의 民族理想論(민족이상론)인 全面講和(전면강화)라든가 銃(총) 안 쥐는 平和民族이 되려는 이들의 努力(노력)을 現實的으로는 置之度外(치지도외)하면서도 이 非現實的이요 反歷史的인 主唱(주창)이 眞理로서 또는 日本의 方向으로서는 共鳴(공명)하고 있기 때문에 이들의 主唱이나 行動을 蹂躪(유린)하기는커녕 오히려 育成(육성)하고 擁護(옹호)함으로서 日本의 精神的 富力(부력)을 世界에 計量(계량)시키고 있는 것입니다. 그럼으로 옳바른 革命精神이나 文學精神은 언제나 그 社會 그 國家가 育成 擁護하여야할 義務(의무)를 가지며 이래야만이 그 社會는 正常하고 平和的인 發展에 나아가는 것이요, 萬一(만일) 이와 反對(반대)로 蹂躪當(유린당)하고 抹殺當(말살당)한다면 마침내 그 氣運(기운)은 暴力的(폭력적)이요 非法的인 곳으로 흘러기고 미는 것입니다.

오늘날 우리 韓國社會에 있어 文學精神이나 革命精神은 한마디로 말하여 無氣力(무기력)하다고 表現(표현)할 수밖에 없읍니다. 이것은 과거 倭帝虐政(왜제학정)에 依(의)하여 文學者나 意氣人(의기인)들이 隱遁的(은둔적)이요, 逃避的(도피적)이요, 現實超然的(현실초연적)인 習性(습성) 때문에 革正意識(혁명의식)이 痲痺(마비)된 탓으로 世事起伏(세사기복)에 盲目(맹목)하려는 그들의 無誠意(무의식)에도 基因(기인)하나 한편 오늘의 現實政事者(현실정사가)들이 이들의 英氣(영기)를 育成保護(육성보호)하지 않고 오히려 去勢(거세)하려는 形便(형편) 속에서 이들은 自己怠業(자기태업)을 하고 있다고도 봅니다.

오늘 三一節을 맞이하여 先烈(선열)들의 殉國(순국)을 追慕(추모)하면서 나는 여기 모이신 文學同途(문학동도) 및 姉妹藝術人(자매예술인)들과 또한 모든 民主役軍(민주역군)들에게 祖國統一(조국통일)과 民主社會 革正(민주사회 혁정)에 參列(참열)할 것을 期(기)하는 同時(동시)에 한 마디의 副言(부언)을 하려는 바입니다.

즉 自由란 누가 保障(보호)해 주는 것이 아니라 自己 스사로가 爭取(쟁취)하여 享有(향유)하는 것이라고.

(癸巳三一節 於 大邱 文化莊(계사삼일정 어 대구 문화장))

『전선문학』 제4호 (1953. 4.)

강연의 분위기에 맞게 높임말을 써 그대로 옮긴 이 글은 후일 구상은 레이더 사건 이후 좀 더 풍부한 내용으로 바꾸어 다시 발표하였지만, 전체적인 맥락은 같다. 그리고 다시 9년 뒤 예들도 바꾸고 당대에 걸맞은 구체적인 예를 더 풍부하게 들어「혁명과 문학」이라는 제목으로 다시 발표60)하였고, 이를 다시「문학정신과 혁명정신」이라는 본래 제목으로 바꾸고 일부 내용을 삭제한 후 재발표하였다. 최초의 글이 삼일절 강연 원고였는데, 그 강연에서 한 "오늘 삼일절을 맞이하여 선열들의 순국을 추모하면서 나는 여기 모이신 문학동도 및 자매예술인들과 또한 모든 민주역군들에게 조국통일과 민주사회혁정에 참례할 것을 기하는 동시에 한 마디의 부언을 하려는 바입니다"를 삭제하였다.

「문학정신과 혁명정신」이라는 제목의 두 텍스트가 전체적인 맥락은 같으나 발표 당시의 사회적 상황을 고려하여 수정하여 다시 발표했다면 두 가지 모두 작품상의 의미가 있지 않겠는가? 본고 뒤에 소개하는 「인간적 유죄」라는 작품이 내용을 덧붙여 「참된 휴머니즘」이라는 글로 탄생했고, 여기에 또 내용을 덧붙여 「휴머니즘과 작가」라는 글로 발표된 경우와 유사하다. 이런 점을 고려하여 이 글도 강연 당시의 분위기를 담은 그대로 하나의 독립된 글로 남겨두어도 좋지 않을까?

2. 10 군인 이야기

6·25전쟁 휴전 후 육군본부정훈감실에서는 1953년 8월 12일 자로 월간지 『육군』 창간호를 발간하였다. 당시 육군본부정훈감 박영준朴英俊 준장은 창간사에서 "과거에 있어서는 교재에 관한 서적만을 주로 발행해

---

60) 이 글은 『동아춘추東亞春秋』 1962년 12월호(pp.53-55)에 「혁명과 문학」이라는 제목으로 게재하였고, 이후 『구상문학선』(1975)에 다시 게재하였으며, 『구상문학총서』에는 「문학정신과 혁명정신」이라는 제목으로 게재되었다. 그런데 『구상문학총서』 제6권에 게재된 「문학정신과 혁명정신」의 마지막에는 이 글의 출처를 『동서춘추東西春秋』, 1961로 기록되어 있다. 『동서춘추』는 1967년 5월 희망사에서 창간한 잡지인데, 1961년에 발표한 것으로 기록한 것은 오류로 보인다. 구상, 『구상문학총서』 제6권, 홍성사, 2007, 367-371 참조.

왔다. 그러나 앞으로는 교양敎養의 폭을 좀 더 넓히어 다각적인 교양으로 우리의 정열과 사기를 더욱 높여야 할 것이다"61)라고 육군을 위한 교양지의 필요성을 강조하고, 이를 위하여 『육군』을 창간한다고 밝히고 있다. 교양지로서의 성격을 담으려는 의도에 부응하듯 창간호에는 종군작가들의 글도 다수 실려 있는데, 구상의 '군인 이야기'도 그 가운데 하나이다. 내용을 보면 다음과 같다.

軍人(군인) 이야기

「ㅁ」師團(사단)엘 갔더니 써붙친 師團長(사단장) 「ㅍ」准將(준장)의 統率銘(통솔명)은 「이겨야 한다」는 한 마디였다.

나는 이제까지 꽤 많이 各級(각급) 指揮官(지휘관)들의 口號(구호)를 보아왔지만 「이겨야 한다」만큼 簡明(간명)하고 힘찬 師團訓(사단훈)은 처음이였다.

殺身成仁(살신성인)이니 花郎精神(화랑정신)의 發揮(발휘)니 하는 戒訓(계훈)과 統師系統(통사계통)의 確立(확립)이니 職責(직책)의 完遂(완수) 等보다 얼마나 싱싱하게 산 한 마디랴!

×   ×

6·25前일인데 38線(선) 視察(시찰)을 갔다가 東豆川(동두천)에서 金恒穆(김항목)이라는 大隊長(대대장)을 만났던 일이 있다. 農科大學(농과대학) 出身(출신)이라는 그와 이야기 끝에,

---

61) 박영준. 「창간사」, 『육군』 창간호, 육군본부정훈감실, 1953. 2.

「당신의 이상은 무엇이요.」

하고 물었더니 一言之下(일언지하)에 그는

「軍人의 理想(이상)이란 게 어디 있읍니까. 굳이 말하라면 지금 맡은 바 내 任務(임무, 現實)를 勝利(승리)로 이끌어가는 것이 理想이 겠지요」

나는 속으로 「옳다!」하는 感嘆(감탄)을 發(발)하였고 이제까지 그의 行方(행방)은 모르나 이 말만은 기억하고 있다.

『육군』 창간호 (1953. 8. 12.)

두 가지의 사례를 간단하게 말하고 있다. 어느 사단 모 준장의 통솔명이 '이겨야 한다'라는 것과 김항목金恒穆 대대장이 말하는 '맡은바 내 임무를 승리로 이끌어 가는 것'이 자기의 이상이라는 것이다. 간결하면서도 군대의 최종적인 목적과 군인의 존재 이유를 담은 두 표현은 그 어떤 구절보다도 전장에 가장 적합한 것이라는 것을 구상도 알고 있었고, 실제로 그렇게 살아가는 두 명의 군인 이야기에 감명받은 일을 기록한 것이다. 구상도 두 군인의 표현에 강한 동의를 하는 것은 그도 그 군인들처럼 생각과 말과 행동이 간결하고 정확한 삶을 살고자 하기 때문이 아니었을까?

2. 11 전선집수초

구상은 종군작가로서 공군의 L19 비행기를 타고 강원도 양양襄陽에서 경험한 몇 가지 일을 기록하였다. L19는 6·25전쟁이 일어났던 당시 국군이 보유한 관측용 연락기로 활주로가 아닌 곳에서도 이착륙이 가능한 비행기이다. 구상은 이 비행기를 타고 양양襄陽을 향하는 공중에서 바라본 조국의 산하에 대한 감흥을 적어 『전선문학』에 발표하였다. '오월쾌청五月快晴'이라는 표현과 '낙산사'를 찾은 날이 '마침 불탄일佛誕日'이라는 표현으로 보아 1953년 사월 초파일(양력 5월 20일)을 전후하여 양양을 방문한 것으로 보인다. 그 내용을 보면 다음과 같다.

前線集穗抄(전선수집초)

1. 空中俯瞰(공중부감)

고작 두 시간 반만에 襄陽(양양)에 다았읍니다. 이번 出動(출동)은 軍의 好意(호의)로 L19를 달리는 호사를 한 것입니다.

L19는 一人乘(일인승)으로 작은 溫室(온실)이 그대로 둥둥 떠오른 것같이 上半身(상반신)이 유리로 開裝(개장)되었기 때문에 俯瞰(부감)이 滿點(만점)인데 때마침 五月快晴(5월쾌청)에다 東海岸線上(동해안선상)을 끼고 날르니 登仙(등선)의 ○쾌였읍니다.

나는 이 空中俯瞰에서 땅과 바다와 하늘의 大自然區分(대자연구분)을 同時(동시)에 맛보면서 切實(절실)히 느껴진 것은 「내 江土(강토)」「우리 江山(강산)」이라는 明瞭(명료)한 國土(국토)의 所有意識(소유의식)과 거기에 向(향)한 强烈(강렬)한 愛着心(애착심)이었읍니다.

우리들의 피땀으로 갈어 놓은 푸른 저 들판, 베폭처럼 뻗은 鐵路(철로), 궤딱지처럼 옹기종기 붙어사는 마을들, 실오래기처럼 감은 山길, 구비쳐 흐르는 江물, 옹기중기 솟은 山脈(산맥)들, 어느 하나 有感(유감)하고 有情(유정)치 않은 게 없었으며 이 내 땅 내 江土

를 侵犯(침범)한 오랑캐들이 누깔나오게 미워졌읍니다. 이렇게 미루어보아 航空士(항공사)들은 모두가 크게 國土를 사랑하는 愛國者(애국자)들일 것이라고 나는 믿어졌읍니다.

2. 新兵(신병)과 新設師團(신설사단)

가는 날이 장날이란 格(격)으로 찾아간 바우師團(사단) - 註·바우란 돼지바우의 略(략)으로 朴基丙 准將(박기병 준장)의 그 體軀(체구)와 勇猛(용맹)을 일부러 無禮(무례)하게 表現(표현)한 나의 愛稱(애칭) - 의 新兵(신병) 引受日(인수일)이었읍니다.

S浦口(포구) 沙場(사장)에 訓練所(훈련소) 濟州島(제주도)에서 上陸(상륙)하여 느러앉은 新兵들이란 아주 氣盡脈盡(기진맥진)한 몰골들이어서 나를 놀라게 하였읍니다.

「어찌 싸워낼 것 같은가?」

나는 아주 생기가 없어 보이는 新兵 하나를 부뜰고 다저 물었더니 그는 송장이 일어서듯 벌떡 일어서며 「예」하고 고함을 쳤읍니다.

음, 아직 살기는 살아있구나, 속으로 생각하며 이번엔 같이 간 친구 大尉 眞一(대위 진일)에게

「어찌 이 꼴들을 해가지고야 싸훔을 해내겠나.」

하고 역시 똑같이 물었더니 그는,

「내일만 보십쇼. 아주 활달한 병정들이 될 테니. 「엘스티」로 四十八時間(48시간)이나 바다에 시달렸으니 시방이야 모두 경황들 없지요. 그러구 첫째 濟州島가 訓練敎育地(훈련교육지)로 적합치 않어요. 거기서 九十日 지내느라면 軍事訓練(군사훈련)이 첫 번인데다 氣候(기후)와 土質(토질)이 그러니 모두 한번씩은 골커던요. 이제 師團

에 投入(투입)되어 가지고 한 一個月(일개월)만 있으면 살도 오르고 裝備(장비)도 가추고 하면 제 꼴들이 나지요.」

나의 하두 落心(낙심)한 語調(어조)에 이렇게 차근차근 說明(설명)하여 주는 것이었읍니다.

이것은 나를 安心(안심)시키기 위한 빈말이 아니었읍니다.

그 이튿날 내가 각 新設聯隊(신설연대)를 두루 視察(시찰)했을 때 머리를 깎고 軍○—○을 말숙하게 갈아입은 그 新兵들은 小隊內務班(소대내무반)에서 콧노래를 부르며 쉬고 있었읍니다.

新設師團의 新兵들 訓練(훈련)과 建設(건설)이란 참으로 戰鬪以上(전투이상)의 피땀나는 ○○였읍니다. 「바우師團」長은 本是(본시)도 熱(열)과 誠(성)의 人인데 몸에 불이 나도록 돌아가고 있었읍니다.

더욱이나 반가운 일은 訓練師團들이 競爭(경쟁)이나 하듯이 士兵(사병)을 營養管理(영양관리)에 創意(창의)를 기우리고 있는데 特(특)히 내가 본 중 閔○植 師團(민○식 사단)은 이 點(점) 「NO·1」으로서

「우리 國軍의 戰鬪精神(투쟁정신)은 넘치고도 남을 지경이구 또 技術(기술)도 優秀(우수)하지요. 그저 問題는 조곰이라도 더 잘만 먹이면 잘 싸우게 돼 있지요.」

이런 閔少將(민소장)의 炊事第一主義(취사제일주의)는 여러 가지 새로운 獨創的 案(독창적 안)이 試驗(시험)되고 있었고 또 應分(응분)의 成果(성과)를 올리고 있었읍니다. 例(예)를 들면 이 師團에서나 各部隊(각부대)의 炊事班長(취사반장)은 ○○○○로서 擧皆(거개)가 中學卒業(중학졸업) 以上의 模範士兵(모범사병)들이 當選(당선)되어 그들이 과학적인 「카로리-」의 上昇 工夫(상승 공부)를 하고 있었으며 그들은 이 職業(직업)을 가장 榮譽(영예)와 矜持(긍지)로서 努力(노력)하고 있

었읍니다. 그래서 이 師團炊事班(사단취사반)을 돌아보면 모두가 기름을 바른 듯이 몬지티끌 하나없이 깨끗하였고, 每月(매월) 各部隊員(각부대원)들의 體重(체중)을 달아 平均(평균)을 最高(최고)로 上昇(상승)시킨 炊事班(취사반)에는 階級特進(계급특진)과 施賞制度(시상제도) 等이 있었으며 保育隊完備副食向上(보육대완비부식향상)을 위하여도 여러 가지 自給自足(자급자족)의 祕方(비방)과 計劃(계획)을 가지고 있었읍니다.

이 成果(성과)인지 이 師團의 士兵들은 閔少將의 愛情表現(애정표현)대로 「도야지 새끼 같이」 통실통실하게 살이 쪄 있읍니다.

何如間(하여간) 至今(지금) 東部(동부)에 訓練中(훈련중)에 있는 ○個 新設師團들은 ○○○의 國軍單獨(국군단독) ○○을 目○에 두고 非常(비상)한 決意(결의)로서 自主的(자주적)인 特色(특색)을 가진 戰鬪能力(전투능력)을 各己(각기) 培養(배양)하고 있었읍니다.

3. 洛山寺(낙산사)

여기까지 왔던 길이라 陣中餘閑(진중여한) 새로 修築(수축)되었다고 소문이 높은 洛山寺를 찾았읍니다. 거년 傀儡軍(괴뢰군)의 駐屯(주둔)으로 燒失(소실)되었던 것을 이 收復地區(수복지구)의 軍政長官(군정장관)인 李亨根 中將(이형근 중장)의 熱誠推進(열성추진)이 改築工事(개축공사)를 이르켜 竣工(준공)을 본 것으로 아직 丹靑(단청)도 未○(미○)이어서 생나무 냄새가 香(향)그러웠읍니다. 收復地區에서 얼마나 壯(장)하고 實義(실의)있는 일이겠읍니까.

오늘은 마침 佛誕日(불탄일)이라 收復地區 襄陽邑(양양읍)의 男女老弱(남녀노약)들이 우 몰려와 致誠(치성)을 드리고 절의 이곳저곳에서는 八日(팔일) 노리가 흥겹게 벌어져 있었읍니다.

참말이지 우리 百姓(백성)들에게는 이러한 名節(명절)이나 맞어야 그 하루만을 〈生活(생활)〉하여 보지 그렇지 않은 三百六十日은 그야말로 〈生存(생존)〉하기에 허덕이는 게 아니겠읍니까? 나는 우리 社會에서 舊習(구습)의 根本的(근본적)인 것은 除去(제거) 못하고 陰曆過歲(음력과세) 等을 크게 들어대는 꼴들이 우습게 여겨집니다. 우리 百姓들에겐 될 수만 있으면 名節(명절)이 열흘에 한 번, 아니 한 달에 한 번만이라도 있었으면 하는 心情(심정)입니다. 절 앞을 끼고 나서면 東海(동해)가 펼쳐 있습니다.

「바아」

「다아」

하고 深呼吸(심호흡)하여 웨쳐봅니다. 芝溶詩人(지용시인)의 말대로 英語(영어)의 「씨-」나 日語의 「우미」보다도 바다는 역시 우리말 「바다」래야 實感(실감)도 나고 또 神祕(신비)스러워보이기도 합니다.

내일은 關東八景(관동팔경)의 하나인 淸閣亭(청각정)62)을 찾을 예정입니다.

4. 祖國(조국)의 거름

바우師團의 訓練狀況(훈련상황)을 이리저리 보러 다니다 오늘은 野砲中隊(야포중대)에 이르렀읍니다. 모두 다 射擊場엘 나가 없고 나는 빈 中隊長室에 案內되어 기다리고 있는데, 그 벽에

---

62) 淸澗亭(?)이 아닐까?

한없이 떠올라서 창공에 다다를까

창파에 몸을 던져 용궁에 다다를까

아서라 시드른 무궁화에 거름이 되고 지고

이런 時調(시조) 한 首(수)가 붙어 있었읍니다. 노래로서는 勿論되지도 않았고 또 누구의 章句(장구)에 自己의 素朴(소박)한 心情(심정)을 뜯어 맞춘 것이었읍니다.

그렇습니다. 그들에게도 蒼空(창공)에 다다를 靑春(청춘)의 꿈이 있었고 龍宮(용궁)에 그려볼 幸福(행복)이 있었읍니다. 모두다 복사빛같이 싱싱하고 아름다운 목숨들이었읍니다. 이들이 자기의 靑春과 生命을 犧牲(희생)하여 祖國을 지켜보는 心情, 이것이 바로 우리 一線全將兵(일선전장병)의 모습일 것이어서 눈물겨웠읍니다.

祖國의 거름! 마치 거룩한 ○자의 ○허한 諦念(체념)이 서려 있읍니다.

이들이 있는 限 우리 祖國은 不死身(불사신)일 것입니다.

『전선문학』 제6호 (1953. 9.)

휴전을 얼마 앞둔 시점, 동부전선에서 보고 느낀 소감을 간략하게 기록한 것이다. 종군작가들의 교통편의라는 것이 군대의 차량이나 교통수단에 의존할 수밖에 없는 상황에서 비행기를 타고 갈 수 있다는 것에 '호사'라는 표현을 쓴 구상은 시각적 체험의 대상은 다르지만, 그 이면에 흐르는 조국애를 말하고 있다.

구상은 공중에서 바라보는 조국의 산하에서 '항공사들은 모두가 크게 국토를 사랑하는 애국자들일 것'이라고 생각한다. 그리고 동부전선에 신설되는 사단에 신병을 받는 광경을 통하여 '비상한 결의로서 자주적인 특색을 가진 전투 능력을 각기 배양'하고 있다는 시선이나 전쟁으로 허물어진 낙산사를 다시 건축하는 장교의 의지와 사월 초파일의 놀이를 보고 가난한 국민의 심정을 헤아리는 마음 등이 모두 조국을 사랑하고, 국민을 위하는 마음에서 우러난 것임을 짐작할 수 있다. 그리고 동해의 푸른 바다를 바다로 칭하는 소리를 통하여 생각해 보는 우리말에 대한 애정이나 사단의 병사들을 생각하며 '자기의 청춘과 생명을 희생하여 조국을 지켜보는 심정'을 생각하는 그것이 바로 '조국애'가 담긴 구상의 마음이다.

2. 12 『전선문학』 편집후기 [63]

우리가 이미 알고 있듯이 『전선문학』은 1952년 4월에 제1호를 발간하여 1953년 12월 제7호까지 발행하였다. 이 잡지의 주간을 맡은 구상은 편집을 마감하는 후기를 작성한 것으로 보이는데, 그가 쓴 것으로 확인되는 것은 두 편의 후기이다. 그것도 후기의 끝에 '상常'이라고 한자로 쓰거나 'K생'이라고 표기한 것이다. 『전선문학』 제2호의 것을 보면 다음과 같다.

---

[63] 『전선문학』 창간호의 편집후기는 글쓴이를 알 수 없다. 그러나 필자는 구상의 글로 추측한다. 그것은 창간호의 편집후기 "初産(초산)이 정말 難産(난산)이었다. 가지가지 諸般事情(제반사정)이 容易(용이)치 않아서 - (辨明(변명)같으나) - 결국 내놓고 보니 病身子息(병신자식)이 나온 것 같아서 아주 남이 부끄럽다."와 제2호의 편집 후기 "編輯校正(편집교정), 종이 運搬(운반), 하다못해 廣告收集(광고수집)까지 獨不將軍(독불장군)이었는데 故山(고산)의 知己(지기) 김용태 형의 自進獻身(자진헌신)이 있어 助産役(조산역)을 하여주어 겨우 落胎(낙태)를 免(면)했다."에서 보는 바와 같이 전선문학을 제작하는 과정을 여성의 출산 과정에 비유하는 그 수사가 동일 인물로 보이기 때문이다. 제2호의 편집후기를 구상이 쓴 것으로 보아, 이와 동일 인물인 구상이 창간호의 편집후기를 쓴 것으로 판단한다.

兵站監室(병참감실)에서 更紙三十八連(갱지38련)을 타다주며 「具常-술을 사먹던 戰線文學 續刊(전선문학 속간)을 하던 하여보라」는 財政訓監(재정훈감) 朴大領(박대령)이나 作家諸兄(작가제형)들의 분부였다. 그래서 마침 臥病中(와병중)이라 술을 못 사먹고 만들어낸 게 요 것이다. 編輯校定, 종이運搬, 하다못해 廣告收集까지 獨不將軍이었는데 故山의 知己 金龍泰兄의 自進獻身이 있어 助産役을 하여주어 겨우 落胎를 免했다. 더욱이나 印刷作業(인쇄작업)에 있어 大學堂(대학당)의 商賈(상고)의 超越(초월)과 同從業員諸友(동종업원제우)의 熱心作業(열심작업)은 精神的(정신적)인 「지게兵」의 受苦(수고)를 想起(상기)케 하였다. 後記(후기)라기보다 餘白(여백)을 메꾸느라고 그동안 作業(작업)을 몇 字 적어 넣는다. (常)

『전선문학』 제2호 (1952. 12.)

창간호를 만들기까지의 어려움을 간략한 기록으로 남겨놓은 글이다. '후기라기보다 여백을 메꾸느라고'라는 표현을 볼 때, 물자가 부족한 상황에서 남은 여백을 그냥 둔다는 것은 구상의 입장에서는 쉽게 용납될 수 없는 일이었을 것이다. 그런 마음을 읽을 수 있는 점도 있지만, 그의 겸손함이 단적으로 드러난 표현으로도 읽힌다.

황지영이 "부족한 예산과 종이 공급의 어려움 그리고 피난지에서 필진을 찾기도 어려웠기 때문에 『전선문학』을 계속해서 제작한다는 것은 쉬운 일이 아니었다. 창간호와 2호의 제작 과정은 잡지의 틀이 잡히지 않은 상황 속에서 이루어졌기 때문에 이후에 제작된 것들에 비해 분량도 적고, 내용도 충실하지 못하다. 뒤로 갈수록 후방의 소식을 전선에 실감이 나게 전달하기 위해 동시나 동화 등이 실리고 해외문학에 대한 소개까지

등장하는 것에 비해서 앞의 호는 지면을 채우기에 급급했다는 느낌을 지울 수 없다. 그런데 이 두 호의 편집후기에는 잡지를 제작하고 편집하는 힘겨운 과정을 여성의 출산 과정에 빗대고 있어서 인상적이다"64)고 표명한 제작 과정의 어려움과 비유적 표현에 대한 인상에 대해서는 공감한다. 필자가 이에 한 가지 덧붙인다면, 황지영이 여성적 수사로 표현한 '잡지를 제작하고 편집하는 힘겨운 과정을 여성의 출산 과정에 빗대'는 것은 구상이 기본적으로 지닌 생명 존중의 마음에 기인한 것으로 본다. 구상은 평소 시를 창작하는 행위는 존재 의미와 미의식의 영역을 확대하는 것으로 인간 생명의 흐름을 풍요롭게 한다고 생각했다.

시는 인간의 무한한 꿈, 즉 상상·동경·이상·직관 같은 것을 생명에게 부여하고 있으며, 불멸이라든가 거룩함이든가, 인간의 외로움이나 사랑, 또 인간의 한계성이나 연민 같은 지혜의 원천을 항상 샘솟게 하고 맑게 하고,65) '문학은 우리 육신 생활에 있어 식량이나 마찬가지로 우리 정신 생활에 있어서의 양식이요, 또한 종합 비타민같이 여러 영양소를 함유한 정신의 활력소인 것이다'66)라고 힘주어 말한 것은 바로 문학의 생명성을 비유적으로 표현한 것이다. 그가 『전선문학』 제5호의 후기에서 "이 잡지가 다행히 우리 형제들의 정신의 양식이 되어간다면"이라고 표현한 것도 구상의 이런 생명성에서 나온 것이다. 이런 문학의 개별 작품을 엮어내는 것을 생명의 탄생이라는 시선으로 바라본 것, 기본적으로 그런 심층적 의미를 담고 있는 표현이다.

그리고 『전선문학』 제5호의 편집후기를 보면 다음과 같다.

---

64) 황지영. 「『전선문학』과 여성 이미지」, 『이화어문논집』 제28집, 2010, 59-60.
65) 구상. 「현대문명 속에서의 시의 기능」, 『구상문학총서』 제6권, 홍성사, 2007, 252.
66) 구상. 「문학과 인생」, 『구상문학총서』 제5권, 홍성사, 2006, 203.

◇「戰線文學」의 誌齡(지령)이 第五號(제5호)에 達(달)하였다. 艱難(간난) 가운데서 五號까지 거듭 나오게 되기까지 우리 軍當局(군당국)에서 特別(특별)한 配慮(배려)를 베풀어 持續(지속)되어 오고 또 앞으로 繼續(계속)되어 갈 것을 생각하매, 戰爭하면서 文學하는 우리들 從軍作家의 幸福이 이 以上 더 큼이 없다고 생각된다. 一線과 後方에서 골고루 넉넉히 配本(배본)되지도 못하는 이 雜誌(잡지)가 多幸(다행)히 우리 兄弟들의 精神의 糧食(양식)이 되어간다면 우리들 從軍作家의 希望(희망)은 이루어졌다고 믿는다.

◇ 이번 第五號에서는「陸軍의 모습」을 展望(전망)하였다. 安東濬 大領(안동준 대령)의「陸軍의 發達過程(발달과정)과 展望」은 勿論이고, 鄭飛石 氏(정비석 씨)의「蒼空(창공)의 陸軍部隊(육군부대)」와 李德珍 氏(이덕진 씨)의「練武台見聞記(연무대견문기)」의 三篇(3편)은 國軍의 모습을 作家와 또는 軍人의 눈으로 觀察(관찰)한 것이다. 世界에서 그 優秀性(우수성)을 評價(평가)받고 있는 우리 國軍은 이렇게 成長하여 가고 이렇게 發展하여 가고 있는 것을 우리는 널리 알리어야 하겠다.

◇ 李無影(이무영) 海軍政訓室(해군정훈실)의「戰爭과 文學」은「無影의 文學觀」인 同時에「싸우는 國軍의 精神」이다. 우리의 精神이 堅剛(견강)하고 彈力性(탄력성)이 또한 豊富(풍부)하지 아니하고서는 長期戰(장기전)을 完遂(완수)하기에 不適(부적)하다. 우리들의 文學的 努力은 그 成果는 아직 未知數(미지수)이지만 이 길로 나아가고 있는 것만은 事實이다. 文學이「餘技(여기)」가 아니요,「武器(무기)」인 것은 이 意味에서도 證明(증명)되어야 할 것이다.

◇ 抱溟學人(포명학인) 權五惇 氏(권오순 씨)의「對中戰爭小史(재송전쟁소사)」는 大韓民族 四千年 歷史中에서 支那民族(지나민족)과 鬪爭(투

쟁)해 온 歷史를 ○見하자는 것이니 中共(중공) 오랑캐와 싸우는 우리들의 机上(궤상)에 두고서 우리 民族의 先代들은 過去에 저것들에게 얼마나 시달리었나-함을 잊지말아야 할 것인 줄로 생각한다. 「對中戰爭小史」는 三回(3회) 가량 계속될 것이다. 계속해서 愛讀(애독)해 주기를 바란다. (K생)

『전선문학』 제5호 (1953. 5.)

전쟁 중에도 『전선문학』이라는 매체를 발간할 수 있고, 문학을 할 수 있다는 것에 행복한 심경을 후기로 남긴 구상은 그만큼의 의무감에 충실하였다는 것을 읽을 수 있다. 전쟁 중 약 3,000부 정도를 발간하여 사단에 배부67)하였지만, 골고루 배부되지 못하는 현실 앞에서도 "이 잡지가 다행히 우리 형제들의 정신의 양식이 되어간다면 우리들 종군작가의 희망은 이루어졌다."라고 희망을 잃지 않는 그의 긍정성을 읽을 수 있다.

『전선문학』 제5호를 편집하면서 역점을 둔 기획물들을 소개하면서 간단한 의의를 밝히기도 하는데, 특히 국군의 우수성에 대한 홍보, 문학이 여기가 아니라는 것, 중국과 우리나라의 역사적 현실에 대한 자각 등에 관하여 서술하고 있다. 이들은 평소 구상이 일관되게 추구해 온 현실의식과 시대정신의 표출이다.68)

---

67) 『전선문학』의 발간 목적이 시판을 통한 경제적 수익에 있는 것이 아니라 전쟁 중에 있는 군인들의 위문에 있는 것이었다. 그러므로 약 3,000부 정도 인쇄하여 각 사단에 보내졌다. 자세한 내용은 신영덕, 『한국전쟁과 종군작가』, 국학자료원, 2002, 37-43 참조할 것.
68) 구상, 「나의 시의 좌표」, 『구상문학총서』 제6권, 홍성사, 2007, 188-199 참조.

2.13 인간적 유죄

구상은 1952년 개교한 효성여자초급대학(효성여자대학교의 전신, 현재의 대구가톨릭대학교)에서 '시론'을 강의했다. 1953년 7월에 대학에서는 대학 신문 『효성학보曉星學報』를 발간하였는데, 구상은 본지에 몇 편의 산문을 발표하였다. 그중 하나가 「인간적 유죄人間的 有罪」이다. 이 글은 후일 「참된 휴머니즘」, 「휴머니즘과 작가」 등의 제목으로 다시 발표되는데, 기본적인 핵심 내용은 그대로 유지한 채 그 내용을 뒷받침하는 사례를 더 첨가한 것이다. 그 내용을 보면 다음과 같다.

人間的 有罪(유죄)

「우리 이제 人間的으로 툭 터러 놓고 이야기를 합시다」

公用族(공용족) 「權勢家(권세가)」와 社用族(사용족) 「謀利輩(모리배)」의 所謂(소위) 「사바사바」 酒席(주석)이 제법 어울려 가서 野合(야합)에 이르는 첫 信號(신호)다.

「人間的」이라는 冠詞(관사) 아래 無數(무수)한 「人間的 罪惡(죄악)」이 同情(동정), 妥協(타협), 解決(해결)되고 默認助長(묵인조장) 敢行(감행)되고 있는 것이다.

人間이란 看板(간판) 아래서 善惡(선악)의 價値意識(가치의식)이나 當爲意識(당위의식)이 未分辨狀態(미분변상태)에 이른 것이 오늘이다.

그래서 惡의 意志(이지)를 拒否(거부)도 否定(부정)도 하지 못하는 駭怪(해괴)한 「휴매니즘」이 通用(통용)되고 있다.

이러한 善惡判斷(선악판단)의 混同精神(혼동정신)은 이미 近代(근대)에서 試驗濟(시험제)다.

저「떠쓰트엡스키」는 이미「罪와 罰(죄와 벌)」에서「라스코니코후」에게 도끼로 사람을 죽이는 데까지 罪惡髓驗(죄악수험)을 시킴으로 人間善惡의 價値와 當爲를 無視하였으나 終當(종당)은 內面的(내면적)인 自然哀心(자연애심)에 屈伏(굴복)하고 만 것이다.

罪와 惡이「人間的」이라는 冠詞 아래서 通用되고 또 이를 否定치 못하는「휴매니즘」의 世上이란 한 마디로 말하면 極度(극도)로 人間性이 痲痺(마비)되고 喪失(상실)된 것을 意味한다.

各自의 痲痺된 人間性의 回復(회복)이야말로 오늘 社會救濟(사회구제)의 捷徑(첩경)이요 이러기 爲하여는 人間中心의「휴매니즘」에서 神中心의 充足的(충족적)인「휴매니즘」으로 歸一(귀일)하는 것이 現代 精神人의 第一義的 課題이다.

《효성학보》 제3호 (1953. 7. 4.)

1950년대 초 우리 사회에 번져나간 선악에 대한 가치 의식이나 당위 의식이 분별 되지 못하고, 악의 의지를 거부하지도 못하고, 부정하지도 못하는 해괴한 휴머니즘의 통용을 비판하는 글이다. 마비된 인간성 회복이 사회구제의 지름길임을 강조하면서 인간 중심의 휴머니즘에서 신 중심의 휴머니즘으로 돌아갈 것을 권고하고 있다.

이런 맥락으로 구상은「참된 휴머니즘」이라는 제목의 글에서는 문장도 경어체로 바꾸고 중간에 내용을 보충하였다. 도스토엡스키의「죄와 벌」의 줄거리를 좀 더 상세하게 기록한 후에는 인간성 회복에 초점을 둔 휴머니즘에 관하여 인간의 생명과 가치, 교양, 창조력 등을 존중하고 이를 지키고 풍성하게 하려는 정신으로 정의한 뒤 구체적인 사례를 들어 설득하고 있다. 사상과 행동의 실천을 강조하면서 2차 세계대전 중 반전운동을 벌이다 희생된 오누이 학생을 그림「흰 장미」의 첫머리와 쿠즈트 후버 교수가 남긴 메모를 인용하여 젊은 지성들이 현대 휴머니즘의 참된 모습을 배울 수 있기를 기원하고 있다.69)

「참된 휴머니즘」의 이 내용을 바탕으로 오늘의 문학에 대한 비판적 견해를 길게 덧붙인 것이「휴머니즘과 작가」이다. 프랑스 작가 프랑수아 모리아크의 『소설론』의 내용을 인용하여 작가들은 이상적 인간상과 삶의 전범典範을 제시해 줄 것을 역설한다.70)

「인간적 유죄」를 바탕으로 그 내용을 좀 더 풍성하게 만들어 나가는 과정을「참된 휴머니즘」,「휴머니즘과 작가」순으로 파악할 수 있다.「참된 휴머니즘」,「휴머니즘과 작가」를 비교해 보면 거의 절반 정도가 같고 거기에 다른 내용을 첨가한 것은,「인간적 유죄」와「참된 휴머니즘」을 비교해 봐도 같은 경우임을 알 수 있다. 그렇다면「인간적 유죄」도 구상의 고유한 작품(글)으로 수록하는 것도 무리가 없을 것으로 판단한다.

2. 14 향우 중섭 이야기

1955년 1월, 서울 미도파화랑에서 작품전을 마친 이중섭은 2월에 구상의 주선으로 대구에 내려와 전시회를 준비했다. 서울에서 가져온 작품들과 대구에서 그린 신작들이었다. 구상은 이중섭이 1955년 4월 11일

---

69) 구상,「참된 휴머니즘」,『구상문학총서』제7권, 홍성사, 2008, 257- 259 참조.
70) 구상,「휴머니즘과 작가」,『구상문학총서』제10권, 홍성사, 2010, 245-248 참조.

부터 16일까지 대구에서 개인전(이중섭 화전(畵展))을 열 때 대구의 미국공보원을 빌려 전시하도록 도와주었고, 그의 팸플릿에 발문跋文을 썼다.

대구 전시 후 건강이 더욱 나빠진 이중섭을 구상은 1955년 7월, 대구 성가병원에 입원시켰다. 8월에는 서울로 데려갔다. 이듬해 7월 서울 적십자병원에 입원하던 중 이중섭은 1956년 9월 6일 오후 11시 45분 서대문 적십자병원에서 사망하였다. 가족 전부가 일본에 있는 관계로 그의 장의는 9월 11일 화단과 문단의 친지들에 의하여 거행71)될 때 구상은 그 중심에 있었다. 구상은 이중섭이 죽고 난 후 약 1개월 후 추모의 글 「향우 중섭 이야기」를 썼고, 1956년 12월 20일 자로 발간된 두 번째 시집 『초토의 시』 후기에 이중섭의 선종을 추모하기도 하였다.72) 또한 그를 추모하고자 김광석金光錫, 김광균金光均, 김이석金利錫, 한묵韓默 등과 함께 이중섭 추모 모임을 개최하고, 1956년 11월 18일 오후 1시 동방문화화관東邦文化會館에서 추모 모임을 가지고 망우리 묘지에서 기념비 제막식을 거행73)할 때나 그 중심에 있었던 구상이 이중섭을 추모하며 쓴 「향우 중섭 이야기」의 내용은 다음과 같다.

鄕友(향우) 仲燮(중섭) 이야기

仲燮은 그의 人生 口號(구호)처럼 『여보시(오) 다아 알지 않슴마.』

---

71) 《조선일보》 (1956. 9. 13.) 기사 「양화가 이중섭 위장병으로 사거」 참조.
72) 초토의 시 표지화 두 점은 이중섭의 작품이다. 이중섭은 구상의 시집에 사용할 그림을 미리 준비해 두었다. 구상은 이중섭 사후에 그를 추모하는 시를 「초토의 시 14」에 남겨두었다.
73) 《조선일보》 (1956. 11. 17.) 기사 「고 이중섭 화백 기념비 제막식 18일 망우리서」 참조.

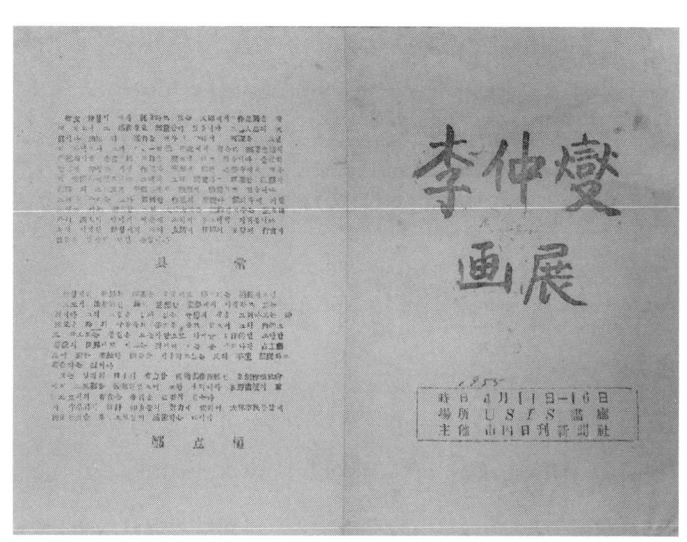

[이미지 4] 1955년 4월 11~16일 대구 미국공보원USIS에서 열린 이중섭 화전 팸플릿. 팸플릿의 뒷면에는 구상과 정점식의 발문跋文이 있다. 구상은 "솔직히 말하면 중섭은 시방 작업과 가정에 향한 심려 속에서 저윽히 피곤하여 있읍니다. 그러나 우리는 그가 여하한 작풍의 변모나 저회低徊(생각에 잠겨 왔다 갔다 함) 속에 깃들더라도… (중략) 오히려 흥그러히 지켜봅니다."라고 적고 있다.
출처: 《조선일보》 (2023. 11. 28.)

이랬다. 무얼 다 안다는 건지 그는 진정 다 알고 있었는지 누가 말로 事理(사리)를 따지는 것을 아주 질색하였다.

그는 이렇게 直觀(직관)과 直情(직정)의 世界에서 『天眞(천진)』했으며 友情에 있어서도 以心傳心(이심전심)만이 그의 領土(영토)였다.

친구들이 作品을 못 해서 안타깝다고 吐露(토로)하면

『응 내가 대(가르쳐) 주께.』

하며 히죽히죽 웃는다.

혹시 그의 作品을 친구들이 칭찬하면,

『네가 대주고선 뭘 그래.』

가볍게 받으며 外向的(외향적) 表白(표백)을 拒否(거부)하고 內面的(내면적) 充足(충족)과 勇心(용심)을 强調(강조)하는 것이다.

仲燮은 自己 作品을 假(가)짜라고 불렀다.

展示會場(전시회장)에서 어쩌다 빨간 딱지가 붙을 양이면 친구들에게 와서

『잘 해 잘 해 또 한 사람 업어 넴겼어(속였다).』

귓속말을 한다.

그리고 나선 相對方(상대방)에게 가서는 아주 鄭重(정중)히

『이거 아직 공부가 다 안된 것입니다. 앞으로 정말 좋은 作品 만들어 선생이 지금 가지고 가시는 것과 바꿔드리렵니다.』

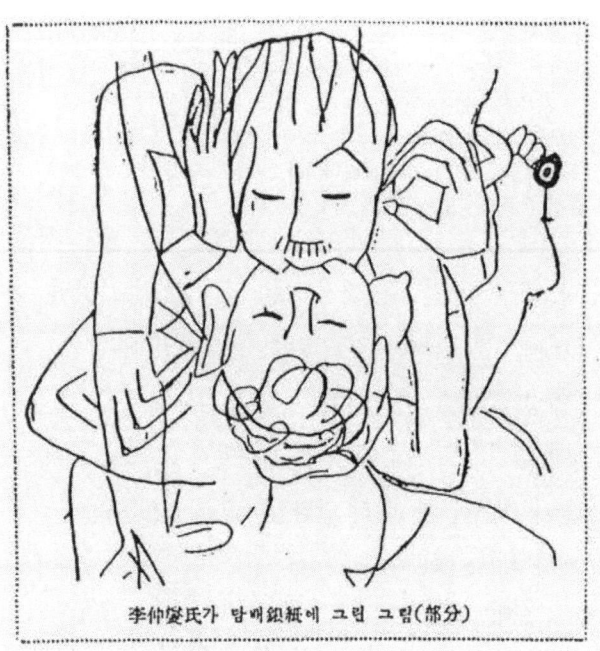

[이미지 5] 이중섭이 담배 은지에 그린 그림(부분)-1. 「향우 중섭 이야기」에 삽화처럼 실려 있다.
출처:『주간희망』42호 (1956. 10. 19.) 39쪽.

언제나 이런 투였다.

그에게는 이렇듯이 自己 現在의 作品에 對한 不滿(불만)과 將來(장래)할 大成에 極度(극도)의 焦燥(초조)를 가지고 있다.

『내 그림 좀 그릴께. 그림다운 그림을 말이야. 東京(동경) 가서 그려올게.』

이렇게 벼르다가 벼르다가 그만 갔다.

그의 生涯(생애)와 더욱이나 解放 後(해방 후) 北韓(북한)에서나 越南 後(월남 후)에 있어서의 悽慘(처참)한 그의 生活로 미루어볼 때 不過(불과) 四五十 幅(사오십 폭)의 遺作(유작)도 무던하였다고 하리라.

仲燮은 너무나 그림밖에 몰랐다. 그의 生存의 武器(무기)란 唯一(유일) 그림뿐이었다.

그가 生前 就業(취업)이란 元山師範(원산사범) 美術敎師(미술교사) 三週間(3주간)이다.

이러한 그에게 이 社會現實이 畵具(화구)를 마련해 줄 턱이 없으며 寄食(기식)의 居處(거처)를 提供(제공)할 理(리) 萬無(만무)였다. 오직 줄을 대볼 곳이란 一四後退(일사후퇴) 越南 後(월남 후) 莫不得(막부득) 東京(동경)으로 간 妻子(처자)를 찾아가는 것뿐이었다.

이 마지막 一縷(일루)의 希望(희망)도 무너지고 만 것이다.

大邱(대구)에서 처음 發病(발병)했을 때 그의 精神(정신)은 이러한 狀況(상황)의 自虐(자학)으로 나타났다.

『나는 世上을 속였어! 藝術(예술)을 한답시고 공밥을 얻어먹고 놀고 다니며 후일 무엇이 된 것처럼.』

『남들은 저렇게 세상을 위하여 자기를 위하여 바쁘게 奉仕(봉사)하는데』

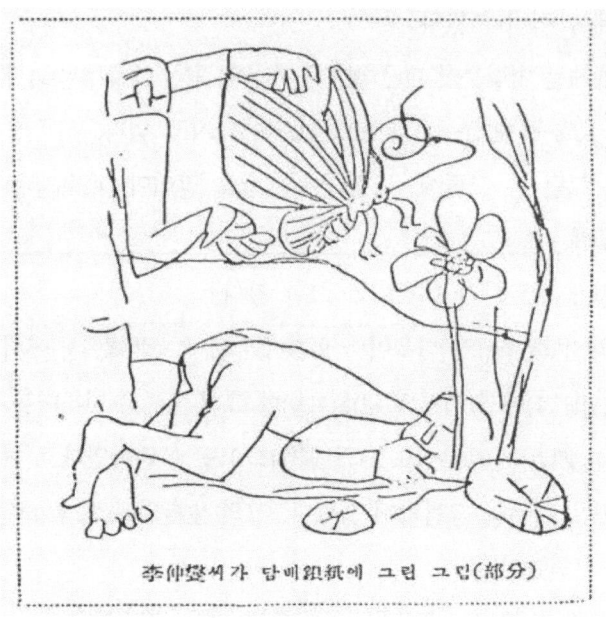

[이미지 6] 이중섭이 담배 은지에 그린 그림(부분)-2. 「향우 중섭 이야기」에 삽화처럼 실려 있다.
출처: 『주간희망』 42호 (1956. 10. 19.) 40쪽.

『내가 東京에 그림 그리러 간다는 게 거짓말이었다. 南德(남덕)이 와 어린 것들이 보구 싶어서 그랬지.』

그는 이날부터 一切(일체) 飮食(음식)을 拒絶(거절)하기 시작했고 병원에 들어누웠다가 外部(외부)에서 自動車(자동차) 지나가는 소리나 사람들의 발걸음 소리만 요란해지면 벌떡 일어나서 비를 들고 누웠던 이층서부터 아래층 변소까지 쓸고 물을 퍼다 닦고 길에 노는 어린애들을 모조리 水道(수도)가로 불러다 손발을 씻어주고 닦아주고 하는 것이었으며 東京과의 音信(음신)을 斷切(단절)하고 만 것이다.

이것은 뒤집어 말하자면 眞正(진정)한 藝術家(예술가)로서 이 社會現實에 向한 무서운 挑戰(도전)과 抗拒(항거)이기도 하였으며 自己藝

術에 向한 殉道者(순교자)의 姿勢(자세)이기도 하다.

막말로 하자면 세상이 그림으로 안 먹여주니 안 먹겠다는 것이요 世上에 藝術이 無所用(무소용)일제 안 그린다는 것이요 이 致命(치명)의 世界에는 妻子(처자)도 不可侵(불가침)이라는 것이다.

이러한 精神的 症勢(증세)는 그가 呻苦(신고)하는 一年半(일년반) 동안 起伏(기복)의 差(차)는 있었으나 悲壯(비장)하리만큼 持續(지속)되었으니, 그의 病治療(병치료)란 主(주)로 그를 붙잡아 매고 목구멍에 고무줄을 넣어 牛乳(우유) 等을 먹이는 것이었다면 這間消息(저간소식)이 짐작될 줄 믿는다.

仲燮이는 無垢(무구)하리만큼 착했다. 위에 쓴 것같이 아주 致命(치명)을 決意(결의)하고서도 世上이나 社會를 咀呪(저주)하기는 커녕 언제나 自己의 不誠實(불성실)로 因(인)하여 라고 돌리고 친한 벗이나 醫師(의사) 看護婦(간호부)들이 治療(치료)를 勸(권)하면 그 羊(양)같이 順(순)하디 順한 얼굴에 微笑(미소)를 지으며

『응 내가 熱心(열심)히 살아나께 걱정마아.』

하고 외려 위로하는 것이었다.

淸涼里 病院(청량리병원)에서 赤十字(적십자)로 옮길 때마다. 가보니 二層患者(2층환자) 收容室(수용실)이란 文字 그대로 人間動物園(인간동물원)이었다.

울부짖는 사람, 태질치는 사람, 벽을 두드리는 사람, 各樣各色(각양각색)의 精神病 患者(정신병환자)들이 서로 엉켜 있는데 그는 해골이 되어 各房(각방)으로 돌아다니며 저들에게 마지막 慰安(위안)의 인사를 베풀고 있었다. 데리고 나오러니 어느 慈善機關(자선기관)에서 配布(배포)하였을 聖書(성서) 하나를 쥐고 오는데 待○車(대○차)에

오르면서 그 冊價(책가)와 自己가 신고 가는 「스리빠」 값을 물고 가자는 것이다. 그러고서야 그는 安心을 하는 것이다.

돈 얘기가 났으니 서울 個展(개전) 때 某高女(모여고)에서 그림 한 幅(폭)을 사 갔다. 그래서 作家 利錫(리석) 友와 같이 그 代金을 받으러 갔는데 領收證(영수증)을 쓰는데 上氣(상가)한 그는 二萬 圓에「萬」字」에다 「百」자를 쓰고 「圜(환)」을 「圓」으로 썼다가 會計(회계)에게 詰難(힐난)을 받고 萬字만은 고쳤으나 圜字(환자)는 생각이 안 나서 그대로 왔다는 이야기가 있다.

우습다기보다 가슴이 찡한다. 이렇게 어린애 같애서 그런지 仲燮이는 童子像(동자상)을 즐겨 그렸다. 나는 이 童子像에도 懷抱(회포)가 있다. 解放(해방) 다음 해 그는 八朔(팔삭)동이던 長男(장남)을 잃었다. 우리는 어린 것을 棺(관) 속에 넣어놓고는 그 길로 시미즈 골목(元山 遊興街(원산 유흥가))에 내달아 흠뻑 취해 돌아와 나란히 곤드라졌다.

한밤중 내가 깨어 옆을 보니 그는 도화지에 무엇을 열심히 그리고 있었다.

아침에 棺에 못을 치고 떠메고 나갈 판인데 그는 棺뚜껑을 열고 어린것 가슴에다 간밤 그린 그림을 실로 꿰매 주는 것이었다.

거기 그려진 것은 뛰고, 자빠지고, 엎어지고, 모로 눕고, 엎치고, 꾸부리고, 재껴지고, 거꾸로 서고, 온갖 장난질 치는 어린이들의 모상이다.

仲燮은 입속말로

『구상! 밤에 가만히 생각하니 이것이 山所에 가 묻히면 혼자서 쓸쓸해 할 것 같애. 그래서 동무나 해주라구.』

하며 히죽 웃는 것이었다.

그러던 그를 처자 부모 형제뿐인가. 친구 하나 없이 죽었고 또 그 시체마저 사흘이나 인기척 하나 없이 눕혀 놓고도 모두 몰랐고 그 뼈마저 모신 곳 없이 절간에 맡겨 놓고 왔으니 그의 외로움은 무엇으로 달랠건가.

아마 佛前(불전)의 수북한 位牌(위패)들과 그는 이제 通情(통정)하고 있을 것이다.

仲燮인 어쩌면 잘 갔다. 이제 그는 먹지 않고도 畵具(화구)가 없어도 그림을 그려도 안 그려도 하나도 안타깝지 않은 세상에 가 있을 게다. 그러나 그의 藝術에의 致命은 이 땅 오래도록 後人의 가슴을 찢어 놓을 것이다.

『주간희망』 42호 (1956. 10. 19.)

구상은 이중섭의 죽음을 '치명致命'이라고 표현했다. 사전적 의미로는 단순히 '죽을 지경에 이름'을 말하지만, 가톨릭교회에서는 예전에 '순교'를 이르던 말로 사용하였다. 구상의 표현대로 "이 치명의 세계에는 처자도 불가침이라는 것"과 "진정한 예술가로서 이 사회현실에 향한 무서운 도전과 항거였으며 자기 예술에 향한 오롯한 순도"의 길을 걸었던 이중섭에 대하여 구상은 그를 성자의 인품에 비유하면서 "구태여 비교한다면 우리가 성자라고 부르는 인물들에게서 그의 지혜가 후천적 수양에서 이루어졌다고 생각하지 않듯이, 또 그들의 선량을 성격적인 온순만으로 보지 않듯이 그의 인품도 그런 범주의 것이었다. 오직 저 성자들과 주업의 행색이 다른 것은, 진선眞善의 수행자들은 경건하고 스토이그한데 비해 미의 수행자인 그는 쇄락洒落하고 유머러스하기까지 하였다고 하겠다"74)고 평가했다.

구상은 1957년 일본 동경에서 개최된 29년차 국제펜대회(1957. 9. 2. ~ 9. 9.)에 한국 대표로 선출되어 대표단 작가들75)과 함께 참석하였다. 동경 국제 펜 대회가 열린 기간은 이중섭의 1주기를 전후한 시기이다. 장소도 동경이고 시기도 시기인 만큼 구상은 친구 이중섭의 부인 야마모토 마사코(한국명 이남덕李南德·2022년 8월 13일 선종) 여사를 만나 친구의 1주기에 즈음하여 추모와 위로의 말씀을 전함과 동시에 이중섭의 유골을 전하였다. 구체적인 묘사가 구상의 연작시 「모과 옹두리에도 사연이 46」에 있다. 구상은 이 외에도 그의 2주기에는 「그의 치명과 예술과 인간」(《동아일보》 1958. 9. 9.-10.)을 2회에 걸쳐 게재하였다. 10주기에는 「화가 이중섭 이야기」(《동아일보》 1967. 9. 5.)를 발표하기도 했고, 20주기에는 「화가 이중섭과의 상봉」(《동아일보》 1976. 10. 5.) 등을 발표하였다.76) 『구상문학총

---

74) 구상. 「이중섭의 인품과 예술」, 『구상문학총서』 제1권, 홍성사, 2002, 334.
75) 구상은 29년 차 국제 펜대회에 정인섭鄭寅燮, 모윤숙毛允淑, 주요섭朱耀燮, 김광섭金珖燮, 이헌구李軒求, 이하윤異河潤, 정비석鄭飛石, 전영택田榮澤, 송지영宋志英, 김용호金容浩, 양명문楊明文, 조경희趙慶姬, 이인석李仁錫, 김종문金宗文, 이영순李永純, 조병화趙炳華, 최완복崔完福, 장익봉張翼鳳, 피천득皮千得, 김남조金南祚 등과 함께 참석하고(《조선일보》(1957. 5. 21.) 기사 「펜클럽 동경회의 대표 결정」 참조.), 같은 해 12월 1일 마산을 방문하여 마산문인협회에서 주관한 예술의 밤에 참석하여 29년차 국제펜대회에 참석한 후의 소감을 '국력 반영이 약한 문화인 대표는 비참한 것이었다.'라고 솔직하게 틀어놓기도 하였다. 《마산일보》(1957. 12. 3.)의 기사 「구상 이광래 씨 등 내마 : 문협에서 환영 「예술의 밤」 개최」 참조. 구상은 펜클럽 동경대회에 관한 내용은 『구상문학총서』 제1권 「펜 클럽 동경대회 통신」을 참조할 것.
76) 이 외에도 「이중섭의 인간, 예술」(『한국문학』, 1976년 9월), 「이중섭의 발병 전후」(『문학사상』, 1974년 8월), 「천진난만한 이중섭」(《동아일보》 1976년 10월 6일), 「천진과 인품과 예술과」(『대향 이중섭』, 한국문학사, 1979.) 「이중섭은 우리가 가장 사랑했던 화가 "예술과 인품과 삶의 일치"」(《경향신문》 1980년 2월 23일), 「이중섭 그림 3점」(《동아일보》 1983년 8월 16일), 「그림과 인간 일치 예술정신 계속되길-이중섭 미술상 첫 시상식을 맞으며」(《조선일보》 1989년 12월 5일), 「그의 예술의 본격적 연구와 평가가 아쉽다」(『이중섭 미공개 작품전』, 동숭미술관, 1985.), 「내가 아는 이중섭 5」(《중앙일보》, 1986년 7월 12일), 「나의 친구 이중

서』의 「이중섭과의 만남」77)과 「이중섭의 인품과 예술」의 내용은 다소 부언 되고 수정되었지만, 기본적으로 「향우 중섭이야기」와 이중섭 1주기 때 발표한 「그의 치명과 예술과 인간」에 바탕을 두고 있다.

　이중섭에 관한 구상의 글들은 기본적으로 그의 천진한 성품을 바탕으로 한 일화 중심의 구체적인 이야기들이 중복되면서도 집필 당시의 생각을 덧붙이거나 조정하는 방식을 취하고 있다. 비록 비슷한 내용을 담고는 있지만, 그 덧붙이거나 조정한 생각들도 구상을 이해하는 데에는 매우 소중한 자신이라고 생각한다. 그런 측면에서 이 글도 하나의 작품으로 그 독립성을 지니고 있다.

섭-그의 예술의 본격적 연구가 아쉽다」(『시집 이중섭』, 탑출판사, 1987.) 등 구상은 이중섭에 관하여 많은 글을 남겼다. 『구상문학총서』에도 「이중섭의 부부애」, 「이중섭과의 만남」, 「이중섭의 인품과 예술」, 「이중섭 이야기」 등이 실려 있다.
77) 「화가 이중섭과의 상봉」(《동아일보》 1976. 10. 5.)과 같은 글.

6·25때 부관학교에서
우측부터 두 번째 유주현, 네 번째 구상, 그 옆이 김종문

3 평문들

3.1 고투와 관조와 적멸
3.2 방황하는 시정신과 반성기의 우리 시단
3.3 경작과 파종기
3.4 꽃들아! 네 마음대로 피어라
3.5 시인과 토양과 그 작업 : 시인론
3.6 김남조 제3시집 「나무와 바람」
3.7 치열과 불굴의 정신을
3.8 민중문화와 여적

3. 평문들

　　1945년, 우리 민족에게 해방의 기쁨은 실로 잠시였다. 완전한 독립인 줄 알았던 조국이 이념 대립으로 양분되고, 그 양상은 사회의 각 분야에 영향을 끼쳤다. 해방 직후 문단의 좌우 대립 역시 마찬가지였다. 해방되자마자 좌익계열의 문인들은 '조선문학건설본부' 아래 모이기 시작했고, 이어서 '조선프롤레타리아예술동맹'이 출범하여 서로 공산당의 승인을 얻기 위하여 암투를 벌였다. 그러던 중 '문학가동맹'의 깃발 아래 통합을 이룬 후 얼마 동안 독무대를 이루었다. 우익문인들도 '전국문필가협회'와 '청년문학가협회'를 결성하여 역량을 집결해 보았으나 좌익계열의 문인들이 1946년 2월, 조선문학자대회를 개최하여 조직의 강화를 드러내면서 민족문학건설의 중요성과 국수주의의 파시즘화의 위기 등을 비롯하여 국어문제, 계몽운동, 농민문학문제 등 당시 주요 현안들을 해결하려는 시도하는 등 해방 직후의 흐름은 좌익으로 흘렀다. 1946년 3월 북쪽에서는 북조선예술총동맹이 결성되어 남쪽의 좌익문인들이 월북하고, 문학가동맹에 가담했던 문인들이 전향성명을 발표하기 시작하는 등 좌익진영의 힘은 서서히 약화되기 시작했다. 1947년 2월, 전국문필가협회와 조신청년문학가협회가 전국문화단체총엽합회를 결성하고 결속을 강화해 나갔다.

좌우익의 논쟁이 치열한 가운데 소위 순수논쟁이 전개되기도 하였고, 이런 논쟁 속에서 중도적 입장을 취하는 이들도 적지 않았지만, 1948년 남한만의 단독정부수립 이후 좌익의 약화와 우익이 강화되는 상황이었다. 1949년 8월에 민족진영의 잡지 『문예』가 창간되고, 같은 해 12월 한국문학가협회가 결성 되는 등 우익에 의한 민족정신 앙양과 반공문학의 기치가 높여지기 시작하였다.[78)]

구상은 1949년은 연합신문사의 문화부장으로 활동하면서 우익계열의 작가들과 많은 교류가 있었다. 그리고 조국통일달성을 협찬하고 봉건적 특권 독점과 악요소를 일소하고 새로운 민주문화 발전을 위하여 월남문화인 중심으로 '대한문화인협회'에 참여[79)]하기도 하였으며, 특히 민중문화 활성화를 위하여 온 힘을 쏟던 시기였다. 그런 가운데 당대 시대정신과 생명성을 드러낸 평문들을 발표하였다. 9편의 글을 소개한다.

---

78) 장사선. 「해방문단의 비평사」, 『한국현대문학사』, 2008⁴, (주)현대문학, 325-338 참조.
79) 구상은 준비위원으로 참여하였고, 서울에 있는 월남문화인들은 총궐기를 위한 취지서를 발표하였다. 참고로 그 내용을 기록해 둔다. "위대한 민주주의 발전도상에 있는 우리나라는 모든 국제적 多難을 극복하고 세계열강에 군림케 되었다. 그러나 아직도 우리의 남북통일달성은 수행 도정에 있어 가장 난관에 봉착하여 월남문화인의 총궐기를 재차 촉구하기에 이르렀다. 더욱이 재경월남문화인들은 모든 역량과 문화 발전과 민주 발전에 기여코자 각 부문에 걸쳐 활동을 개시하고는 있으나 향토에 있는 동포들은 점차 악조건 밑에서 갈 바를 몰라 헤매이고 있는 만큼 시급한 38魔線의 타파는 심각성을 띠고 있다. 지금 본 협회를 창립함에 있어서 진심으로 조국 독립 달성에 협의코자 모든 봉건적 특권 독점과 악요소를 일소하고 새로운 민주 문화 발전에 한데 뭉쳐 상호협조와 친목을 도모하여 나아가서 월남인의 곤궁한 민생문제 해결에 협조와 더불어 적극적인 계몽대책을 촉구함으로써 강력한 통일전선에 이바지하고자 하는 바이오니 이에 江湖諸位에 열의 있는 성원을 기원하는 바이다." 《경향신문》 (1949. 8. 15.) 기사 「월남문화인 중심으로 대한문화인협회기 준비 중」 침조. 이 협회의 결성식은 1949년 8월 29일 오후 4시 서울 충무로의 새마을 다방에서 열렸다. 《경향신문》 (1949. 8. 28.) 기사 「대한문화인협회 29일에 결성」 참조.

3.1 고투와 관조와 적멸

유치환은 1947년 6월에 시집 『생명의 서生命의 書』를 발간한 후 1948년 9월에는 시집 『울릉도鬱陵島』, 1949년 5월에는 시집 『청령일기蜻蛉日記』 등을 연달아 발간한다. 당시 조선청년문학가협회의 회장이었던 유치환과 함께 동 협회에서 활동하던 구상은 좌우익 활동이 혼란스럽게 전개되던 시기에 유치환의 작품을 당시 김현송金玄松이 우리 민족의 자주적인 문화를 창조하기 위하여 창간한 잡지인 『백민白民』에 '유치환 씨의 작금 시정신'이라는 부제를 달고 「고투와 관조와 적멸苦鬪와 觀照와 寂滅」을 발표하였다. 그 내용을 보면 다음과 같다.

苦鬪(고투)와 觀照(관조)와 寂滅(적멸)
- 柳致環 氏(유치환 씨)의 昨今(작금) 詩精神(시정신) -

詩精神이란 畢竟(필경) 詩人의 生命營爲(생명영위)를 말하는 것으로서 詩精神의 論謂(논위)란 그 詩人의 流動(유동)하는 生命을 測量(측량)하고 나아가서는 裁斷(재단)하는 無嚴(무엄)한 作業(작업)을 白紙學校(백지학교)에 敢行(감행)하여야 하나. 그러면 어찌 내가 우리 詩苑(시원)에서도 가장 詩精神의 單兵戰(단병전)을 持續(지속)해온 先進(선진) 柳致環 氏에 對하여 이러한 忘靈(망령)을 犯(범)할소냐. 오직 「鬱陵島(울릉도)」를 前後(전후)한 氏의 作品을 읽고 氏가 營爲하는 世界 속에서 내 生命이 占據(점거)하고 있는 姿勢(자세)와 呼吸(호흡) 등을 吐破(토파)해 보기로 한다.

내 生命이 언제나 아모 警戒(경계)도 없이 安在(안재)할 수 있는 柳致環 氏의 詩다. 戊子年(무자년)에 氏는 마치 詩의 洪水(홍수)처럼 많은 作品을 쏘댔다. 枚擧(매거)할 것도 없이 詩集(시집)「生命의 書」를 뒤이어 「鬱陵島」의 殆半(태반)과 또 未久(미구)에 간행될 「蜻蛉日記」80) 等 이제는 억찌도 아니다. 이 억찌도 아닌 多作(다작)이 우리 사람 文學年齡(문학년령)으로선 稀貴(희귀)하다는 것은 통소문이 나 있고 作品 構想(작품구상)에 있어서도 當然無比(당연무비)에 旺盛力(왕성력)을 보여 「古代龍市圖(고대룡시도)」나 「나무」 일찍이 한밤중에 무지개를 보았는뇨 等에 와서는 著想(저상)의 奇(기)도 妙(묘)하려니와 이 恍惚(황홀)할 幻覺(환각)을 素朴(소박)하고도 莊重(장중)히 處理(처리)한 肉重(육중)한 氏의 力量(역량)엔 혀를 찰 수밖에 없었다.

氏의 詩精神에 있어서 피비린내 나는 苦鬪(고투)의 歷程(역정)은 이미「生命의 書」에 있어서 餘地(여지)없이 낱아나 있거니와 聲色(성색)은 다르나 머므르지 못하는 精神의 咆哮(포효)는 아직도 아니 끝까지 繼續(계속)하고 있다. 그리고 近作詩(근작시)「바다」等에 와서는
  아, 내아엔 낮과 밤이
  으르대고 함께 사노라,
  오묘한 오묘한 사랑도 있노라
  삽시에 하늘을 무찌르는
  죽음의 咆哮(포효)도 있노라

(바다 一節(일절))

---

80) 유치환 시집 『청령일기蜻蛉日記』의 오기로 보인다.

氏의 抗拒(항거)의 苦鬪(고투)가 풍기든 피비린내를 이미 가시여 버리고 勝利(승리)의 돛을 달게 되었다. 여기에서 精神의 餘裕(여유)를 獲得(획득)한 氏는 이제 「鬱陵島」의 詩篇(시편)들과 같이 萬象動態(만상동태)를 觀照(관조)하게 된 것이다.

그대 위하여
목 놓아 울던 靑春이 이 꽃 되어
千年 푸른 하늘 아래
소리 없이 피었나니

그날 한 장 종이로 꾸겨진
나의 젊은 죽음은
젊음으로 말미암은
마땅히 발을81) 罰(벌)이었기에

(冬栢(동백)꽃 一節)

그렇다. 그는 이미 알몸을 비빨치는 싸움터의 내맽기는 「靑馬詩抄(청마시초)」의 돈·키호테의 騎士(기사)도 아니요 一進一退(일진일퇴)의 自然戰(자연전)을 展開(전개)하든 「生命의 書」의 主人公도 아니요 靑春을 다받여 苦鬪한 代價로 피워논 嶺土(영토) 속에서 觀照(관조)하는 抒情(서정)으로 우리 人生을 默想(묵상)시키고 있으며 나아가서는 「蜻蛉日記」82) 五行詩(5행시)에 와서는

---

81) '받을'의 오식으로 보임.
82) '蜻蛉日記'의 오기로 보이나 그 오기가 한 번에 그치지 않고 인용시의 제목에도 그대로 기록하고 있는 것으로 보아 단순 오기는 아닐 수도 있다는 의문이 든다.

이제 영이 갈 수 없는
人生의 배를 놓친 나는
그러나 하나도 슬프잖이
하늘에 구름도 바라고
사람들의 사는 양도 보고

(無爲全六무위전6)

自己自身을 寂滅精神(적멸정신) 속에 意志的으로 導入(도입)시키려는 一面(일면)맞어 우리 앞에 부끄리지 않고 내보이고 있다. 그러면 氏의 詩精神이 갖인 바 이 苦鬪와 觀照와 寂滅의 三面이란 人生을 宿命的(숙명적)으로 構築(구축)하며 求道力心(구도력심)하는 生命의 詩人님은 反證(반증)해 주는 것이니 왜냐하면 머므르지 못하는 「苦鬪」와 이 過程(과정)을 通過(통과)한 드높은 「觀照」와 解說(해설)에 이르는 「寂滅」은 가장 上級(상급)의 生命만이 지니는 歷程(역정)이며 또 要素(요소)이기 때문이다. 오직 氏의 第三項(제3항)의 屬(속)하는 五行詩가 아직은 東洋的(漢詩調(한시조?))에 感覺(감각)이다. 韻律(운율)의 試驗(시험)이다. 氏 自身의 生理年齡(생리년령)이 갔다주는 「環境(환경)에의 滅入(멸입)」같은 貧困(빈곤)이 있음에 對한 不滿(불만)은 우리의 過慾(과욕)일까! 끝으로 「鬱陵島」第五部에 낱아난 民族不義(민족불의)에 對한 衝天(충천)하는 분노

구상이 이 글을 탈고한 것은 1949년 2월이고, 유치환의 시집 『청령일기蜻蛉日記』가 발간된 것은 5월이다. 구상이 같은 제목의 시를 이 원고에 인용한 것으로 보아 시집이 발간되기 전에 이미 이 제목의 작품을 본 것으로 판단한다.

아, 나의 民族(민족)의 다시 씻을 수 없는

惡血(악혈)의 根性(근성)이라면

그는 天刑(천형)이어늘 어찌 뉘를 怨望(원망)할꼬

아, 나의 겨레여 우리는

마땅히 亡滅(망멸)할지저.

(눈 추리를 찢고 보리라 一節)

나의 눈을 뽑아

北岳(북악)의 山城(산성) 위에 높이 걸나

亡國의 이리들이여

내 반듯이 너희의 그 不義의

끝장을 보리라

(祖國이여 당신은 진정 고아일다 一節)

眞正한 忿怒(분노)란 氣高萬丈(기고만장)한 丈夫(장부)의 것이며 또한 正義의 神에 通하는 것이며 또한 最後(최후)의 刑罰(형벌)인 것이다. 祖國의 社稷(사직)이 安位(안위)를 決(결)할 때 政權爭奪(정권쟁탈)에 各色偏黨(각색편당)을 짚고 私慾(사욕)과 謀利(모리)로 賣國(매국)하고 流行思潮(유행사조)에 휩쓸려 骨肉相殘(골육상잔)을 挑發(도발)하는 이 阿鼻叫喚(아비규환) 속에서 痲痺(마비)되지 않은 者라면 마땅히 터저야 할 忿痛(분통)인 것이니 歷史를 論하고 國際情勢(국제정세)를 云謂(운위)하고 더욱이나 時協(시협)의 風雲兒(풍운아)가 되기에 理性과 良心을 抹殺(말살)시켜 革命(혁명)은 口實(구실)로 外勢(외세)를 誘導(유도)하는 者들 머리 위의 詩人 柳致環 氏의 忿怒가 鐵槌(철퇴)처럼 神

의 刑罰(형벌)처럼 쏘다지라. 또한 이 하늘 아래 氏와 같은 眞正한 忿怒의 所有者가 있음이 悲痛(비통)하게도 多幸(다행)스러운 일이며 더욱이나 氏가 우리 靑文協會(청문협회)에 會長(회장)인 것은 얼마나 우리 同志(동지)들에게 마음 든든한 일이냐.

『백민』 제5권 2호 (1949. 3. 1.)

시정신詩精神은 시에 나타난 시인의 뜻, 혹은 시인의 진실성眞實性이나 세계관世界觀을 말한다. 구상은 이런 시정신이란 궁극적으로는 '시인의 생명 영위'라고 정의를 하고, 『울릉도鬱陵島』를 전후한 유치환의 작품을 읽고 시인의 생명성이 어떻게 흘러가고 있는지를 분석하고 있다.

구상은 유치환의 시를 두고 '내 생명이 언제나 아무 경계警戒도 없이 안재安在할 수 있는 시'로 전제하고, 「생명의 서」에서 이어지는 시정신의 고투가 계속된다고 한다. 이 힘겨운 싸움을 지나 고요한 마음으로 사물을 관찰 음미하거나 직감적으로 인식하는 경계에 다다른 '관조하는 서정'을 거쳐 자기 자신을 번뇌煩惱의 경지境地를 벗어나 적멸 정신 속에 의도적으로 도입하고자 하는, 생명의 시인임을 반증한다고 평하였다. 그러면서 오행시에 나타난 운율의 시험에 대해서는 나름의 불만을 표현하기도 한다. 그뿐만 아니라 유치환의 「울릉도」 제5부에 나타난 민족 불의에 대한 충천하는 분노에 관하여 당시의 사회적 혼란 속에서 국제정세를 운운하며 외세를 유도하는 자들에게 유치환의 '분노가 철퇴처럼 신의 형벌처럼 쏟아져라.'라고 속내를 털어놓는 것은 당대의 시대 상황을 읽고 있는 구상의 예지를 파악할 수 있는 부분이다. 1945년 이후 전개된 좌우익의 논리 속에서 당시의 문화운동이 분단과 새로운 식민지 위기에 있기에 외국이 우리나라를 통치하는 일에 대한 반대 의견83)들도 있었고, 구상 역시 반탁운동의 선봉에서 민중의 봉기를 촉구하는 시를 발표하기도 했다는 것은 이 글에서 전술한 것과 같다.

3.2 방황하는 시정신과 반성기의 우리 시단

앞서 말한 바와 같이 해방공간의 우리 문학은 사상적 대립과 혼란의 시기라고 할 수 있다. 구상은 민족진영의 작가들과 사상적 궤를 공유하며 활동하였고, 당대의 시대정신을 정확하게 읽으려고 노력하였던 것으로 보인다. 시대정신이 당대에 사는 사람들의 보편적인 정신자세나 태도, 시대의 문화적 소산에 공통으로 발견되는 정신적 태도를 말한다면, 구상은 분명히 그런 자세를 견지하였다고 하겠다. 그의 민족문학에 대한 개념은 한국문인협회와 한국 펜클럽이 공동으로 주최한 민족문학 심포지엄에서 발제한 원고에서 확인할 수 있다.84) 민족문학의 개념을 세계사조 속에서 조명한 그의 견해는 "해방 전 '카프'계나 해방 후 '문맹文盟'계가 계급투쟁으로서의 반민족적 세계주의를 표방하고 나설 때, 이에 대립한 우익 진영 문학인들은 정치적 민족주의가 지니는 생물적 자기보존 욕구에 뿌리박은 집단적 구심력으로 민족의 전통 계승을 주장했던 것이다. … 우리의 민족문학의 개념 출발은 3·1운동을 치른 '대중적 내셔널리즘'과 민족주의를 근거로 하기 때문에 '국수주의적이고, 복고적이고, 교조적이고, 권력 지

---

83) 김병덕, 「현단계 문화 발전의 역사적 특질現段階 文化發展의 歷史的 特質」, 『문장(文章)』 제3권 제5호 (1948. 10.), 126-137을 참조할 것.
84) 구상, 「민족문학의 의의와 그 방향」, 『구상문학총서』 제6권, 홍성사, 2007, 358-366 참조할 것.

향적' 특성을 지니고 있지 않으며 또 오늘날에 있어서도 명제도 이에서 벗어나지 않으며 벗어나서는 안 된다. … 우리의 역사가 경과한 모든 정치적 사회적 문화적 사실과 가치가 민족적 입지에서 비평되고 판단되고 있다는 점과, 그 민족적 주체성을 확인시키는 가장 중요한 내용의 역사 에너지의 하나로서 우리의 문학"85)을 들고 있다. 물론 이 견해는 그가 민족진영의 작가들과 교유한 지 20여 년이 지난 후의 글이지만, 민족문학에 대한 그의 기본적인 생각을 읽을 수 있고, 이런 생각을 유지하였다는 점에서 유의미하다고 하겠다.

이러한 의식으로 구상은 우익계열의 작가들이 잡지에 발표한 몇몇 시를 대상으로 한 단평 「방황하는 시정신과 반성기의 우리 시단」을 《경향신문》에 발표하였다. 시대와 사회적 흐름을 반영하듯 시정신의 방황과 해방 이후 반성기에 접어든 우리 시와 시단에 대한 비판적 시선을 바탕으로 한 내용을 보면 다음과 같다.

彷徨(방황)하는 詩精神과 反省期(반성기)의 우리 詩壇(시단)

爲先(위선) 公文書(공문서)와 같은 수작을 몇 마디 느러 놓아야겠다.
解放 後 政治思潮(정치사조)의 對決(대결)이 文學 中 가강 우리 詩文學에서 內向的인 銳角的(예각적) 對立(대립)을 보여온 것은 注目(주목)할만한 事實(사실)이다. 이것은 말하자면 古今의 歷史를 통해 旣知(기지)하는 바와 같이 詩人은 가장 그 時代精神의 聰明(총명)이며

---

85) 구상. 위의 글, 362-363.

先鋒(선봉)인 것을 亦是(역시) 反證해 주는 것이다.

그러므로 우리 詩人들의 獨立戰線(독립전선)에서 다오니소쓰的인 愛國(애국)의 情熱(정열)을 기우림은 可當(가당)하고 可賞(가상)할 일이거니와 墮落(타락)한 精神(정신)의 一群詩人(일군시인)들은 時潮(시조)에 捕虜(포로)가 되어 詩文學을 强權(강권)에 隸續(예속) 시키므로서 風雲兒(풍운아)가 되려는 妄動(망동)을 敢行(감행)하였으며 나아가서는 理性과 養心(양심)을 裝刀(장도)와 銀錢(은전)과 바꾸는데 滋味(자미)를 부치기에 이룬 것은 우리 詩壇에 씻지 못할 汚辱(오욕)이다. 또 한편 이에 겁을 집어먹은 一部 詩人들은 이런 거센 外氣(외기)에 우리 詩文學이 感病(감병)하지 않을까 하는 지난친 杞憂(기우)에서 文學의 守護2를 위하여 「純粹(순수)」라는 名牌(명패)를 내걸고는 流轉(유전)하는 歷史와 反目하고 드러앉아 자기가 맨든 神主(신주) 아래 눈을 아래로 깔고 우리 詩는 누어있으니 버티고 일어설 傳統(전통)이 없으니 몸짓할 자리가 없느니 하고 궁상을 演出(연출)한 것도 指摘(지적)않지 못할 事實이다.

이러한 兩混迷(양혼미) 속에서 우리 詩의 言語工作만 하여도 解放四年에 芝溶三家諸詩人(지용삼가제시인)들의 嶺土(영토) 守護(수호)가 고작이며 詩精神에 있어서 致環(치환) 廷柱(정주) 兩詩人(양시인)이 應分(응분)의 精進(정진)을 보였으나 새로운 精神의 出現이 苦待(고대)되며 詩型(시형)에 李漢稷 氏(이한직 씨)의 科學的(과학적) 方法의 試驗(시험)과 韻律(운율)에 李正鎬 氏(이정호 씨)의「生命으로서의 抒情(서정)」等은 아즉도 開花(개화)를 期約(기약)할 수 없는 狀態(상태)이다.

그러면 이렇게 따저 反省期(반성기)에 突入(돌입)한 우리 詩壇은 各自詩人들의 冷嚴(냉엄)한 自己反省과 디부리 開拓(개칙)에의 凄切

(처절)한 努力이 促求(촉구)되며 自己缺乏과 補充作業(보충작업)에 또한 熱中(열중)하므로서 우리 詩壇의 肥沃(비옥)과 發展을 期할 것이며 나아가서는 前進하는 世界精神 隊伍(대오)에 參列(참렬)하므로서 自由民이 된 榮光을 名實共(명실공)히 누릴 것이다.

本稿(본고)는 이런 警鐘的(경종적)인 要請(요청)에서 三日 各出版物(각출판물)에 登場(등장)된 作品을 가지고 特히 그 詩精神을 探索(탐구)해 보고저 하나 아무래도 浴湯(욕탕)에서 헤염치기를 紙面上免(지면상면)할 수 없을가 보다.

▲ 柳致環 氏(유치환 씨)의 '쓰-탄카-젠 王의 뇌임'(「白民」)

氏의 詩精神은 벌서 이 詩에 와서는 한 개의 우람한 思想을 胚胎(배태)하고 있다.

일월성진과 땅과 궁창과 그 온 構成(구성)마저 마침내 천동하고 무너질 날이 반듯이 있으려니 아아 一切(일체) 우연한 존재의 歸一하는 곳과 날을 내 증거하기 위하여 여기에 기다려 누웠노라(同詩一節)

此(차)는 宇宙終末(우주종말)에 對한 嚴肅(엄숙)한 豫告(예고)이니 基督敎(기독교) 神學(신학)의 終世說(종세설)과 符合(부합)되는 思想의 表白(표백)이다. 氏가 佛敎(불교)의 窮極的(궁극적) 倫理思想(윤리사상)인 「虛無(허무)」나 「自然(자연)」에 東洋人(동양인)이라는 生理的(생리적) 觀念(관념)에서 依支滅入(의지멸입)하려들지 않고 人類의 終極問題(종극문제)를 自己苦鬪(자기고투)에서 思想獲得(사상획득)하리드는 氏의 痛苦的(통고적)인 姿勢(자세)에 나는 基督敎的(기독교적)인 宗派意識

(종파의식)을 떠나서 敬服(경복)하는 바이다. 다음 氏의 天啓(천계, 「新苑」)나 老松(노송, 「海東公論」) 등은 필자가 稿(고)를 달리하여 指摘(지적)한 바와 같이 環境(환경)에의 滅入(멸입)이 氏의 詩精神의 苦鬪(고투)를 減退(감퇴)시키지 않느냐는 感을 준다.86)

▲ **李漢稷 氏**(이한직 씨)**의 '疾走'**(질주, 「민족공론」)

이 詩人은 人間 本然의 步行的(보행적) 「에네루기-」에 倦怠(권태)를 느끼고 그 絶望(절망) 속에서 近代科學(機械기계) 文明의 速度(속도)를 讚揚(찬양)하며 이를 精神的 「에네루기-」로 삼고 또 武器(무기)로 삼아본다.

다시 무슨 뉘우침이 있으리요 이것이 지금 우리들에게 남기워진 오직 한 개의 美德(미덕)이라면(同詩一節)

그러나 나는 氏에게 龜井勝一郞(귀정승일랑)의 말을 빌리여 「古代希臘人(고대희랍인)」의 肉眼(육안)에 비최인 星辰(성신)과 어느 편이 더욱 별에 對한 人間의 「이메-지」를 豊富(풍부)케 하며 또 어떠한 人間現像(인간현상)에 있어서 全人的인 沒入(몰입)이란 点(점)에서 볼 때 速度(속도)는 그 生命에 對한 感動과 愛情의 深度(심도)를 感하고 있지 않은가 라고 反問(반문)하고 싶다. 그러나 우리는 벌서 이 詩에서

그 얼마나 안타까운 사연이기에 천만 마디나 激(격)한 너의 노래

---

86) 전술한 구성의 글 「고투와 관조와 적멸」에서 언급한 『청령일기』 오행시에 대한 평을 말한다.

는 속으로 웨치며 너는 달리는가

라는 句節(구절)을 놓지지 못할 것이니 氏의 精神的 假託(가탁)이 머지않아 生命의 衝動的 慾求(충동적 욕구)에 依하여 崩壞(붕괴)될 것을 豫想(예상)할 수 있는 것이다. 그러나 나의 이런 妄靈(망령)된 豫言(예언)은 無根據(무근거)한 것이 아니어서 벌서 미발표의 氏「顰立(빈립)」에서 具顯(구현)되어 있으니 氏의 精神的 急行列車(급행열차)는 必然的(필연적)으로 어느 生命의 驛(역)에 停車(정차)하였고 氏는 그 運命的(운명적) 驛口(역구)에 홀로 서서「判斷停止(판단정지)」狀態(상태)로 빈털터리가 된 호주머니를 만지작거리며 … 나는 뿌루죠아지와 親(친)할 수 없었다 … 라고 중얼거리며 咀呪(저주)의 思鄕(사향)과 三人稱(3인칭)의 懺悔(참회)를 하는 것이다.

어서 도라오라 生命의 近代的인 蕩兒(탕아)여!
最初(최초)와 最後(최후)에 찾아 불러야 할 어머니에게로 生命의 宮殿(궁전)으로!

▲ **趙靈岩 氏**(조영암 씨)**의 '虛'**(허, 「白民」)
「其二(기2)」「於有之邊(어유지변)」「註(주), 精神史過去章(정신사과거장)」등 작으만치 副題(부제)가 셋이나 붙은 詩다. 副題가 열 개 붙은들 是非(시비)가 있으리요만은「精神史過去章」이란 註는 理由(이유) 없는 年月日보다도 謹愼(근신)할 일이요 또한 諸君(제군)에게 냄새를 피운다. 더욱이니 이 詩기 氏의 精神遍歷(정신편력)의 斷章(난장)일진데 더욱 그러하다. 明滅(명멸)하는 娑婆(사바)를 굽어보며「萬

有가 있는 것만 같어라. 萬有가 없는 것만 같어라」고 부르짖는 氏의 精神的 山巓(산령)의 說話가 오히려 氏의 詩精神遠境的(시정신원경적)인 安逸(안일)을 氏가 가진 禪工夫(선공부)로 逃避僞裝(도피위장)하려드는 느낌을 주며 오히려 氏로 하여금 自己生命 밑을 흐르는 虛(허)를 凝視(응시)하기에 더욱 緊張(긴장)해주기를 敢(감)히 勸(권)하고 싶다.

▲ 盧天命(노천명) 씨의 '斷想'(단상, 「新苑(신원)」)

오랜만에 이 詩人의 作品을 對했길래 留意(유의)하여 보았다. 失望(실망)보다도 먼저 앞선 것은 이 詩 素材(소재)에 對한 理解困難(이해곤란)이다. 내가 假想(가상)을 不逞(불령)하게 하여 所謂 革命囚人(혁명수인) 안애의 「스켓치」라 하면 이 詩의 暗示(암시)는 解得(해득)할 수 있겠으나 善良(선량)한 大韓民國(대한민국)의 市民이라면 이 詩는 아무래도 「無線電信(무선전신)」의 「電文(전문)」으로 밖에는 못 볼 것이다.

▲ 朴斗鎭 氏(박두진 씨)의 '亂'(란)'(「海東公論(해동공론)」)

이 애국적인 의분의 시에서 씨의 신경을 엮는 고도한 상징을 버리고 평범하게 시상 자체를 서사하려 들었다. 그러나 이 작품은 시상에 있어서나 율조에 있어서나 동시같이 약하고 가늘고 옅어져서 성인의 맥박과 가슴을 뛰놀게 하고 감동시키지 못한다. 그래도 이 씨의 새로운 시험이 어떤 내향적 비약을 분비하고 있을지도 모른다는 것은 필자의 성급하고 막연한 생각일까.

▲ **金春洙 氏의**(김춘수 씨) **感傷的**(감상적)**인
'가을의 저녁의 詩'**(「海東公論」)

氏의 이 「엘레지」에 와서는 氏의 詩集 「구름과 장미」에서 우리가 느끼든 「이메-지」의 虛實(허실)과 色感(색감)의 偶然的(우연적)인 無理가 完全이 가시여 버리고 마치 쉬만의 피아노 曲을 듯는 것처럼 貞淑(정숙)하다.

정영코 오늘 저녁은 비길 수 없이 정한 목숨이 하나 어디로 물같이 흘러가 버리는가 부다(同詩一節)

이 시를 읽으며 靈魂(영혼)의 눈시울이 뜨거워 않지는 者[87] 그는 木石이리라.

▲ **兪東濬 氏**(유동준 씨)**의 '窓'**(창)(「海東公論」)

왜 氏는 詩에 있어선 이다지도 少女趣味(소년취미)가 되는가? 窓(창)과 커-텐과 卓子(탁자)와 꽃병과 憂愁(우수)와 追憶(추억)과 잔디와 구름과 氏는 이런 室內樂(실내악)의 境地(경지)를 언제나 튀처나와 그의 骨格(골격) 있는 情熱(정열)로 永遠(영원)의 「뮤즈」를 찾으려 鋪道(포도) 위를 미쳐서 헤메보지 않으려는가.

▲ **朴和穆 氏**(박화목 씨)**의 '옛날에'**(「白民」)

나는 이 詩人의 詩를 읽을 때마다 花粉(화분)을 連想(연상)시킨다.

---

87) '뜨거워지지 않는'의 오식.

꽃가루! 꽃이 없는 꽃가루 이것은 氏가 너무나 詩의 雰圍氣(분위기)에 置重(치중)한 結果(결과)가 아닌가 한다.

일곱 별 두고 언약한
옛날 옛밤의 맺은 사랑입니다.

北斗七星(북두칠성) 아래 言約(언약)한 사랑의 盟誓(맹서)란 벌서 現代人(현대인)에게는 童話(동화)가 아니겠는가. 또 그 童話 亦是(역시) 億萬 番(억만 번) 울거먹은 童話가 아니겠는가.

▲ 孔仲仁 氏의 '바다'(「白民」)
이 詩는 金春洙 氏의 「感傷的(감상적)인 가을 저녁의 詩」와 함께 三月詩壇(3월시단)의 白眉(백미)의 佳篇(가편)일 것이다.

바다야 새벽노을 딩굴고 보라
오색빛만 가리 채색하고 바다야 바다야
별을 더부러 나는 문어지는
하늘이 되리라(同詩一節)

얼마나 싱싱하고 꾸김살 없는 詩想이냐
바다 수정빛 아름움켜서
꽃피는 순간을 휘여잡고
물결에서 물결로
여럿 여럿 빛을 놓아

흘러라 흘러라

또 이러한 漸新(참신)한 感覺(감각)과 위에 말한 健康(건강)한 詩想(시상)은 自然스러운 詩情으로 調和(조화)되여 氏의 새로운 「에-폼」을 지여 놓았다. 오직 構成(구성)의 貧困(빈곤)이 엿보이는 것은 一, 二, 三節의 通韻(통운)이 弱(약)해졌다. 앞으로 꾸준한 努力을 빈다.

이 外에도 海東公論(해동공론) 所載(소재)의 金珖燮 氏(김광섭 씨)의 「옛모습」, 李海文 氏(이해문 씨)의 「봄」, 成耆元 氏(성기원 씨)의 「피의 그림자」, 李敬純 氏(이경순 씨)의 「氷山(빙산)」, 金聖旭 氏(김성욱 씨)의 「斷章(단장)」과, 民聲(민성)의 卞榮魯(변영로), 朴巨影(박거영), 林見稷(임견목) 諸詩人(제시인)들의 作品이 있으나 制約(제약)된 紙面關係(지면관계)로 言及(언급)치 못함을 甚(심)이 遺憾(유감)스럽게 生覺(생각)하며 妄言(망언)과 斷獨(단독)을 多謝(다사)하는 바이다. (完)

《경향신문》(1949. 3. 29.-31.) 3회 연재

해방된 지 4년 동안 우리 사회에서 일어난 시단의 혼미를 지적하면서도 정지용, 유치환, 서정주의 정진에 대해서는 긍정적인 평가를 보인다. 인류사적으로 볼 때 '시인은 가장 시대정신의 총명이며 선봉'이었다는 사실을 들면서 구상은 반성기에 돌입한 시인들의 냉엄한 자기반성, 개척에의 처절한 노력의 촉구, 자기 결핍과 보충 작업에 열중하여 시단의 비옥과 발전에 이바지할 것 등을 요구하고 있다. 이런 전제를 바탕으로 1949년 초에 시를 발표한 시인들의 작품을 중심으로 시정신을 탐색한 글이다.

3.3 경작과 파종기

앞에서 언급한 「방황하는 시정신과 반성기의 우리 시단」에서 강조한 시정신에 관한 구상의 생각은 「경작과 파종기」에서도 그대로 이어진다. 「방황하는 시정신과 반성기의 우리 시단」이 1949년 초의 견해라면 「경작과 파종기」는 1949년 한 해를 개관하는 견해이다. '기축 시단은 우리 신시 개발 이래 또 한 번 처음 맞는 경작과 파종기였다.'라고 압축하여 평가한 것처럼 해방 이후 새로운 시에 대한 개발과 발전 현상을 '경작작과 파종기'라는 비유를 사용하여 표현하고 있다. 당대에 활발하게 활동하였던, 그리고 영향력 있는 시인들을 대상으로 그 시인들의 시정신, 혹은 특성을 간결하게 표현한 점이 눈길을 끈다. 그 내용을 보면 다음과 같다.

耕作(경작)과 播種期(파종기)

己丑(기축) 詩壇(시단)은 우리 新詩開發(신시발전) 以來(이래) 또 한번 처음 맞는 耕作과 播種期였다. 大韓民國 各 分野(분야)의 創業(창업) 役事(역사)가 그렇드시 解放 後(해방 후) 三年 間 主權(주권)을 찾지 못한 混○(혼○)속에서 文學(詩)의 ○域(○역) 亦是(역시) 그 本○을 ○○ 或(혹)은 動搖(동요) 當(당)한 채 姑息的(고식적)인 延命(연명)을 符○(부○)하다가 民國政府樹立(민국정부수립)으로 國權(국권)이 恢復(회복)되자 이에 精神的(정신적) 安定感(안정감)을 얻은 有像無像(유상무상)의 詩人群(시인군)들도 또한 覺醒(각성)하여 自己의 文學土壤(문학토양)을 測定(측정)하며 밭을 갈기 始作(시작)하였고 또 一部 先發(선발) 詩人

群들은 詩(시)를 뿌리기 始作(시작)한 것이였다. 그리고 또한 여기에 過去(과거) 民族的(민족적) 受難(수난)으로 짓밟히고 埋沒(매몰) 當하였던 先驅陣(선구진)들도 再播種(재파종) 發芽(발아) 等 救命作業(구명작업)을 敢行(감행)하여 己丑詩壇(기축시단)은 量的(양적)으로 보아 詩의 洪水(홍수)였다.

그러나 이러한 詩의 祝祭(축재)에 比하여 이렇다할 開花(개화)나 完熟(완숙)을 約束(약속)해주며 苦待(고대)해주는 詩가 發見되지 못했던 것은 ○○인 同時에 이것은 우리 詩의 傳統(전통)이 아니 形成(형성)된 詩精神의 ○반이 全無한데서 오는 피치 못할 現像(현상)인 것이다. 이야말로 今日의 詩人들에게 있어서 自己의 精神的 『熱(열)』 狀態(상태)를 維持(유지)할 生活이 없는 것과 더부러 二重苦(이중고)가 아닐 수 없다.

이제 己丑詩壇의 主要한 作業 槪況(개황)만을 記憶(기억)나는 대로 決算(결산)해 가며 庚寅年(경인년)의 要請的(요청적)인 展望(전망)을 試圖(시도)해 볼 것 같으면 爲先(위선) 詩集(시집)으로서는 第一 반가운 것이 金玩燮[88]) 氏(김완섭 씨)의 『마음』과 『永郞詩選(영랑시선)』으로서 이 兩先進(양선진)이 詩人이 繁榮(번영)치 못하는 時間 마음의 一句 아니 窒息(질식)할 時間을 아모 天才(천재) 意識的(의식적) 成算(성산)도 않가지고 聲色(성색)은 다르나 몸소 버티고 뚫고 또 앞으로도 끝까지 견디려는 姿勢(자세)에 우리는 敬意(경의)를 表하는 同時에 이 兩 詩集(양시집)이 가지는 詩文學史的(시문학사적) 價値(가치)를 疎忽(소홀)히 할 수 없는 바이다.

---

88) '金珖燮'의 오식으로 보임.

다음 柳致環[89] 氏(유치환 씨)의 『청령일기』와 朴斗鎭 氏(박두진 씨)의 『해』는 이 해의 뚜렷한 收穫(수확)으로서 柳致環 氏의 인류적 驚異(경이)에의 接近(접근)과 朴斗鎭 氏의 東西的 兩觀念(양관념)을 超越(초월)○ㅡ 시키는 自然에의 새로운 信仰(신앙) 等은 앞으로 巨創(거창)한 完○을 期約(기약)해 주는 바 있다.

今年 中 活躍(활약)한 現役詩人(현역시인)들의 作風(작풍)을 列擧(열거)해 보면 우리 顚律(전율)의 安定感(안정감)을 單純化(단순화)한 朴木月 氏(박목월 씨)의 敍事的(서사적)인 試驗(시험)과 抒情(서정)의 崩壞(붕괴)로부터 敍事에 轉化(전화)하는 趙芝薰 氏(조지훈 씨)의 無色的(무색적)인 自己堅持(자기견지), 한때는 詩의 訣別(결별)을 告하든 李漢稙 氏(이한직 씨)의 生命의 肯定(긍정)으로부터 오는 새로운 浪漫(낭만), 이메지의 彩色(채색)으로부터 벗어나 ○○○의 詩期(시기)로 突入(돌입)한 金春洙 氏(김춘수 씨), 잎이나 꽃잎에서나 돌 위에서나 나무가지에서나 숫작새처럼 멋지게 울어[哭] 재끼려는 徐廷太(서정태) 씨, 自己意識을 建築(건축)해 보려는 金潤成 氏(김윤성 씨), 自己精神의 骨格(골격)이 透明(투명)해저가는 薛昌洙 氏(성창수 씨)의 새로운 레아리티를 試驗(시험)하는 趙鄕 氏(조향 씨) 等이 있고, 이 外에 京鄕各地(경향각지) 無○한 詩人郡들의 自己精進이 있었으며 沈默(침묵)의 詩人으로선 徐廷柱 氏(서정주 씨)와 李正鎬 氏(이정호 씨)가 있었는데 徐 詩人은 宿疾(숙질)로서려니와 李正鎬 氏의 怠業(태업)은 實로 안타까운 바 있다.

再起(재기)한 先驅陳(선구진)들로서는 吳相淳(오상순), 卞樹州(변수

---

[89] 구상의 표기인지 문선공의 오식인지는 알 수 없지만 '柳致環'을 '柳致還'으로 반복해서 사용하고 있다.

주), 金東鳴(김동명), 金尙鎔(김상용) 諸氏(제씨)들이 있는데 그 중 金東鳴 氏의 生生한 詩의 情熱과 作持(작지)는 後進(후진)들로 하여금 혀를 차게 하며 愛國詩(애국시)에는 亦是(역시) 나라 없는 슬픔을 사뭇 치게 맛본 金東鳴(김동명) 金광燮 氏를 비롯해 金永郞(김영랑), ○○潤 氏 等이 二三○의 南北○○의 悲劇(비극)이 노래되었으며 그 ○衛(○위)로는 ○○○, 朴和穆 氏(박화목 씨) 等이 있었다.

今年 詩壇의 새로운 傾向(경향)에 하나로서는 文藝的(문예적)인 流派運動(유파운동)이 움텄던 것인데 卽(즉) 三家詩人(삼가시인)들을 중심으로 한 同人誌(동인지) 『詩文學』 發刊 準備(발간준비)를 前後로 하여 柳致還, 薛昌洙, 李正鎬 諸氏들과 筆者도 한목 끼여 同人諸[90] 『詩精神』를 宣言(선언)한 바 있었으나 低俗(저속)한 文壇空氣(문단공기)에 귀찮음을 느낀 柳致還 氏의 『詩文學』에 轉身(전신)과 아울러 實行能力(실행능력)의 缺乏(결핍) 等으로 流産(유산)되고 釜山(부산)의 趙鄕 氏(조향 씨)는 入京(입경)하여 李漢稙(이한직), 金景麟(김경린)[91] 林虎權(임호권) 諸氏 等 『새로운 市 氏의 合唱(합창)』 同人들 歷訪(역방)하고 『新浪漫派(신낭만파)』 멤버 構成(구성)을 意圖(의도)하였으나 아즉 具體化(구체화)하기엔 시간이 걸릴 것이다.

以上 己丑詩壇의 耕作作業(경작작업)을 通하여 庚寅年(경인년)에 어떠한 詩文學의 播種分布(파종분포)가 있을 것인가를 우리는 豫期(예기)할 수 있을 줄을 믿으며 紙面關係(지면관계)로 結論(결론) 없는 글을 맺어버리고 만다.

《연합신문》(1950. 1. 1.)

---

90) '同人誌'의 오식으로 보인다.
91) '金璟麟'의 오식으로 보인다.

1949년 한 해의 작업을 경작에 비유하고, 1950년을 새로운 작업을 위한 파종에 비유한 것은 농업 중심의 우리나라 사회상을 고려할 때 해방 공간의 신시 활동에 대한 설득력 있는 비유이다. 이 글 역시 시정신을 강조하는 구상의 견해가 잘 드러나 있고, 시인마다의 특성을 한 줄 요약으로 제시하는 특징을 보여주는 것 외에도 새로운 경향의 하나로서 유파운동에 대한 정보 - 동인지『시문학詩文學』의 발간 준비, 동인지『시정신詩精神』의 유산,『신낭만파新浪漫派』구성에 대한 조짐 등 - 는 매우 소중하게 다가온다.

3. 4 꽃들아! 네 마음대로 피어라

이 글 역시 위의 평문들과 비슷한 시기에 쓴 것이다.「꽃들아! 네 마음대로 피어라」는 1949년 12월 10일 중앙문화협회에서 간행된 김광섭金珖燮의 제2시집인『마음』을 통해 본 김광섭의 시정신 역정을 쓴 글이다. 우리 문학사에서 이미 알려진 대로 김광섭의 이 시집은 그의 옥중체험과 광복체험을 중심으로 '고통과 환희'의 두 정서를 드러내고 있다. 제목 역시 이 시집에 있는 서시 '진주眞珠 무덤에/황토黃土를 덮고/나는 원願한다/꽃들아/네 맘대로/피어라/나는 시인詩人이 번영繁榮치 못하는/시간時間에 왔다 간다'의 한 구절이다. 구상은 이 시집을 읽고, 김광섭 시정신의 역정을 풀어내고 있다. 내용을 보면 다음과 같다.

꽃들아! 네 마음대로 피어라
- 詩人(시인) 金珖燮 氏(김광섭 씨)의 歷程(역정)

나는 詩人이 繁榮치 못하는 時間에 왔다 간다.

金珖燮 詩集 「마음」 序詩(서시)의 一節이다. 民族 全體가 抑壓(억압)당하던 時間 더욱이나 耕作(경작)도 채 마치지 못한 文學土壤(문학토양)에다 씨[詩]를 뿌리고 - 詩人이 그 窒息(질식)할 時間을 치루기란 마치 양잿물을 먹고 順産(순산)을 꿈꿔보는 格이어서 - 가장 重要한 靑春氣(發芽期발아기)를 呼吸(호흡)할 空氣마저 稀薄(희박)한 三十年 땅 가물로 넘겨버리고 이제 벌써 生理的인 凋落期(조락기)를 맞았다는 것은 이거 이 땅이 낳은 詩人의 悲劇(비극) 中의 悲劇이 아닐 수 없다.

더욱이나 金珖燮 氏같은 思想하는 詩人에게 있어서는 이 悲運은 致命的(치명적)인 것이니 當世代 詩人들 속에서도 永郎(영랑)과 같이 스스로 時代現實을 避(피)하여 自己韻律(자기운율) 속에 淸節(청절)을 지킨 抒情詩人(서정시인)이나 芝鎔(지용)과 같이 純粹感覺世界(순수감각세계)로 빨리어 技弄(기롱)으로 빠진 詩人도 있었고 밀려온 西歐思潮(서구사조)의 아름다운 꿈속에서 自慰的(자위적)인 「이메-지」를 즐겨한 「에키조틱」한 槪念家(개념가)들은 있었으나 果敢(과감)하게 自己人生을 點檢(점검)하며 宇宙(우주)의 祕密(비밀)을 思想獲得(사상획득)하려 들며 世界와 自己民族社會를 平和로서 秩序(질서) 짖고 내려덮은 帳幕(장막)을 헤쳐보려는 詩人 金珖燮 氏에게 있어서 지난 時間이야말로 죽어도 눈감지 못한 怨恨(원한)의 時間이 아닐 수 없는 것이다.

그러기에 시집 『마음』에 收錄(수록)된 思惟(사유)의 모든 詩篇(시편)들은 한 개의 絶望的(절망적)인 反抗(반항) 속에서 胎生(태생)한 것이다.

　人生의 外圈(외권)에 기둥을 세운 이 한 空間에서
　나는 몸이 무거워 움직일 수 없으면서
(銀河(은하)의 一節)

　아무리 自己人生을 構築(구축)하여야 時間的인 存在性을 完全히 掠奪(약탈) 當하고 있는 氏의 인생이었고

　나를 해치면서 돌아가는 地球(지구)
　너의 傷處(상처)에 내가 낳다 (중략)
　콩알만한 房(방)엔 東方의 虛無(허무)가 그 밑에 모였다. 눈물로 地球를 씻고서도 남음이 있다. 나도 그 한 방울의 後裔(후예)런가! 아, 二十世紀에 불이나 붙으렴
(十三行人生一節)

　肉體(육체)를 具備(구비)한 精神人 ― ○는 ○○○的인 生○觀念 ○ 否定하다 ― 으로서 知性으로서 苦惱(고뇌)하려는 氏는 어찌지 못하던 絶望의 忿怒(분노)만이 자꾸만 자꾸만 爆發(폭발)하는 것이었다. 그러기에 氏는 實로 自己만의 탓도 아닌 이 懊惱(오뇌)를 宇宙化하지 못하는 咀呪(저주)에서

　빼앗은 祈禱(기도)와 빼앗긴 哀願(애원) 소리에 하느님은 앓고 있었다. 정말 하느님의 肉體인 地球가 英雄(영우)의 칼에 찔렸으니까 (중략)

하느님 나의 입시울에 가시가 나두룩 해주십시오.
그러면 나의 혓바닥에서 薔薇(장미)가 피리다

(詩人의 倫理(윤리) 一節)

하고 絕對意志(절대의지)에 逆襲(역습)해 보는 것이었다.

이러한 氏의 어찌할 수 없는 意志와 現實의 背反(배반)과 - (相反이 아님) - 時間과 空間의 背律(배율)은 氏가 주체치 못한 채 곰곰이 思索(사색)해 보는 這間(저간)의 事情은 「瞑想(명상)」「寂寞(적막)」 등에 와서는 서럽게도 如實히 表白되어 있다.

이러한 凄切(처절)한 苦鬪(고투) 속에서 어느 때는 自己를 刑罰(형벌)하여 諦念(체념) 속에 모라 넣어보기도 하고 간혹은 『사과』와 같이 氏가 따잡순 近代智慧(근대지혜)의 열매[知性]가 未熟(미숙)한 것이 아닌가고 懷疑(회의)도 해보며 『象徵(상징)의 墨(묵)』처럼 象徵이라는 말로 現實을 白質(백질)로 變質(변질)시키려는 神通(신통)한 技藝(기예)를 닦어보기에 땀[墨]을 흘려보기도 한 것이다. 氏의 이 不逞(불령)하리만큼 剛直(강직)한 意志도 一寸의 餘地(여지)도 없는 刻薄(각박) 속에서는 自己가 꺾어보려는 一種 冒險(모험)으로 나타났으니 너무나 크게 많이 意欲(의욕)하기 때문에 自己를 죽이려고 金剛山(금강산, 跋 參照(발 참조))으로 意志의 力道修業(역도수업)을 떠났던 것이다. 그러나 氏의 知性的 懷疑(회의)나 苦悶(고민)이 이러한 小乘的(소승적)인 出家(출가)로 解消(해소)될 일은 萬無(만무)여서

世臭(세취)에 잠긴 밤 나의 孤燈薄明(고등박명)이로다

(神溪寺(신계사)의 밤 一句)

라고 聲色(성색) 다른 咆哮(포효)를 持續(지속)타가(金剛詩금강시가 紛失분실된 것은 詩人과 같이 遺憾유감이로다) 도루 人世로 向하였던 것이다.

때마침 一九四一년 二月 倭警(왜경)에게 물린 氏는 氏의 精神 形成으로서는 金剛보다 上級(상급)의 道場(도량)인 獄(옥)으로 즐거이 끌려갔던 것이다.92)

이제 여기서부터 氏의 獄中詩篇(옥중시편)들이나 解放 後 喀血(각혈)해 놓은 愛國詩篇(애국시편)들은 너무나 有名하고 또한 그 脈搏(맥박)이 너무나 거침없이(素朴하다리 만큼) 高調(고조)되어 있어 敢(감)히 言及을 避하거니와 오직 氏의 近作에 屬(속)하는「한마음」「思惟(사유)의 꽃」等에 와서는「엣쎄이」로서의 個性의 必然的 感性이나 生活의「모퇼」으로서 嗟歎(차탄)은 하면서도 너무나 單調(단조)로워가는 氏의 主體的 生活의 呼吸(호흡)이 나타나 있어 앞으로 氏의 缺乏(결핍)을 메꿔나가는 詩作業에 思考와 感情의 詩로서 너무나 메꾸지 못할 乖離(괴리)를 杞憂(기우)하는 바이다. 이것은 또한 前記한 씨의 愛國詩에 있어서도 마땅히 하나의 變貌(변모)를 가지고 와야할 것이니 氏의 忠誠意識(충성의식)이 하나의 浪漫(낭만)이 아닐진대 壯하기 위한 悲劇性(비극성)이나 懷疑(회의)가 氏의 도판에게도 要求되는 것이기 때문이다.

以上 ○進 金光燮93) 氏의 詩精神 歷程(역정)을「마음」을 通하여

---

92) 김광섭은 모교인 중동학교에서 영어교사로 재직할 때 아일랜드의 시를 강의하면서 반일(反日)과 민족 사상을 고취, 창씨개명을 공공연히 반대하다가 일본 경찰에 체포되어 재판(일제강점기 경성지법)에서도 소위 특별 보안법 위반죄 적용으로씨 징역 6년 6개월 형 선고를 받고, 우리나라가 해방되기까지 3년 8개월간 옥고를 치렀다. 김영삼 편저,「김광섭」항,『한국시대사전』, 한국사전연구사, 1997, 171 참조.
93) '金珖燮'의 오식으로 보임.

分別해봄으로서 우리 詩文學史的 氏의 位置(위치)가 얼마나 價値(가치) 있는 것인가를 짐작할 줄 믿으며 아직도 詩가 「唱」으로서 神童(신동)의 仙技(선기)나 天才의 妖術(요술)로 通念(통념)되고 있는 이 땅에 「詩」가 「思」로서 形性되기까지 얼마나 우리에게 痛苦的(병고적) 努力이 必要한 것인가를 痛切(통절)히 느끼는 바이다.

끝으로 氏가 이 땅 後進 詩人들에게 遺言(유언)처럼 準備(준비)한 祝福(축복), 꽃들아 네 마음대로 피어라(序詩一節) 눈물겨운 祝福을 우리 亦是 눈물겹게 받고 感祝하는 同時에 答禮(답례)로서 「已往(기왕) 걸음으로 自處(자처)하실진대 끝까지 作業해 주옵소서」하고 붓을 놓는다.

四二八三. 一. 五.
《경향신문》(1950. 1. 12.-13.) 2회 연재

일제강점기의 척박한 땅에서 제대로 꽃을 피워보지도 못한 채 조락기를 맞이한 것 같은 김광섭의 현실적 상황을 '비운'이라고 표현한 구상은 당대의 시인들과 달리 "과감하게 자기 인생을 점검하며 우주의 비밀을 사상 획득하려 들며 세계와 자기 민족사회를 평화로써 질서 짓고 내리덮은 장막을 헤쳐보려는 시인"이라고 평하였다. 김광섭의 두 번째 시집 『마음』을 두고 "모든 시편들은 한 개의 절망적인 반항 속에서 태생한 것"으로 말하면서 근작에 대한 소감으로 단조로운 생활 호흡이 시 작업에 미칠 영향과 애국시에 대한 변모를 꾀해야 하는 점을 들고 있다. 김광섭에 대하여 '시문학사적 위치가 얼마나 가치 있는 것인가를 짐작'케 하는 존재로 인시하고, 전체와 부분을 두루 살피는 구상의 안목을 엿볼 수 있다.

3.5 시인과 토양과 그 작업 : 시인론

해방공간에서 구상이 바라본 시문학의 지평은 파종과 경작을 통한 신시문학의 계발에 있다. 모든 예술이 그러하듯이 문학 역시 현재의 수준에 머물러 있는 것이 아니라 조금씩 발전, 혹은 변모를 거치고 개성의 충만한 표현이 드러나 개인과 사회 모두가 서로 보완적으로 발전하는 것이 아니겠는가? 구상은 일제강점기 동안 척박할 수밖에 없었던 우리 시문학의 전개 과정을 파종과 경작의 관점으로 접근하고 있다. 6·25전쟁 중에 서울신문사에서 발간된 『시문학詩文學』 1호(1950년 8월)에 발표한 「시인과 토양과 그 작업: 시인론」도 그런 선상에 놓인다. '시인론①'이라는 표현에서 알 수 있듯 개별 시인들의 작업을 단편적으로 살펴보는 것을 목적으로 하고 있고, 일정한 내용을 담을 때까지 연재하는 것을 염두에 둔 것으로 보인다. 그러나 안타깝게도 필자는 구상의 그 후속 원고를 발견하지 못했다. 후일 기회가 닿아 후속 원고가 발견되기를 희망한다. 시인론 첫 번째 원고를 보면 다음과 같다.

詩人과 土壤(토양)과 그 作業 : 詩人論①

①

新詩文學 開發 以來 적지 않은 詩人들이 이 땅 매마른 文學土壤(문학토양)에다 그래도 自己다운 山水(位置)를 測定(측정)해 가며 種子(종자, 詩)를 뿌렸든 것이다. 그러나 어떤 씨는 뿌린 채로 말러죽고 짓밟히워도 죽고 어떤 씨는 땅속에서 아직 움트지 못한 채 묻처

延命(연명)하기도 하고 어떤 씨는 겨우 萌芽(맹아)하여 간얄푸게나마 成長하고 있으며 間或(간혹) 어떤 씨는 제법 茂盛(무성)하여 앞날 그 開花를 期約(기약)할 수도 있다. 또한 위와 같은 先進들의 開拓地(개척지)를 土臺(토대)와 거름으로 삼아 急進的(급진적)인 養土培養(양토배양)에 熱中(열중)하는 새로운 詩人들도 있다.

그러면 이 小論은 이미 우리 詩苑(시원)에 萌芽成長(맹아성장)하는 씨와 땅속에 묻처 있으나 凄切(처절)한 救命作業(구명작업)을 持續(지속)하는 씨와 새로 播種(파종)한 有望(유망)한 씨들의 土壤과 그 詩人의 作業을 斷片的(단편적)으로나마 分別해 봄으로서 우리 詩文學의 開花를 展望코저 한다.

(柳致環의 苦鬪고투)『괴테』는 일즉이『바이론』을 일카러『그는 詩人으로선 天才나 思想家로선 어린애』라고 말하였다. 이 指摘(지적)은 아마 우리 詩人들에게 더욱 適用(적용)되는 말일 것이다.

우리 新詩(自由詩)가 花鳥風月(화조풍월)의 趣味境地(취미경지)를 脫殼(탈각)하고 나서도 아즉도 詩人의 無思想性은 - 傳統的인 觀念을 除外하고는 - 詩人의 純情性(순정성)으로서 한目 없고 보는 것이 우리 詩壇의 通念이다.

勿論 新詩運動 以來 自己 認識을 表象化하기에 어느 만치 努力한 몇몇 詩人들이 있었고 일부 傾向詩人(경향시인)들이 共産主義(공산주의)를『푸로파간다』하기에 詩속에 生硬(생경)한 思想을 表向해 놓고 이것을 詩의 思想的으로 間執(간집)한 적은 있었으나 嚴密(엄밀)한 意味에서 自己 人生을 點檢(점검)하며 知性으로 懷疑(회의)하고 意志로서 力鬪(역투)한 이렇다할만한 詩人이 아직 없었던 것이나.

이런 意味에서 靑馬는 靑春과 함께 ○○한 刻薄(각박)한 精神의

苦杯(고배)를 不辭(불사)하리만큼 强○한 그의 生命意志로서 지탱하였을 뿐 아니라 詩로서 表象化하였으면 이 苦鬪의 代價로 獲得(획득)한 勝利의 領土(영토) 속에서 人生을 드높이 觀照(관조)해 보는 過程(과정)을 無難(무난)히 치름으로서 이제 그의 觀念속엔 하나의 우람한 그의 思想이 胚胎(배태)하기 始作한 것이다.

青馬의 詩『쓰-탄카-멘 王의 뇌임』이나『누가 이것을 만드렀는가』와 같은 作品 속에는 宇宙의 終末이나 造物主의 創造配布(창조배포)에 關(관)한 最初(최초)와 最後(최후)에 물어보는 全人類的인 驚異(경이)가 한 개 그의 思想으로서 表白形成되고 있는 것이다.

그러나 青馬의 이와 같은 思想하는 精神이 環境(환경)에의 滅入(멸입)으로 말미암아 東洋的인 寂滅觀念(적막관념)에 侵蝕(침식) 當할 危驗(위험)을 느끼는 것은 우리의 杞憂(기우)일까?

朴斗鎭(박두진)의 自然 佛蘭西(불란서) 浪漫派(낭만파) 詩人 中 唯一(유일)의 思想家였던 알프렛·데·위니는『牧者(목자)의 집』一節에서 自然에게『사람들은 나를 어머니라고 부르나 나는 무덤[墓묘]이다』라고 말을 시켜본다. 그렇다! 自然은 그야말로 偉大(위대)하다. 그러나 自然은 冷酷(냉혹)하기 짝이 없는 것이다. 自然은 如何(여하)한 人間의 悲痛(비통)에도 아즉 한번도 귀를 기우린 적이 없으며 如何한 人間의 苦鬪(고투)라도 永遠(영원)히 돌보지 않을 것이다. 그러기에 東洋의 自然觀은 禪(선)이라는 自然滅入(자연멸입)으로서 人間 亦是 自然에 一部分化하려 드는 것이다. 그러나 좀체로『생각하는 갈대는 바람에 흔들리는 갈때』94)와 같을 수는 없다. 때문에 人間은

---

94) '갈대'의 오식으로 보임

自然의 無意志를 人間意志에 服從(복속)시킴으로서 自然을 再現하고 나아가서는 改作하려고 마저 드는 것이다. 그래서 뽀드렐같은 詩人은 甚至於(심지어) 自然의 美는 『山川草木 그 自體에 있는 것이 아니라 우리 人間이 거기다 附與(부여)하는 思想 乃至 感情에 依據(의거)된다』고 말했던 것이다.

 이 自然과 人間의 乖離(괴리)를 詩人 斗鎭은 自然을 그가 神에 對한(山上) 祈禱處(기도처)로서 恩寵(은총)의 體現場所(체현장소)로서 擇(택)했던 남어지 그는 自然의 物理惡(天地變動)과 人間의 倫理惡(社會惡)을 未分辨(미분변)하게 되리만큼 純粹歡喜(순수환희) 속에 깃뜰고 말었던 것이다.(金東里 氏(김동리 씨)가 斗鎭의 詩를 基督敎的(기독교적)인 禪感覺(선감각)이라 말한 것도 這間消息(저간소식)을 意味한다.) 이 混同(혼동)된 그의 純粹感覺(순수감각)은 人類的인 社會惡도 自然의 物理惡으로 象徵同化(상징동화)시킴으로서 그 救濟(구제)를 神에게 信望(신망)하는 것이다.

 그러면 斗鎭의 自然觀은 『慈惠(자혜)의 自然도 無關心(무관심)의 自然』도 더욱이나 『惡意(악의) 있는 自然』도 아닌 卽 『攝理(섭리)의 自然』으로서 展開(전개)되고 있는 것이다. 그러나 그의 精神 속에 人間의 모든 原罪(원죄)와 犯罪(범죄)로서의 苦難像(고난상)이 肉體化(육체화)하여야만 그의 觀念化된 感覺的인 攝理(섭리)의 自然觀도 人間과 自然의 驚異(경이)롭고 새로운 融離(융리)와 秩序(질서)를 지여 놓을 것이다. (계속)

『시문학』 1 (1950. 8.)

유치환과 박두진의 작업에 관한 글이다. 정신의 고배를 생명 의식으로 지탱하고 시로 형상화한 유치환의 고투를 높이 평가하면서도 '환경에의 멸입으로 동양적인 적멸관념에 침식당할 위험'을 느낀다고 말한다. 한 시인이 지닌 장단점이랄까 아니면 양면성이랄까, 그 모두를 보고 있다. 박두진의 경우는 그의 자연관에 초점을 두고 '그의 정신 속에 인간의 모든 원죄와 범죄로서의 고난상이 육체화하여야만, 그의 관념화된 감각적인 섭리의 자연관도 인간과 자연의 경이롭고 새로운 융리融離와 질서를 지어 놓을 것이다.'라고 평하였다. 그리스도교적 인간관을 바탕으로 한 구상의 관점은 다분히 그가 살아온 삶과 그 삶의 사상적 배경이 반영된 것이다.

3.6 김남조 제3시집 「나무와 바람」

김남조는 대학 재학 중이던 1949년에 《연합신문》에 「잔상殘像」을 발표하면서 작품 활동을 시작95)한 것으로 알고 있다. 당시 언론계에 있었던 구상은 김남조의 등단을 비롯하여 그간의 활동에 대해서 알고 있었을 뿐만 아니라 가톨릭 신앙인 작가로서의 그 존재감에 대해서도 알고 있었을 것이다. 그러던 김남조의 제3시집 『나무와 바람』(1958년 9월 15일 발행)96)이 나왔을 때, 일종의 신간평 코너인 《동아일보》의 '도서실'란에 쓴

---

95) 김영삼 편저. 「김남조」 항, 앞의 사전, 196. 일반적으로 김남조가 이 시를 발표한 것을 1950년으로 알고 있는데, 필자가 원본 초간작을 확인한 결과 시 「잔상」을 《연합신문》에 발표한 날짜는 1949년 2월 2일이었다. 이 시기는 구상이 《연합신문》의 문화부장으로 담대히 기획하였던 '민중문화운동'을 전개하던 시기이기도 하다.

96) 김남조는 이 시집으로 1959년 제1회 자유문협상을 받았다. 《경향신문》(1959. 2. 24.), 《조선일보》(1959. 2. 25.), 《동아일보》(1959. 2. 25.) 참조.

평문이다. 그 내용을 보면 다음과 같다.

金南祚(김남조) 第三詩集 「나무와 바람」

　이렇듯 貞淑(정숙)히 씌워진 詩를 나는 처음 對한다. 영혼의 단비를 맞은 느낌이다. 이 祝福 받을 詩人의 發想은 天主敎(천주교) 信心(신심)의 修衣(수의)를 입고 있다. 그러나 이 修衣는 차디찬 매무새가 決코 아니요 그의 詩魂(시혼)을 얼어붙게 하기는 커녕 溫柔(온유)와 和平으로 감싸 주고 있어 賢哲(현철) 쨔크·마리땡의 文字를 빌린다면 「充足的(충족적) 휴매니티」를 發揮(발휘)하고 있다.

　눈 뒤집힐 듯한 이 騷搖(소요) 속에서 그가 到達(도달)한 바 靈肉間(영육간)의 淸澄(청징)은 心身(심신)이 문둥이가 된 나로서는 오직 驚異(경이)로서 우러러 韓國(한국)가톨릭 詩人으로서의 初代 王座(왕좌)에 그가 戴冠(대관)될 것을 믿어 疑心(의심)치 않는다.

　或是(혹시)는 그의 詩魂(시혼)이 繡(수) 놓아간 世界가 閨中(규중)이나 窓邊(창변)에 머물러 있어 單調(단조)롭다할찌나 現代 詩人의 精神散漫(정신산만)은 이러한 觀想的 疑視(관상적 응시)로서만 救出(구출)되지 않을까 自省(자성)시킨다.

　그가 새로 彫琢(조탁)해 놓은 詩語(시어)도 不知其數(부지기수)요 또한 그의 詩韻(시운)의 裏情(이정)과 哀切(애절)한 맛은 요새 흔히 詩라면 松虫(송충)이처럼 꺼려하는 친구들에게 特히 내라도 몽땅 사서 强勸(강권?)하고 싶다면 妄想(망상)이랄까.

　同途人(동도인)으로서 이 良書(양서)를 책다웁게 出版(출판)해 준 正

陽社(정양사)에도 感荷(감하) 크다.

《동아일보》(1958. 10. 28.)

'영혼의 단비를 맞은 느낌이다. 이 축복 받을 시인의 발상은 천주교 신심의 수의를 입고 있다'라는 말 안에 구상이 하고 싶은 의미가 함축되어 있다. 이는 그 당시 평론가들이 김남조의 시집을 두고 논평한 것에서도 엿볼 수 있다. 김남조의 첫 시집 『목숨』에 서문을 쓴 이헌구李軒求가 "시인의 슬픔과 의지와의 몸부림치는 무서운 싸움의 양상에서 마치 광야에서 구원을 비는 수도사의 모습을 찾아볼 수 있을 것"97)이라는 표현이나 두 번째 시집 『나아드의 향유』에 대한 평문을 쓴 박노춘朴魯春이 "기독교적 신앙의 기도이지마는 그저 다감한 소녀의 감상적 비원이 아니라 생명을 촛불로 연소하면서 초극의 눈물로써 석고를 반죽하여 우주의 의지를 빚으려는 소상가塑像家의 모습을 연상시킨다"98)라고 평한 것이나, 세 번째 시집 『나무와 바람』에 대하여 김용호金容浩가 "시인이 갖는 시의 세계는 진정한 의미에 있어서 고귀한 애정을 바탕으로 하고 있는데 거기에 종교적인 경건함이 깃들어 선택한 단 하나를 지향하여 굽힘이 없다"99)라고 평한 것들과 같은 맥락이다.

구상이 김남조를 두고 '한국 가톨릭 시인으로서의 초대 왕좌에 대관戴冠하리라는 예지적 견해는 후일 여지없이 맞아떨어졌고, '현대 시인의 정신 산만은 관상적 의시疑視로서만 구출되지 않을까 자성'하게 되는 진단 역시 당대 신시 계발 여정의 중요한 맥을 짚은 것이다.

---

97) 김남조, 『목숨』, 수문각, 1954.
98) 박노춘, 「나아드의 향유」, 《조선일보》(1955. 7. 29.)
99) 김용호, 「나무와 바람」, 《조선일보》(1958. 12. 31.)

3. 7 치열과 불굴의 정신을

우리가 이미 알고 있듯이 1960년 4·19혁명이 일어나 제1공화국이 막을 내리고 새로운 공화헌정 체재가 시작되었다. 소위 제2공화국이다. 내각책임제와 양원제를 골자로 하여 헌법을 바탕으로 출발한 장면 내각은 사회 질서 안정, 국가 안보 체제 확립, 경제와 사회 발전을 통한 국력 신장, 이를 바탕으로 민족의 숙원인 평화 통일을 앞당겨야 하는 등 풀어야 할 과제가 많았다. 이런 상황에서 《동아일보》는 '문인이 보는 우리의 현실'이라는 주제를 두고, 작가 5인에게 설문을 주고 답하도록 하였다. 설문은 '1. 장내각에 제의하고 싶은 말, 2. 문학자로서 갖추어야 할 자세, 3. 남북문화교류에 대한 문제를 어떻게 보는가?' 등으로 이에 답한 작가는 염상섭廉想涉, 구상具常, 주요섭朱耀燮, 황순원黃順元, 정비석鄭飛石 등이었다. 구상은 「치열과 불굴의 정신을」이라는 제목으로 응답했는데, 그 내용은 다음과 같다.

治熱(치열)과 不屈(불굴)의 精神을

一.

張內閣(장내각)이 標榜(표방)하는 經濟第一主義(경제제일주의)에 대하여 나는 이런 所見(소견)을 가진다. 오늘날 이 판국 이 판도에서 堯舜(요순)을 復活(부활)시킨다한들 國民(국민) 各自(각자) 所業(소업)에 安居樂業(안거낙업)케 하고 民生이 ○○에서 一朝(일조)에 윤택해질 리는 萬無(만무)다. 그저 소금이 없으면 소태를 씹어도 좋으니 우리

먹고 사는 이 作爲(작위)를 背法(배법)과 不法(불법) 속에서 救出(구출)해 달라는 말이다.

李政權(이정권) 以來(이래) 우리 二千萬(이천만)의 목구멍은 모두 捕盜廳(포도청)에 連結(연결)되어 있다. 왜냐하면 士農工商(사농공상), 어디 從事(종사)하여도 天眞良心(천진양심) 지키고 合法(합법)된 生活(생활)을 營爲(영위)치 못하고 있다. 國民은 모두 罪(죄) 없는 罪人이었다.

그래서 官權(관권)은 〈털면 먼지 안 나는 사람 없다〉는 獨裁體制(독재체제)를 恣行(자행)하고 있던 것이다. 이러한 國民生活을 合法化시키는 것이 革命政府(혁명정부)의 行政力(행정력)이요, 곧 民生인 것이다. 國民生活을 떳떳하게 만들어야 그 政府가 떳떳해질 것이다.

二.

나는 文學者(문학자)의 行動(행동)이나 創作的(창작적)인 것으로 嶺分(영분)한다고 본다. 文學者도 藝術家(예술가)이기 以前(이전)에 하나의 市民이기에 그는 어디까지나 善良(선량)과 眞正(진정)과 該意(해의) 속에서 그 時代나 社會를 누려야 하며 그 精進(정진)을 協同(협동)해야 할 것이다. 더우기나 歷史(역사)나 時代의 自覺者(자각자)로서 意氣(의기)와 經綸(경륜)을 提唱(제창)하고 체신하고 指導(지도)하기에 이르른다면 이에 더 欣快(흔쾌)할 바 없다.

그러나 創作人으로서의 姿勢(자세)는 이렇듯 合理的(합리적)이요, 公利的(공리적)이요, 時代的일 수는 없다. 그들의 創作에 있어서의 行動이나 姿勢라는 것은 어디까지나 오리지날티와 노이에스가 缺如(결여)된다면 그 作品은 生動의 藝術이 아니요, 裝飾品(장식품)에 不過(불과)할 것이다. 그러나 市民的이던, 創作的이던 文學者의 어떤 姿勢나 行動은 熾烈(치열)과 不屈(불굴)의 精神, 이에 따르는 디오니소스的인 極(?)性的 情熱(정열)의 所産(소산)이어야 함은 두말할 나위도 없다.

三.

나는 統一 問題(통일문제)를 姑息的(고식적)으로 制約(제약)하거나 迎合(영합)적인 幻想(환상)을 ○○하기를 꺼려하는 者다. 文化交流(문화교류)만 하여도 我方(아방)의 可能性(가능성) 與否(여부)를 國內外(국내외)의 政治(정치), 軍事(군사), 社會的 諸面(제면)으로서의 檢討(검토)가 缺(결)하여 있거니와 敵(적)에 對하여서는 白紙狀態(백지상태)다. 一例(일례)를 들어 4·19 以後(이후) 北에서는 不在者(부재자) 裁判(재판)이라는 것이 있어 文化界에 나 같은 것도 賣國文學者(매국문학자)로서 死刑言渡(사형언도)를 내리고 있다.

假令(가령) 文化人 交流(교류)가 實現(실현)되어서 내가 그 使節(사절)의 一員(일원)으로 選出(선출)된다면 敵方(적방)이 賣國死刑囚(매국사형수?)와 統一協商(통일협상)을 하려 들겠는가? 또한 그 裁判官(재판관?)과 對坐(대좌)하여 무슨 結實(결실)을 얻겠는가? 理路(이로)를 펼 것 없이 統一 問題는 이렇게 世論化(세론화)가 急(급)한 것이 아니라 專門家(전문가)들의(與野여야와 政派정파, 社會團體사회단체, 學園학원을 網羅망라한) 自主的 方案(방안)이 具體的(구체적)으로 樹立提出(수립제출)된 然後(연후)에 그 可否(가부)가 是非(시비)되어야 한다고 본다.

《동아일보》(1961. 1. 20.)

구상은 경제제일주의를 표방한 정부에 대하여 민생의 회복, 즉 양심을 지키지 못하고 합법적인 생활을 할 수 없는 사회적 상황에서 벗어나 국민 생활을 합법화시키기를 요청한다. 그리고 문학자는 그들의 자세와 행동이 치열과 불굴의 정신을 바탕으로 디오니소스적 정열의 소산이어야 함을 강조하였다. 마지막으로 통일문제에 대해서 여야와 정파, 사회단체, 학원을 망라한 전문가들의 자주적 방안이 구체적으로 수립된 이후에 논의할 문제라고 제의하였다.

그의 제안은 제2공화국 당시의 시대 상황을 배경으로 한 것이지만, 시대를 바라보는 기본적인 시선은 가장 근원적이고 윤리적이며 합리적인 대안 수립의 틀을 제시하는 혜안이 아닐 수 없다.

3.8 민중문화[100]와 여적[101]

「민중문화」와 「여적」[102]은 구상이 《연합신문》의 문화부장 시절에 기획한 '민중문화운동'에 게재하였던 글이다. "나는 문화부장을 맡아 혼

---

100) 이 글의 글쓴이는 '상'이라고 표기되었다. '민중문화'란을 운영하면서 글쓴이의 이름을 달지 않은 민중문화글이 있다. 이들도 구상의 글로 추측하지만, 옮겨오지는 않았다.
101) 「餘滴」은 《연합신문》 '민중문화' 원고 모집에 투고한 일반독자들의 글에 대한 구상의 평을 실은 것이다. 이 글을 쓴 사람은 '상'으로 표기되어 있다. 구상의 글이다. 그러나 1949년 2월 20일 이후에도 몇 번의 「餘滴」이 게재되지만, 글쓴이가 기록되어 있지 않다. 사진기사나 민중문화 글처럼 구상의 것으로 추측되는 글이지만 글쓴이를 적어놓지 않았으므로 1949년 2월 20일 자의 글만 옮겨왔다.
102) 글의 제목처럼 보이는 「민중문화」와 「여적」은 고정란의 이름이다. 후일 이들을 하나의 책으로 묶게 되거나 하나의 독립된 글로 인용하고 사용하게 된다면 제목 부여에 대한 논의는 있어야 할 것이다.

신의 정열을 기울였다. 나는 당시 우리 신문의 문화면들이 학계를 전혀 도외시하고 있는 데 반하여 인문·사회·자연과학 각 분야의 새로운 필진과 그 논고들을 대담하게 실었고 한편 민중문화란이라 하여 주 1회 전면을 독자의 투고만으로 꾸며냈다"[103]라는 구상의 회고에서 알 수 있는 것처럼 일주일 한 번 신문의 한 면 전체를 할애하여 기획물을 싣곤 했다. 「민중문화」라는 기획물이 시작되는 기사 전면에 구상은 일종의 해설처럼 혹은 안내처럼 글을 실었다.

그 가운데 이 글에 소개하는 것은 첫째 글이다. 내용을 보면 다음과 같다.

민중문화

『문화란』 곧 우리 생활의 기름이며 피다. 그러면 우리 생활의 기름과 피를 어떤 지체[地位]를 갖인 사람이나 뛰어난 재질을 갖인 몇몇 사람들의 손에서만 이루워지고 또 그들만이 간직하고 즐겨할 수 있대서야 이 어찌 천부당 만부당 할 일이 아니랴. 지난 세월에는 왜놈 학대 밑에서 정말 그들에게 아첨하는 지체 좋은 몇몇 사람들과 그야말로 난다 긴다 하는 재조꾼들을 내놓고서야 어디 우리 생활에 핏기와 기름을 돌게 하기커녕 숨 한번 크게 못 쉬고 바른 소리 한번 내지도 못하고 겨우 간직하기에 모두 생으로 천치 바보가 되어 있었다. 그러나 이제 독립된 나라의 인민으로서 어디

---

103) 구상. 「나의 기자 시절」, 『구상문학총서』 제1권, 홍성사, 2002, 163-164.

될 말이냐. 더욱이나 우리는 반만년이나 되는 문화민족으로서의 역사를 지니고 있지 않는가. 우리는 마땅히 우리가 몸소 나날이 겪고 있는 생활 그 속에서 우러나오는 감정感情 의욕意欲 또는 설계 設計 이상理想 등을 적확的確하고도 남이 감동感動하게 표현코 말하여 서로 챗직질하고 협력함으로서 우리 생활에 피가 용소슴치게 하고 기름지게 하여서 새로운 세상을 맨들고 또한 그 속에서 즐길 것이다.

《연합신문》 (1949. 2. 13.)

피폐해진 일제강점기의 억압에서 벗어나 문화민족으로서의 긍지를 가지고 우리 생활의 많은 것을 표현하여 생활 자체에 생기가 도는, 새로운 세상을 만들고 그 안에서 삶을 즐기기를 촉구하는 기획 의도를 엿볼 수 있다.

구상의 기획에 따라 많은 이들의 투고가 있었고, 그 투고 작품 중 선별하여 신문에 실으면서, 구상은 다소의 논평을 달았다. 그 고정란의 이름이 「여적餘滴」이다. 글을 소개하면 다음과 같다.

餘滴(여적)

이번에도 山積(산적)한 投稿(투고) 중에서 골으고 골라 評論(평론) 一, 詩 二, 隨筆(수필) 二, 小說 一, 合 六篇(6편)을 여러분의 차지로 한다. 그러나 民衆化欄(민중화란)을文104) 三〇을 거듭하면서 아즉 當選作品(당신작품) 한 篇을 못내 놓은 것은 여러분보다도 編輯者(편집자)가 더욱 遺憾(유감)스럽게 생각한다. 숨은 逸才(일재)들이여 어서 나오라.

洪文久 氏(홍문구 씨)의 『나의 詩論』은 그 主唱(주창)은 整然(정연)하나 考證(고증)의 缺如(결여)와 論理性(논리성)의 稀薄(희박)을 免(면)치 못했다. 爲先(위선) 自己다운 世界 發掘(발굴)에 努力(노력)을 可賞(가상)할 만하다 하겠다.

金聖林 氏(김성림 씨)의 『山寺行』은 그의 詩論과 같이 애는 많이 쓰고 있는 것이 보이나 率直(솔직)이 말하면 아즉 描寫(묘사)에 境地(경지)를 벗어나지 못했다. 좀 더 自己生命 속에 빛이 오는 이메지를 素朴하게 끄러 안어보라.

無哥好 氏(무가자 씨) 당신은 어째 自己 姓名 三字 맞어 숨기십니까. 詩人은 모름즉이 먼저 떳떳할 줄 아는 사람이여야 합니다. 詩感覺(시감각)에 있어서 明暗(명암)이 짙어졌으면 한다.

黃秋波 氏(황추파 씨)의 『天井(천정)』은 隨筆(수필)이라기보다는 어떤 小說의 한 토막을 읽는 감이 있었다. 그러나 爲先 作文의 때를 벗어 주었다.

신경희 氏의 『葡萄色(포도색) 저고리』는 前半(전반)은 그 女性다운 感情의 纖細(직세)를 보여주어 興味(흥미)있게 읽고 내려갔는데 後半(후반)에 가서는 엉망진창이였다. 그래서 編輯者(편집자)가 獨斷(독단)으로 削除(삭제)하고 前半으로 끝을 맺어버렸다. 이런 親切(친절)이란 民衆文化欄(민중문화란) 編輯者가 아니면 갖일 수 아마 없을 것이다. 더욱더 文章 構成에 留意(유의)하시라.

---

104) '민중문화란을'의 오식.

申榮德 氏(신영덕 씨)의 『情』은 아즉 素材 構成에 未熟(미숙)했다. 건너편집 어린이와 빠女給(여급)과의 對照(대조)란 너무나 素材 自體가 無理였으며 三人稱小說(3인칭소설)에 있어서 動詞○使(동사○사)에 過去形(과거형)와 現在形(현재형)이 混同(혼동)되여 있었다. 앞으로 ○○한 쬅作期(습작기)를 가지시라.

《연합신문》 (1949. 2. 20.)

투고자 6명의 작품에 대한 구상의 논평 혹은 견해를 간단하게 서술한 글이다. "민중문화란 투고가 중에는 오늘의 굴지의 신인 작가들이 허다하지만, 그 이름의 열거는 내가 평소 삼가고 있다"105)에서 보는 것처럼 구상은 《연합신문》을 통하여 새로운 문화 활동을 펼치는 이들을 격려하고 힘을 실어주기도 하였고, 실제로 민중문화 투고를 통하여 구상의 평을 듣고 작품 활동을 하는 사람들이 많았다. 그리고 이들을 하나의 문학동인으로 활동을 한 것으로도 보인다. 《연합신문》 1949년 5월 21일 자에 보면 「민중문화투고자회衆文化投稿者會」 소집 기사가 있다. 발기인은 김성림金聖林, 공중인孔仲仁, 이종산李鍾山, 지금송池金松 등 외 15인으로 기록되어 있다.

---

105) 구상, 「나의 기자 시절」, 앞의 책, 164.

4 사설들

4.1 지주보상액 결정의 일시석

4.2 보세운송제도 실시를 기함

4. 사설들

구상은 《연합신문》 기자 시절에 문화부를 중심으로 활동했지만, 반드시 문화예술분야에만 국한된 활동은 아니었던 것으로 보인다. 민생과 관련 있는 현안에 대해서는 민감하게 반응하고, 국민의 편에서 의견을 내기도 하고, 특별한 문제에 관해서는 대안을 제시하기도 한 것으로 보인다. 그 가운데 하나가 사설이다. 《연합신문》에 쓴 두 편의 사설, 「지주보상액 결정의 일시석」과 「보세운송제도 실시를 기함」은 당시 국민의 경제 문제와 매우 밀접한 사안들이었다. 국민의 처지를 고려한 이 두 편의 글도 'K생'으로 발표하였다.

4.1 지주보상액 결정의 일시석

임시정부가 수립되고 농민들뿐만 아니라 5·10선거에서 많은 국회의원 입후보자가 토지개혁을 공약하는 등 농지와 토지개혁은 정치적으로도 민감한 사안이었다. 그 당시 우리나라의 경제 구조에서 농업이 차지하는 비중이 높았고, 농민의 다수가 소작농이었던 것만큼 농지와 토지개혁에 관한 국민의 목소리가 높아지기 시작했다.

'국회에서는 토지를 받는 대가로 농민이 지불할 상환액과 지주에게 지급될 보상률 문제를 둘러싸고 지주의 이익을 대변한 민주국민당과 농민의 이해를 대변하는 소장파 사이에 격론이 벌어졌다.'106)

이후 1949년 6월 21일에 제헌국회에서는 농지개혁법農地改革法을 제정하여 농지를 농민에게 적절히 유상 분배하는 방식을 취하였다. 이것이 처음 제정되고 공포되었을 때, 지주들이나 농민들 모두 반발하였다. 제헌국회에서 농지개혁법이 제정되기 전, 이를 위한 논의가 한창 진행될 무렵인 4월에 구상이 쓴 사설 「지주보상액 결정의 일시석」을 보면 다음과 같다.

地主報償額決定(지주보상액결정)의 一試石(일시석)

農地改革法案(농지개혁법안)이 國會本會議(국회본회의)에서 第二議會中(제2의회중)이므로 南韓國民(남한국민) 大多數(대다수)가 苦待渴望(고대갈망)하던 同法(동법)의 通過(통과)○○가 멀지 않을 것을 믿고고 ○○하여 마지 않는다.

그동안 國會에서 主로 論議(논의)되고 있는 重要한 點은 地價(지가)의 補償額(보상액) 三十割(30할)이 過하다는 것인데 原來 農村部(농촌부)에서는 十五割(15할)로 한 것이 國務會(국무회) 아니 企劃處(기획처)에서 二十割(20할)로 修正(수정)하였던 것을 産業分科委員會(산업분

---

106) 시중식, 앞의 책, 122. 이후 농지개혁법은 1950년 3월에 농지개혁법 개정안을 마련하였고, 같은 해 4월에 시행규칙이 공포, 5월에 실시되었지만, 한 달여 후인 1950년 6월 25일에 6·25전쟁이 일어나서 전면 실시는 연기되었다.

과위원회)에서 十割(10할)을 더 언저서 現在案(현재안)대로 된 ○이나 이것이 많고 적고 간에 그보다도 農地改革이란 오랫동안 짓짜이고 [被搾(피착)] 시달고 零細(영세) 小作農民(소작농민)이 民族構成(민족구성) 의 代宗(대종)을 차지한 그들에게 不安과 焦燥(초조)는 中에서 남의 땅을 짓기보다는 自己 땅을 安心하고 질 수 있도록 하여 아무런 搾取(착취)도 不當(부당)한 犧牲(희생)도 當치 않도록함으로서 生産意欲(생산의욕)의 ○○으로 因(인)한 食糧增殖(식량증식)과 그들의 經濟生活(경제생활)의 向上으로서 民族大多數(민족대다수)의 힘을 길러가자는 것과 및 文化向上을 期하자는 重要目的에 起因(기인)하니만치 農地改革(농지개혁)은 農民의 福利(복리)를 爲한 卽 農民本位(농민본위)의 것이어야 할 것이므로 國家의 財政(재정)에서 크게 負擔(부담)할 것이 期待(기대)되지 못하는 民國政府豫算(민국정부예산)에 있어서 먼저 農民의 負擔力(부담력)을 생각해 놓고 決定지울 일이 아닌가?고 생각되는 바이다.

  小作農民이 現在 負擔(부담)하고 있는 것은 三一制(삼일제)에 依한 年生産量(연생산량)의 三割三分(3할3분)인 小作料(소작료)뿐이다. 小作人이기 때문에 大體로 第三種所得稅(제3종소득세)가 免除(면제)되어 있을뿐더러 其他地方稅(기타지방세)에 있어서도 거진 除外(제외)되어 있는대 三十割○○報償(보상)을 하자면 年收益(연수익)의 三割은 물론이고 地主層(지주층)이 없어지는 代身에 그들이 負擔(부담)하였던 것을 代로 물어야할 것을 堪考(감고)할 때는 五割內外의 過重負擔(중과부담)을 不可避(불가피)하게 될 것은 明若觀火(명약관화)한 事○이다. 여기서 멀리 있는 것은 고사하고라도 가까운 日本에서 ○施한 例를 들어 他山(타산)의 돌을 삼을까 한다.

日本에서의 地價報償決定額(지가보상결정액)은 今次戰爭中(금차전쟁중)의 統制價格(통제가격)에 合致(합치)시켰는데 그 價格(가격)에 있어서는 法定○○價格의 四十倍받은 四十八倍인대 小地主의 救濟策(구제책)으로 논에는 十一倍, 밭에는 十四倍式을 더 添加(첨가)하기로 하였다. 一町步當法定(1정보당법정) ○○가격은 논二○○원×四○=八千圓 밭 一○○원×四八=四千八百圓이다.

그 當時에 生産者에게 屬(속)한 쌀 價格이 石當(석당) 五五○圓이므로 一町步當(1정보당) 米十五石分에 該當(해당)한다는 것이다.

日本 平年作이 反當 二石五, 六斗임에 鑑(감)하여 꼭 六0% 即 一年分이 못 되는 結論(결론)이 나온다. 이것을 小作人에게 ○○시키는 方法을 보면 實力(실력)이 있는 者는 地價의 三割程度(2할정도)를 一時金으로 先納(선납)하고 남어지는 年利 三分二○을 부처서 二十四年間 年賦(연부)로 하되 農民이 稅金 ○○○○○ 其 公式○○○을 合하여 收穫物 價格(수확물 가격)의 三分一을 超過(초과)하는 ○遇(○우)에는 ○遠○의 年賦期間(연부기간)을 延長(연장)하거나 減少(감소) 免除(면제) 等을 하도록 되어 있으니 매우 合理的인 方法이다.(過政中央經濟委員會○第資料(과정중앙경제위원회○제자료)에 依함)

國會議員諸公(국회의원 제공)은 이러한 事情을 充分(충분)히 考慮(고려)하여 農地改革으로 말미암아 零細小作農民(영세소작농민)이 어떠한 方法이나 口實로든지 過去 그들이 물어왔든 三一制程度 以上(삼일제 정도 이상)을 負擔(부담)케 하여서는 農民에게 無理가 생겨서 次期(차기) 再生産에 支障(지장)이 없지 않을 것을 銘念(명념)하고 矛盾(모순) 없는 ○○를 取할 것을 ○言히는 비이다.

아무렇든 農地改革은 ○政府樹立後(○정부수립후) 곧 着手(착수)하여 적어도 지난 겨울에 끝을 냈어야 했을 것이다. 地主가 같은 手段(수단)을 다하여 無理하게도 小作人에게 購入(구입)을 強要(강요)했으며, 農民은 매었든 소를 팔고 먹을 糧食(양식)을 모조리 팔고 그러고는 不定하여 高利의 私債(사채)를 얻어서 或(혹)은 地主에게 借用證書(차용증서)를 써놓고서는 일이 非一非再(비일비재)로 地方에 따라서는 農地改革을 아니 해도 自然 地主의 農土가 小作人에게 分配(분배)되고 있다고 하니 정말 農民本位의 法案의 通過되어 하로바삐 實施(실시)되어야 할 것이다.

《연합신문》(1949. 4. 19.)

구상이 제안하는 농지개혁법의 핵심은 '농민의 복리를 위한, 즉 농민본위의 법안'이어야 한다는 것이다. 특별히 국회의원들에게 영세소작농민 과거 그들이 져야만 했던 부담 이상의 것을 요구하면 무리가 생기고 차기 재생산에 지장을 초래할 것이라는 사실을 염두에 두고, 모순 없는 결정을 촉구하는 내용은 정의로운 농지개혁이 국가와 국민을 위한 일일 것을 일깨우는 행위였다. 농지개혁법의 근본적인 취지와 목적에 맞게 국가 재정을 생각해 보고 농민의 부담을 고려하여 결정해야 한다는 것이다. 국가의 사정상 농지개혁법의 실시가 늦어졌고, 북한의 '무상몰수 무상분배'와 다른 '유상매입 유상분배' 방식의 농지개혁법 제정을 위한 하나의 방안을 제시한 것이다.

4.2 보세운송제도 실시를 기함

　과거 우리나라는 배를 이용하여 무역화물을 운송하였고, 그 편리성도 있었기 때문에 관세 업무는 주로 항港을 중심으로 이루어졌다. 그러나 1948년 정부수립 후, 정부에서는 무역에 따른 국가적 이익과 무역업자들의 신속한 일 처리 등 무역에 필요한 편의를 제공함과 동시에 국가적 이익에도 합당하도록 1949년 7월 9일 대통령령 제144호로 서울과 마산 지역에 세관을 설치할 것을 공포하였다. 그런데 서울에 세관을 설치하게 된 것은 교통기관의 정상화에 따르는 보세운송제도의 부활과 소포우편에 의한 수출입 물자의 관리와 제1선 감시망을 돌파한 밀수품을 취체하기 위한 것[107]이라고 했지만, 우리나라에서는 항구가 아닌 내륙에 처음으로 서울 세관이 설치되어 서울을 거점으로 하는 무역업자들에게는 좀 더 편리한 상황이 되었다. 하지만 그 업무가 즉시 행해지는 것도 아니었고, 사무소를 비롯한 기반 시설을 마련하고, 인적 자원과 같은 주용한 물리적 기능을 실현할 실질적인 조직이 형성되지 않은 상태에서 구상은《연합신문》에 사설「보세운송제도 실시를 기함」을 발표하였다. 그 내용은 다음과 같다.

---

107)《서울신문》(1949. 11. 3.)

保稅運送制度實施(보세운송제도 실시)를 期(기)함

關稅行政上(관세행정상) 保稅運送制度를 設置(설치)한 本旨(본지)를 생각컨대 모든 輸入貨物(수입화물)은 外國(외국)과의 關係(관계)에서 볼 때에는 이것이 卽時(즉시) 官內(관내) 消○(소○)의 目的으로서 引取(인취)된다든가 他國(타국)에 輸出(수출)된다든가 또는 그대로 返送(반송)되는 것을 常態(상태)로 한다.

그리고 此○行爲(차○행위)를 卽時 行하는 者에 對하여서는 保稅倉庫(보세창고)에 庫入(고입), 保稅工場(보세공장)에 移入(이입), 또는 일시 稅關構內(세관구내)에 藏置(장치)한 後, 輸入(수입) 引取(인취) 輸出(수출) 또는 返送(반송)을 할 수 있는 便宜(편의)를 주어 關稅納付義務(관세납부의무)에 猶豫(유예)를 준다.

그런데 輸入者는 一且(일차) 入港(입항)한 開港(개항) 또는 揚陸(양륙)한 保稅地域(보세지역)으로부터 輸入(수입)치 않고 他開港(타개항) 또는 他保稅地域에서 輸入하기를 願(원)하는 境遇(경우)가 있다.

輸出에 있어서는 一且 免許(면허)를 얻은 後 他開港 또는 他保稅地域을 經由(경유)하여 輸出하는 것을 便宜(편의)로 하는 境遇가 있으며 또 稅關構內(세관구내) 保稅倉庫(보세창고) 및 保稅工場(보세공장)에 있는 貨物(화물)도 다시 他保稅地域 또는 他開港에 運送(운송)하는 것이 有利한 境遇가 있을 것이다.

이러한 境遇에 前述(전술)한 行爲를 하지 못한다 하면은 輸出入業者(수출입업자)는 結局(결국) 最初(최초)에 一且(일차) 輸入(수입) 또는 揚陸(양륙)한 地의 稅關에서 輸出入 또는 返送의 手○을 本意아니면 히 不得已(부득이) 하게 되어 이것을 處分(처분)치 않을 수 없게 될 것임으로 輸出入業者의 不便은 莫甚(막심)하며 그 經濟的 打際(타제)도 不尠(불선)할 것이다. 따라서 이런 모-든 經濟的 負擔은 結局 一般 國內需要者에게도 轉嫁(전가)될 것은 勿論이다. 이러하여서는 商取引(상취인)의 ○情에 合致되지 않는 奇現象(기현상)이 나타나게 될 것임으로 如斯(여사)한 不合理한 點을 除去하기 爲하여 保稅運送制度(보세운송제도)의 設置(설치)를 보게 된 것이다.

그럼으로 國家는 保稅運送制度를 實施(실시)함과 同時에 其運送人(기운송인)에 一定한 責任(책임)을 지게 하고 이것을 取○하여 商取引의 圓滑(원활)을 期하지 않으면 않될 것이다. 그런데 保稅運送에 對한 他國의 例를 들어보면 于先 保稅運送의 오랜 歷史를 가진 佛國(불국)에서는 十九世紀 初에 巴里稅關(파리세관)에서 이 制度를 實施(실시)하였으며, 獨逸(독일)에서는 直接通過(직접통지)와 間接通過(간접통과)를 같이 實施하였고, 日本에서는 1911년부터 이 制度를 實施하였다.

美國에서는 『TRANOPORATIONIN BOND』로서 널리 알려져 있으며 또 其地理的 位置의 關係上 東西에 兩洋南北에서 二接○○이 있음으로 ○內에 있어서의 運送手續(운송수속) 以外에 通過手續(통과수속)의 規定도 竝存(병존)한다.

우리 韓國에 있어서도 舊韓國時代(구한국시대)부터 保稅回送(보세회송)의 制度가 存置(존치)되었었다. 卽 舊韓國時代에 輸入手網未了(수입수망미료)의 貨物 및 輸出手網未了(수출수망미료)의 貨物의 ○○回送을 承認하여 商取引의 便益(편익)과 圓滑(원활)을 圖謀(도모)하였다. 이 輸入貨物의 回送은 光武 十年(一九○六年) 서울에 있는 保稅市場 및 保稅倉庫의 開設에 例하여 이 端緖(단서)를 열었으며 다음에 서울에 있어서는 光武 十一年(一九0七年)에 總稅務士廳(총세무사청) 南大門出張所(남대문출장소)에 設置(설치)하여 保稅貨物事務(보세화물사무)를 統一(통일)함과 同時에 總稅務士廳 南大門出張所 規則(규칙)으로써 開港經由輸出入貨物(개항경유수출입화물)의 回送手續을 定하여 이를 實施하였다.

이와 同時에 韓日鐵道連絡貨物(한일철도연락화물)에 對하여서는 日帝의 統監府鐵道管理局(통감부철도관리국)과의 사이에 特히 簡便(간편)한 回送手續(회송수속)을 協定하여 먼저 南大門, 大邱仁川驛到着(대구인천역도착)의 貨物에 이것을 適用(적용)하고 其後 平壤(평양), 新義州及馬山驛(신의주급마산역) 到着貨物에 對하여서도 이것을 適用함에 일으렀다.

다음 해 平壤에 있어서도 光武 十一年(一九0七年)에 保稅倉庫를 設置하고 隆熙(융희) 二年(一九0八年)에는 前記 鐵道連絡貨物(철도연락화물)의 取扱(취급)을 開始(개시)하였으나 隆熙 三年(一九0九年)에 鎭○浦稅關(진○포세관) 平壤出張所를 設置하고 널리 輸出入貨物의 取扱(취급)을 開始(개시)하여 順次(순차)로 回送貨物의 範圍(범위)를 擴張(확장)하였다.

前述(전술)한 바에 依하여 保稅運送制度(보세운송제도)의 必要性은 再言(재언)을 要치 않으며 더욱이 서울에 本○를 둔 輸出入業者는 輸入의 境遇(경우)에 있어서 輸入手網未了의 貨物을 輸入港에서 諸般手網(제반수망)을 取하는 것보다는 一日保稅狀態로 서울의 保稅地域에 ○入하여 諸般手網을 取하는 것이 ○○○ 經費(경비)의 節約(절약)이 될 뿐 아니라 商○을 確保(확보)케 될 것이다. 그리고 輸出의 境遇에 있어서도 서울의 保稅地域에서 輸出手網을 完了한 後 他開

港으로 搬送(반송)하여 輸出하는 것이 亦是 有利할 것은 事○이다. 萬若(만약) 輸出入業者로 하여금 上述한 바와 같은 行爲를 하지 못하게 한다면 商取引의 圓滑(원활)을 阻害(저해)하는 結果를 招來(초래)할 것이다. 그럼으로 우리나라에서도 이런 모-든 不合理한 點을 除去하여 貿易增進(무역증진)의 圓滑을 期하고자 韓國 唯一의 陸地稅關(육지세관)인 서울 稅關을 設置(설치)할 것이다.

그럼에도 不具하고 현재 陸路保稅運送의 ○○를 보지 못하고 있는 隘路(애로)가 那邊(나변)에 있는가를 追求하여 이를 打開(타개)하지 않으면 안될 것이며 이 制度의 早速實施(조속실시)가 要請(요청)되는 바이다.

《연합신문》 (1950. 4. 13.)

보세운송제도의 설치는 그 동안 국가 무역 활동에서 발견된 불합리한 점들을 제거하기 위한 것이었다. 운송인에게 일정한 책임을 부여하여 '상취인商取引'의 원활함을 끌어내야 함을 강조함과 동시에 보세운송제도를 실시했던 과거 우리나라의 예외 외국의 예를 들어 보세운송제도의 필요성을 재차 강조하고 있다. 특히 수출입업자들의 화물이 항구 중심으로 이루진 과거의 경험에서 볼 때, 서울의 보세지역으로 바로 이동하는 것이 더욱 경비 절감 차원에서 유익하다는 것을 말하고 있다. 더불어 서울을 거점으로 한 업자들의 원활한 보세운송을 위하여 주변의 애로점들을 찾아 하나씩 해결하고 이 제도의 조속한 실시를 요청하는 글이다.

5 대담들

5.1 월남작가좌담회
5.2 정치경제문화인 정담회
5.3 종군예술가좌담회
5.4 신춘문학좌담회
5.5 격동기의 지성-문필인들은 말한다
5.6 술 먹고 웃은 죄로 옥살이 반년
5.7 제2공화국에 바라는 문화정책

5. 대담들

　대담對談은 대화 형식의 글을 타인이 기록하였다는 점에서 대담자들 혹은 개인 대담자의 순수 창작물로 보기는 어렵다. 그러나 대담자들의 개인적이고 사회적인 체험을 구술 형식을 빌려 기록하고, 주제에 대하여 사회자나 기록자를 포함하여 함께 만들어 낸 것이므로 공동창작물이라고 할 수 있다. 특히 주제에 대하여 다양한 견해를 가진 대담자들의 현장성까지 읽을 수 있다는 면에서 대담 자료는 작가의 생애나 사상과 철학 등을 연구하는 이들에게는 더없이 좋은 자료이기도 하다.
　자료 대부분이 현장 구술 후 기록과 수정의 과정을 거쳐서 문자화한 것이므로 현장에서 발화된 것을 순서대로 담지는 못하고, 일정한 흐름을 맞추기 위하여 내용에 손상이 없는 범위 안에서 순서를 조정하는 것이 일반적인 예이다. 그러나 계획과 실행에도 당시의 상황에 따라 유동적이기 때문에 대담이 지니는 현장성을 지니면서도 원고만 받아서 편집하는 예도 있다. 구상의 대담 중 1953년 2월에 나온 『전선문학』 제3호의 「신춘문학좌담회」가 그 하나이다. 여기에는 대담자들이 한자리에 모일 수 없어 설문 주제에 맞는 글을 써서 보낸 것을 대담하는 것처럼 편집자가 원고를 조정한 것인데, 개인적으로 본다면 각각의 주제 혹은 소주제에 대하여 참가자가 직접 쓴 글이다. 이런 면에서 참가자가 쓴 글은 하나의 독립된 글로 분류해도 손색은 없다. 아무튼 구상이 직접 참여한 대담들이 개인 구상의 글로 편재할 수는 없지만, 그를 연구하는 처지에서는 하나의 자료로서 충분한 가치를 지닌 것이 아닐 수 없다.

7편의 대담을 소개한다. 그중 6편은 여러 명이 대담자로 참여하는 글이지만, 1편은 '레이더 사건' 후 쉬고 있는 구상 개인을 기자가 방문하여 인터뷰하여 기록한 글이다.

5.1 월남작가좌담회

구상은 1949년 1월 22일 《연합신문》 창간과 동시에 첫 기획물이라고 할 수 있는 「월남작가[108]좌담회越南作家座談會」를 열었다. 당시 그가 결핵을 앓으면서 마산에서 요양하고 있었지만, 그의 표현대로 "나의 젊음은

---

[108] 월남작가越南作家는 삼팔선 혹은 휴전선 남쪽으로 이주한 작가를 말하는데, '월남문인'이라고도 한다. 해방 직후부터 6·25전쟁 직전까지 내려온 문인들도 있고 6·25전쟁 발발 후 1·4후퇴 때 내려온 문인들도 있다. 먼저 내려온 문인은 김동명金東鳴, 안수길安壽吉, 김진수金鎭壽), 임옥인林玉仁, 최상덕崔象德, 최태응崔泰應, 황순원黃順元, 오영진吳泳鎭, 구상具常, 조영암趙靈巖, 이인석李仁石, 유정柳呈 등이다. 1·4후퇴 때 내려온 문인들로서는 한정동韓晶東, 김이석金利錫, 강소천姜小泉, 함윤수咸允洙, 박남수朴南秀, 장수철張壽哲, 원응서元應瑞, 박경종朴京鍾, 한교석韓喬石, 김영삼金泳三, 양명문楊明文 등이다. 국어국문학편찬위원회. 「월남문인」 항, 앞의 사전, 2126. 고은은 최재형을, 한수영은 정비석, 선우휘, 오상원, 이범선, 장용학, 박연희, 손창섭, 곽학송, 김광식, 김성한, 전광용, 이호철, 최인훈 등을 편입하였다. 고은. 『1950년대』, 민음사, 1973, 214.; 한수영. 「월남작가의 작품세계에 나타난 반공 이데올로기와 1950년대 현실인식」, 『역사비평』(1993 여름호), 298. 이들 연구자들의 분류에 이름은 빠져 있지만 구상은 당시 함께 활동하였던 함경남도 함주군 출신의 소설가 김송金松과 황해도 연백 출신의 평론가 임긍재林肯載를 좌담회에 초대하였다.

온통 세상이 궁금하고 등허리에 좀이 쑤셔 못 견디는 판인데 그런 입맛 당기는 소식이라 나는 좀 더 완치를 기하자는 아내의 만류에도 불구하고 단신 상경"109)한 후 만나는 월남작가들에 대한 동류의식과 그 만남의 설렘이 그대로 드러나 있다. 1949년 1월 23일부터 27일까지 3회에 나누어 연재한 이 좌담회 내용은 다음과 같다.

越南作家座談會(월남작가대담회)

出席者(출석자)

安壽吉(안수길, 小說家) 金鎭壽(김진수, 劇作家)

崔泰應(최태응, 小說家) 林玉仁(임옥인, 小說家)

趙靈岩(조영암, 詩人) 金松(김송, 小說家)

林肯載(임긍재, 評論家)

本社側(본사측)

具文化部長(구문화부장) 林, 孔 兩記者(임, 공 양기자)

一月 一九日 後五時 於 만나館

---

109) 구상, 「나의 기자 시절」, 앞의 책, 163.

철의 장막 속에서 무엇을 보았나?

具 越南作家諸兄(월남작가제형)들과 濁酒(탁주)래도 한 잔 조촐히 마셔가며 同病相憐(동병상련) 格(격)으로 ○○과 慰勞(위로)를 나눈다는 게 나의 所望(소망)이든 판에 마침 내가 關係(관계)하는 新聞社(신문사)에서 越南作家座談會(월남작가좌담회)를 企劃(기획)하여 주어서 이렇게 諸兄들과 一堂에 모이게 되니 感慨無量(감개무량)입니다. 그러니까 오늘은 司會(사회)니 進行(진행)이니 다 거더던지고 自發的(자발적)인 原則(원칙)에서 北韓公民生活縱橫放談(북한공민생활종횡방담)이라든가 나아가서는 統一祖國戰取(통일조국전취)를 目前에 두고 우리의 文學戰線(문학전선)을 如何(여하)히 勝利(승리)로 이끌어갈까 하는 方案餘談(방안여담) 등에 言及(언급)해 주시기를 바랍니다. 그러면 말머리를 鎭壽(진수) 兄부터…

金 나는 解放을 北間島(북간도)에서 맞이하고 이제야말로 가나안 福地(복지)가 될 내 땅을 찾아 처음 발드딘 곳이 淸津(청진)이였지요. 거기서 同好人(동호인)들과 이제야말로 民族的이고 本格的인 演劇運動(연극운동)을 일으키려고 咸北文聯劇同盟(함북문련극동맹)에 參加(참가)하지 않었겟오. 그런데 爲先 作品을 上演(상연)키 爲해선 脚本檢閱(각본검열)에 通過(통과)해야 하겟는데 나의 作品은 모조리 人民委員會(인민위원회)나 黨(당)이나 『콘드라비지크』(蘇軍司令部소군사령부)에서 落榜(낙방)이란 말이구료. 그 落榜의 理由란 極(극)히 ○單해서 當時 北韓獨裁役事(북한독재역사)를 ○動○○하는 『테-마』가 아니라는 것이였오. 그래 平壤(평양)은 北韓首都(북한수도)이니 좀 民族文化에 對한 良心이 남었을까 해서 갔드니 거기도 한 술 더

뜨고 있구려. 마침내 할 수 없이 越南(월남)을 決行(결행)했오.

趙 나 역시 八·一五 感激(감격)에 휩싸여 金剛山(금강산) 愉占寺(유점사)에서 뛰쳐나와 처음엔 長箭(장전)에 가서 建準文化部(건준문화부) 일을 보았오. 그 후 몇일 못가 蘇軍(소군)이 進駐(진주)하니 그때까지 思想鬪爭態勢(사상투쟁태세)만 가추든 勞組農組者(노조농조자)들이 一時에 政權(정권)을 掌握(장악)하고 文化人들의 손발을 可及的(가급적)으로 얽어매고저 文化聯盟(문화연맹)이란 名目만인 自治團體(자치단체)를 組織(조직)하는구료. 그래서 比較的(비교적) 自由主義的이고 良心的인 知性人들이 함빡 드러가지 않었겟오. 다음부터 그들은 허리를 졸라매기 始作하는데 言語道斷(언어도단)이요 唯物史觀解說動員(유물사관해설동원)은 아직 점잖은 便(편)이고 「레닌·스타린」의 팜프렛트를 宣傳(선전)에 強制輪番制(강제윤번제)로 動員(동원)시켰오. 그때 나는 中學校(중학교)에 敎鞭(교편)을 잡고 있을 땐데 學校엔 每日 가죽장화신은 者(共産黨 幹部간부)들과 蘇軍丁(소군정)들이 連絡不絶(연락부절)로 차저와 敎室(교실)마다 스타린과 래닌 寫眞(사진)이 걸려 있는지 없는지부터 따지거던! 또 北韓敎育理念(북한교육이념)의 第二인가 三인가 傑作(걸작)이야 『蘇聯及赤國(소련급적국)에 對한 知識을 넓힐 것』萬事가 이쪼야! 그대도 나는 別般(별반) 上京할 理由도 없고 해서 國際情報(국제정보)의 正常한 ○移만 期待(기대)하면서 反動分子(반동분자)란 名牌(명패)를 등에 지고 이 學校 저 學校를 ○○하였오. 그러다가 終乃(종내)는-

崔 그야 우리가 解放前에야 唯物史觀(유물사관)을 盲目(맹목)에 가까우리만큼 고대로 信奉(신봉)해도 無關(무관)했고 나부터라도 解放始初(해방시초)에야 共靑責任者(공청책임자)요 農民組合創

設者(농민조합창설자)로서 眞正한 意味에서 共産主義運動을 展開(전개)하려했는지 잘못이라면 우리가 『鐵(철)의 帳幕(장막)』속에서 무슨 끙끙이를 하는지는 모르고 단지 正直한 『볼세비즘』의 學徒(학도)였다는 것이 잘못이지. 누가 蘇軍이 進駐(진주)하는 곳마다 第一着(제일착)으로 부친 『스타린』의 蘇聯邦(연방)은 어떠한 弱小民族(약소민족)을 搾取(착취)하거나 또 進駐(진주)한 어떤 地域(지역)에서도 占領(점령)할 野心(야심)은 없다』라는 방이 가장 短時日內(단시일내)에 實現될 줄 믿었든 것은 事實이네. 그렇다고 나는 國際情勢를 無視하는 小兒病者(소아병자)는 아닐세. 우리는 그들에게서 너무나 具體的인 實證的이라 하고 進步的 建設事業이라는 것이 언제나 가장 非現實的이고 空手票(공수표)로 끝날 줄이야. 個中蘇軍政治工作隊(개중소군정치공작대)로 나온 분 中에는 間或(간혹) 北韓現役兵(북한현역군)들이 進駐軍들과 附同(부동)하여 北韓民主事業(북한민주사업)을 廿年前(2년전) 蘇聯(소련)의 武力革命(무력혁명)을 模倣(모방) 踏襲(답습)하려는 非現實性을 指摘慨嘆(지적개탄)하며 더욱히 文化政策에 있어서 蘇聯의 今日은 革命的인 浪漫主義(낭만주의)가 擡頭(대두)되고 있는 오날 軍政政治工作(군정정치공작)에 服務(복무)만을 일삼으려는 過誤(과오)를 痛切2히 指摘(지적)한 바도 있었오. 韓蘇文化交流(한소문화교류)를 위하여 蘇丁(소정)들이 들어와서 『蘇聯(소련) 나빠 나빠 흉내를 내단 망합네. 당신 여성동무들은 더욱 망합네』하는 소리를 드렀어요. 必然(필연)코 그들에게도 無意識中(무의식중)에나마 人間性에 대한 田辱的(전욕적?)인 抑壓(억압)이 얼마나 못 참을 것인가를 말하는 것 같에요. 그렇지 않다면 웨 北韓에서 떠드는 모-든 科學的 理論과 宣傳이 直接 民衆의 生活意欲만을 저 喪(상)시키며 人民의 歷史的인

志向이 抹殺(말살)되고 있겟습니까?

安 나는 解放後 지금껏 宿疾中(숙질중)에 있어서 北間島(북간도)에서나 故國 興南(흥남)에 있을 때도 亦是(역시) 直接的(직접적)인 鬪爭戰線(투쟁노선)에 나서보지는 못했읍니다만 다른 것은 다-고사하고라도 웨 그들은 作家의 生命인 精神的인 苦鬪(고투)를 否定하는지요. 結局 個人的인 精神內容의 ○兵戰이 없이 어찌 生命있는 作品이 所産될 수 있을 겝니까. 그들의 『形式은 民族的으로 內容은 社會主義的으로 가장 사랑받는 푸로파간다가 있읍니다만은 個性 內容이 없는 形式에만 무엇에다 써먹을 겝니까? 마치 花壇(화단)에 『다리』야 모종만 누었 色만 알숭달숭하게 하자는 아웅 소김뿐이지 웨란 말이요.

金 그래도 그것은 스타린의 路線이 現實에 가까워왔기 때문이요 쓰타린 以前 蘇聯이야 花壇에 다리야 모종을 一種으로 하되 색도 빨안 單色 原始色(원시색)이여야 한다는 것이였읍니까. 시방 北韓의 文化政策도 單種單色主義(단종단색주의)라니까.

具 各種各色 花壇을 맨들자면 구찮거든.(笑聲소성) 그들은 어떤 全能者에 對한 合目目的인 攝理性(섭리성)의 對抗(대항)하고 그 『머카니즘』 속에서 齒○처럼 달크랑 달크랑 거드려 보자는 건데 이것은 꼭 하나의 바벨塔(탑) 役事이거던.

崔 달그랑이면 좋게. 그 안에서는 어린애 치워죽는 소리가 삑삑빽빽 온 惡魔(악마)구리소리가 다 나오지.(一同 ○笑) 이런 意味에서 人間生命이 具存하는 있는 絶對的인 希求란 그들에 있어서는 한 個의 寓爲的(우위적)인 歷史性으로 말미암아 制約當(제약당)하고 抑壓當(억압당)하고 있는 걸세. 여기에 그들은 人類生命에

대한 破壞部族(파괴부족)으로서의 誤謬가 있는 거지.

趙 아이고, 이건 무엇 哲學論題가 되고 말었네. 좀 더 싱싱한 ○○談이나 들어보세. 언제나 우리의 生命倫理란 具體的인 ○動에서만이 倫理의 要請을 超克(초극)하고 勝利할 수 있지 않은가.

安 그래, 내가 아는 範圍(범위) 內에서 따져봐도 所謂 解放 後 左翼(좌익)에 기우러진 사람 中에는 倫理의 要請에서 生命의 營爲가 지녀야할 條件(조건)을 忘却(망각)하는 것 같애. 生命의 營爲란 하나의 『미스테이크와』 도그마가 條件이 되는 건데.

趙 또또 그 얘기야.(一同○笑) 그래 越南할 때 常은 漢灘江(한탄강)을 기여코 것넌나? 업혀것넌나?

自由 抑壓(억압)은 누가 하고 自由 享有(향유)는 누가 헸나

崔 그래도 具常이 저 느린보가 敎化所(교화소, 監獄감옥)를 脫出(탈출)했대. 詩 몇 篇 썼다고 迫害(박해)를 當하고 監獄脫出(감옥탈출)을 해야 하고 이것은 廿世紀(20세기)만이 갖이는 하나의 悲劇(비극)이며 넨센쓰야.

趙 음, 그자들의 自由란 것이 이렇게 무서운 自由라는 것을 모르고 南韓南勞御用文盟系列(남한남로어용문맹계열)들은 北韓에만이 眞正한 文學藝術의 自由가 存在한다고 ○○하고 있지 않는가. 그들은 엄청난 自由를 享有히고 있으면시도 自己네들의 ○○을 爲하여 남의 自由를 蹂躪(유린)하고 權利(권리)만을 主張하고 義

務는 忘却(망각)하고 있는 걸세.

具 그렇지. 그들의 革命이란 一時的인 時潮(시조)의 風雲兒(풍운아)가 되기 爲하여 理性과 良心을 抹殺하고 自體的인 矛盾(모순)을 敢行하는 걸세. 참다운 人間○成과 革命의 條件이란 生命의 尊嚴性(존엄성)을 第一條(제일조)로 해야 하는 거지. 또 生命이란 本質的으로『타오르는 목말음』속에서 버서날 수 없다는 것, 여기에서 우리의 人生○爲가 出發한다는 것을 하나의 唯物史觀 ○○ 몇 卷으로 解決해버리려는 安易性 이것은 痛嘆(통탄)할 일일세.

林肯 거기에 關해서는 우리 文學史上에 남을 金東里 氏의 評論이 있네. 懷疑와 現實否定이 文學藝術이 갖어야 할 條件이라는 것을 到大體(도대체) 그들은 文學을 하나의 生活道具로만 알고 있단 말이야.

金 그러기에 그들은 文學이 人民에게 服務하여야 하느니 이 人이 文學의 歷史性이니 하고 떠들어대는 게 아닌가. 정말로 文學이 服務할 곳이 있다면 그것은 自己生命에 對한 充實服務여야 하며 그 生命을 愛情과 平和로 充溢(충일)시키기에 集中시켜야 할 게 아닌가.

趙 그런 속리는 그 者들에겐 牛耳讀經(우이독경)이야. 그들이 말하는 歷史性이라는 것도 空砲(공포)야. 勿論 落後(낙후)되고 있는 民衆과 提携(제휴)도 우리 文學人의 任務요 또 歷史的인 民族의 試○에도 우리는 積極 參加(적극 참가)해야 하는 것은 두말할 必要도 없으나 그들은 自己네 得勢(득세)만을 爲하야 吸吸(급급)한 남어지 人民을 팔고 文學을 팔고 골고루 다 팔고 있는 거야. 陰凶(음흉)들이야말로 天人이 共怒할 罪惡이야.

朴   나는 이런 소리를 文盟의 ○○라고 하는 친구감기고 말었거던.

趙   그것까지는 또 是非를 莫論하드래도 彌軍政(미군정)과 野合(야합)하여 제뱃속들은 다 챙기고 辱은 이쪽에 轉嫁(전가)하는 그 抗拒(항거)가 北韓蘇軍政崇尙(북한소군정숭상)에까지 나아갔고 더욱이나 기맥힌 일은 自己네들 自身도 모르는 사이에 바크레므린宮 指令 속에 휘 合理시키고 말었단 말이야.

具   그러나 거기에 問題가 있어. 精神의 活路開拓(활로개척)이 民族試鍊(민족시련)의 抗拒鬪爭(저항투쟁)과 結附(결부)된 것은 좋은데 現實的으로 나타난 것은 美軍政에 對한 얘기에서 들었네. 卽 내가 우리 陣營(진영)은 이제까지 事業基金이 없어서 일을 못했는데 이제 政府가 樹立됐으니 좀 일할 수 있겟지 했드니 某君 曰 『美軍政時에 돈을 못빨어낸 너이들이 韓國政府에서 事業基金을 짜네. 이 病身같은 子息(자식)들아』 이러거든. 여기에 우리 自身 反省도 必要하거니 그者들의 姣猾(교활)을 짐작지 않겠나.

崔   말도 말게. 우리 靑文陣營(청문진영)이 그동안 거러온 受難(수난)이야 배를 불리는 것은 누구고 배를 골는 건 누군데 그者들은 解放卽後부터 全文化部面의 ○士를 占○하고 各 出版社 新聞社할 것 없이 그들의 배를 불리고 있었거든. 그리고 우리 보고는 韓民黨(한민당)의 돈을 얻어 잘 지낸다고 宣傳하거든. 自己네가 北韓에서 오는 工作費로 生活하듯이 말이야.

金松   그렇지요. 具體的 例를 枚擧(매거)할 餘地(여지)도 없지만 民族陣營이 文人들 中에서 創作集 히니 변변이 낸 사람이 없는 形便이거든요. 宋110) 더욱이나 詩人集이라든가 選集같은 것

은 念도 못내는데 그들은 單行本 하나式 旣成新人할 것 없이 거의 다 가지고 있고 機關紙가 五六個 年刊集을 다 내놓고 있으니까. 林 남이 잘 허는 것만 질투하지 마시고 民族陣營도 좀 잘하시지요.(一同笑)

統一文學戰線에 全力을 기우리자

 이만첨 서서 어디 우리 현실적인 이야기를 합시다. 우리가 三八 이북을 떠나온 제일의 이유라면 무엇보다도 자유의 갈망 문학적 장렬을 들 수 있는데 과연 이남에 와서……

 그렇지. 적어도 퇴보하는 사회상을 시정은 못한다고 해도 자기의 의사로써 비평은 할 수 있어야할 것인데 노상 억압과 일색주의로만 굴레를 씨우는데는 우리는 순종할 수 없었지. 그런데 이남에 와서 보면 여긴 또 설된 미국식 민주주의 바람이 어떻게 휘황안지 통 갈피를 잡을 수 있어야지.

趙 뭐야 모두 했다는 일이.

金 허어- 영암만 입을 열면.

 그저 우격다짐이라도(一同笑) 하여간 우리가 문학하는 사람들 즉 작가라는 입서장111) 무엇보다도 멀지 않은 날

---

110) 오식으로 보임.
111) 입장서

반듯이 남북이 통일되고 기쁜 마음으로 고향에 갈 때 우선 거짓사람들에게와 우리자신에게 그럴듯한 작품부터 가지고 가도록 해야지 그냥 우리가 시크러우니 도피했다는 모양으로 무위도식하고 이 힘든 시기를 몇 해씩 딩굴고만 있었다면 그것은 수치요 불행이 아닙니까.

崔 올지. 우리 그런 애길 해봅시다. 나는 요지음 실로 나 자신이 도리켜 보아도 딱하고 너절해 견딜 수 없는 글을 누구보담도 다량으로 쓰고 있는데 시이방 安형 말슴을 드른 즉 꼭 나를 자책주는 것 같구려.

具 뭘 그래두 문학적 야심이라든지 자신은 혼자 가지구 있으면서.

崔 그것도 없이야 어떻게 사나. 그런데 安 형 당신도 여기 온지가 인젠 일 년이 지난 셈인데 어째 작품을 안내 놓습니까.

安 어디 소설이 돼야지.

崔 왜 악가 말같이 첨부터 남북통일 될 때 선물로 가지고 갈 문제작만 구상을 하시는 게지…… 하여간 해방 뒷 작품 좀 읽어봅시다.

安 글세 마음은 간절한데 뭣이 돼야 말이지.

具 진수형은 白民에 실은 『코스모스』 외에 지금 소설가 형들이 말하는 것 같은 그런 의미의 작품 구상은 없으십니까?

金 말을 듯고 나면 그래야만 할 것을 느끼기도 하고 또 실상 그런 의미에서 작품을 생각하고 있기도 한 모양인데 역

시 드러내는 일이 쉽질 안어.

崔 우리들에 대면 시인들은 참 조탄 말야. 처째 얼마나 편리한가.

趙 시라구 최 형이 생각하는 것처럼 그렇게 경편한 것만은 아닐세. 다만 나를 두고 말해본다면 나는 安 형이 너무 문학이니 문학자니 하는 데다 국한을 식혀 가지고 우리는 꼭 문학만을 전제로 하고 우리의 행실이 꼭 문학 속에서만 운위되는 것은 난 반대일세. 그래서 혹은 비교적 헐하게 시를 쓰는 수가 있는진 모르지만.

崔 옳지. 그래서 영감은 아까 벌서 "누구의 소를 받아라" 하는 시를 당장 만들어 읽었구만112)…… (一同笑) 하여튼 민족문학이든 무슨 문학이든 시는 좋은 것이 시인들이야말로 해방 후 사년 동안 거반 역사를 점철하듯이 우리 민족에 곡절이 있을 적마다 훌융한 작품들을 많이 냈거든.

金 왜 소설은 없었나?

崔 소설이 없었다느니보다 좀 큰 작품이면 아직 제작 중에 있다고 할 수 있겟지. 그리고 구태여 좌니, 우니 할 것 없이 문학이 문학으로, 소설이 소설로써 되고 안 되고부터 분별해보면 여기 있는 분으로 저 金松 형부터 최근에 와서 『남사당』을 게기로 해서 새세계가 이제 올 것이라는 평논가들의 말이라든지 崔仁旭(최인욱), 洪九範(홍구범) 두 분을 위시해서 또한 금년으로 넘어오

---

112) 읽었구만.

면서 저윽히 꽃을 피울 터를 닥근 것을 볼 수 있지만 소설은 이렇게 더디단 말이지. 게다가 현재 형편으로는 번연히 되고 발표식혀 주어야할 작품을 썻드래도 이름 없는 사람의 작품은 길면 길수록 도저히 발표가 되나 읽어주길 하나. 요행 연합신문이 대규모로 난다니 한번 신인발굴과 문예부흥의 공노지가 되도록 힘써볼 일이지.

具 물론 난 간판 나열주의는 집어치겟오. 앞으로 누구든지 무슨 문학이든지 분명히 발표해서 보람이 있을 것만 있으면 그 점은 염녀말기 바랍니다.

趙 건 그렇다치구 앞으로 우리들의 할 일에 대해서 좀 우리도 구체적인 안건을 내걸어볼 수는 없을까?

金松 이제부터 출판도 활발해지고 하면 그런 고속적인 문단 공기는 일소되겟지요. 그리고 신인등장문제도 권위 있는 잡지가 나와서 작품 위주로서 엄선하면 되겟지요.

林 이제 그런 얘기는 그만 두기로 하지요. 작품론의야 끝이 있어야지요.

具 그러면 좌담은 이쯤에서 아조 끝을 매저 버리고 술기운이나 빌여 여흥이나 해보지.

《연합신문》(1949. 1. 23.-27.)

구상은 이 좌담회가 '북한공민생활종횡방담北韓公民生活縱橫放談, 우리 문학전선에 관한 여담' 등으로 진행할 것을 제안하면서 '철의 장막 속에서 무엇을 보았나?, 자유 억압은 누가 하고 자유 향유는 누가 했나, 통일 문학전선에 전력을 기울이자' 등의 주제에 관하여 말하고 있다. 당시 획일적인 북한 문화정책을 두고 '어떤 전능자에 대한 섭리성의 대항', '바벨

탑 역사' 등으로 규정하였다. 그리고 남한남로어용문맹계열에 대하여 참다운 인간 완성과 혁명을 생명의 존엄성을 근원으로 삼지 않고, 유물사관을 바탕으로 한 인간 행위에 대한 해석 등을 비판하고, 남북이 분단된 후 미국과 소련의 군정 아래에서 문화 활동을 하는 작가 자신에 대한 반성도 필요하다는 점을 들고 있다. 해방공간에서 꾸준히 제기된 '신인 발굴'과 '문예부흥'에 대하여 '간판 나열주의가 아닌 누구든지 무슨 문학이든지 분명히 발표해서 보람이 있을 것'이라는 확신이 있었다. 이는 당시 《연합신문》 문화부장으로 활동한 구상의 포부를 엿볼 수 있기도 하다. 실제로 구상은 《연합신문》에 '민중문화'란을 장기간 기획하였고, 이에 호응하는 신인들, 그리고 젊은 작가들을 꾸준히 지원하였다.113)

월남문인들을 중심으로 해방 직후 문단의 좌우 대립이 뚜렷하던 해방공간의 사회적 분위기를 토로한 이 글은 당대의 문화적 흐름을 가늠할 수 있는 대담이다. 전체 흐름을 주도하고 끌어 나가는 구상의 유연한 리더십과 예리한 현실 진단과 평가 등은 그가 이후에 보여준 문학-사회 활동의 행보와 크게 다를 바가 없다. 특히 '생명존중사상'을 바탕으로 한 그의 철학은 그리스도교적 생활과 사상의 영향뿐만 아니라 그가 기본적으로 세상을 바라보는 관점이었고, 이 기본적인 철학은 그가 선종할 때까지 실천한 '삶과 문학'의 근거이기도 한 점에서, 그의 초기 활동을 보여주는 이 대담은 한층 더 가치가 있다고 본다.

---

113) 구상. 「나의 기자 시절」, 『구상문학총서』 제1권, 홍성사, 2002, 163-164. 그리고 앞의 글 「민중문화」와 「여적」도 참조할 것.

5.2 정치경제문화인 정담회

해방공간의 우리 문단은 좌우익의 대결이 심각하였다. 이는 비단 문단뿐만 아니라 예술계 전반은 물론이고 사회정치적으로도 그러하였다. 8·15광복 직후 공산진영을 지지하는 좌익계 조선문화건설중앙협의회朝鮮文化建設中央協議會와 조선문화단체총연맹朝鮮文化團體總聯盟가 결성되자 민족진영의 문인들은 전조선문필가협회全朝鮮文筆家協會와 젊은 문인들로 조선청년문학가협회朝鮮靑年文學家協會를 조직하였고, 이를 의식한 좌익계열에서는 조선문화단체총연맹을 조직하여 활동하기 시작하였다. 마침내 민족진영 문화단체에서는 '광복 도상의 모든 장벽을 철폐하고 완전 자주독립을 촉성促成하자, 세계문화의 이념에서 민족문화를 창조하여 전세계 약소민족의 자존自尊을 고양高揚하자, 문화유산의 권위와 문화민文化民의 독자성을 옹호하자'라는 3대 강령綱領을 내걸고 학술·문화·예술 등 전반에 걸친 민족진영 문화인들의 총결집하여 전국문화단체총연합회全國文化團體總聯合會를 결성하기에 이르렀다.114) 이 무렵 이 연합회의 경남지부에서 주최하는 정치경제문화인 정담회가 열렸는데 구상은 중앙위원 자격으로 참석하였다. 《자유민보》에 1949년 8월 9일과 11일, 2회로 나누어 게재한 내용은 다음과 같다.

---

114) 국어국문학편찬위원회.「전국문화단체총연합회」항, 앞의 사전, 2570.

政治經濟文化人(정치경제문화인) 鼎談會(정담회)
- 全國文總慶南支部(전국문총경남지부) 主催(주최)

　全國文化團體總聯盟 慶南支部 主催의 政治經濟文化人 連席座談會(연석좌담회)는 지난 八月 六一 下午 三時부터 釜山會館(부산회관) 三層에서 文總慶南 副委員長 薛昌洙 氏(설창수 씨) 開會辭(개회사)에 뒤이어 李東淳 氏(이동순 씨) 司會로 開催(개최)되었다.

　◆ 主催(無順)

　　▲ 洪斗杓(홍두표, 文總慶南副委員長)

　　▲ 薛昌洙(同) 金達鎭(김달진, 企劃常務委員(기획상무위원))

　　▲ 洪原(홍원, 同) 李東淳(同)

　　▲ 朴永煥(박영환, 文總慶南事務部長)

　　▲ 具常(구상, 文總中央委員)

　　▲ 朴容德(박용덕, 文總中央宣傳部長)

　　▲ 李正鎬(이정호, 文總中央委員)

　◆ 參席者(참석자)

　　▲ 金喆壽(自由民報社長)

　　▲ 李時穆(國民會 慶南委員長)

　　▲ 金炯斗(産業新聞 主幹)

　　▲ 張壽鳳(장수봉, 大衆新聞 編輯局長)

　　▲ 金容駿(김용준, 釜山洞會聯合會長)

　　▲ 林鍾國(임종국, 釜山府 總務課長)

▲ 尹致暎(윤치영, 學務課長)

▲ 文致彦(문치언, 釜山府立圖書館長)

▲ 趙聖萊(조성래, 本道 公報係長)

▲ 朴台肅(박태숙, 同 與輪係長여수계장)

民族陣營(민족진영) **統合問題**(종합문세)

▲ **司會者**(李東淳)   오늘은 다음 세 가지 問題를 主로 해서 座談會를 進行시키겠읍니다. 民族文化運動과 民族陣營統合, 釜山府 特別市昇格(특별시승격), 民族文化運動에 對한 協助, 이에 關해서 여러분 의향을115) 어떻습니까.

▲ **具常**   한 가지 提議할 것은 釜山은 過激(과격)하게 말하면 文化의 不毛地(불모지)라고 하겠읍니다. 내 생각으로선 세 가지 문제 중 두 가지는 빼고 文化運動에 局限하는 것이 보다 더 效果的이라고 생각합니다.

▲ **司會者**   잘 알겠읍니다. 오늘의 모임이 文化人만의 모임이 아니니까 文化運動만이 논의할 수 없잔겠읍니까?? 그러나 오늘 모임에 經濟人이 한 분도 參席하잖아서 퍽 유감으로 생각되기는 하지만 그럼 좌담회에 들어가 먼저 民族陣營 統合問題에 대해 直接 서울에서 오신 全國文總宣傳部長(전국문총선전부장)으로 계시는 朴容德 先生의 高見을 듣기로 하겠읍니다.

---

115) 의향은

▲ **朴容德** 政治問題에 關해서는 저는 全然 白紙입니다. 그저 제가 듣고 느낀 바 말씀드리면 國際情勢는 바야흐로 太平洋聯盟 締結(체결)의 氣運이 濃厚(농후)하며 亞細亞(아세아) 全 人民은 防共態勢(방공태세)를 갖후지 않으면 안 되게 되었읍니다. 도리켜 國內情勢를 볼 때 以北人共政權(이북인공정권)은 가진 陰謀(음모)와 策動(책동)으로서 新生 大韓民國의 健全(건전)한 發展을 조해하고 있읍니다. 이 긴박한 國際 國內 事情에 비추어 中央에서는 民族的 政治團體 統合運動이 지금 猛烈(맹렬)히 展開되고 있으며 또 이의 早速 達成이 크게 要請되고 있읍니다.

地方에서도 中央에 呼應하여 이 時期를 놓치지 않고 民族陳營의 統合을 達成시켜 民族진영의 分裂(분열)을 防止하고 以北괴뢰政權의 모략을 分碎(분수)하는 것이 健全한 國家의 發展을 可能케 하는 關건이라고 생각합니다. 그러나 政治人이 아닌 저로서는 民族陳營을 어떻게 하면 統合시킬 수 있는가에 對하여는 別로 하는 것이 없음으로 말하잔케습니다.

▲ **司會者** 대단히 감사합니다. 言論界를 代表하여 金喆壽 氏께서 民族陣營 統合問題에 對하여 할 말씀…

▲ **金喆壽** 民族陣營은 이때 모름직이 統合되어 大同團結해야 한다고 요즘 新聞紙上을 通해서 많이 說○되고 있습니다만 그 實際問題에 있어서는 過去의 이 問題에 對한 運動으로 미루어 보아 자칫 잘못하면 有終의 美를 거두기 어려운 일이라고 생각됩니다. 過去에 있어서의 民族陣營 統合運動이 왜? 結果的으로 보아 失敗로 도라갓나 또 앞으로 그 實現方法을 如何히 取할 것인가에 대해 제 소견을 말씀드리고자 합니다.

過去에 있어서의 이 運動은 첫째로는 精神的인 確固한 信念이 不足하였으며 現實을 망각한 非現實的인 運動方法이였다고 봅니다. 그럼으로서 앞으로 民族陣營大同團結에 있어서는 過去의 再版을 許容할 수 없는 것이며 기성 指導者의 言動에만 맡길 것이 못 됩니다.

　여기엔 새로운 指導者인 靑年層의 진실한 運動者가 나와야만 하겠고 이것은 오로지 새 출발한 文總同志 여러분이 一線에 나서서 民族文化運動을 이르켜 民衆속으로 파고 들어가 民衆을 基盤(기반)으로 한 진정한 民族精神의 武裝(무장)을 強化시켜야 될 것이며 이러함으로서 民族營統合의 結實을 볼 수 있을 것이라고 믿습니다.

　▲ **司會者** 다음에 社會團體를 代表해서 李先生께서 한 말씀 해 주십시오.

　▲ **李時目** 방금 하신 金社長의 말씀에 同感되는 점이 많습니다. 民族陣營統合에는 大衆組織 強化가 緊要(긴요)하며 大衆組織(대중조직) 없이는 同 問題의 操束(조속)한 實現은 보기 어려울 것입니다. 이때까지의 民族陳營은 保守的이고 頹廢的이었는데 새로운 民族統合에는 進取的(진취적)이고 革命的인 同志가 나서야 줄 압니다.

　旣成(기성) 政黨團體가 이제와서도 統合 云云해 봤자 되지 않을 것은 明白한 事實이며 새로운 民族陣營統合에는 第三勢力을 形成할 만한 새 同志들이 나서야 하겠읍니다.

　▲ **司會者** 文化運動과 民族陣營統合에 對하여 朴先生께서 말씀해 주십시오.

　▲ **朴영환** 金先生과 李時目 先生이 말씀한 바와 같이 民族陣營統合에는 大衆 속에 確固한 基盤을 가서야 하며 새로운 어느 힘이 나타나야겠죠. 舊힘은 이 問題를 結코 收拾(수습)할 수는 없을 것입

니다. 現下 國內情勢에 비추어 共産黨을 除外한 民族陣營 大同團結은 우리의 地上課題가 되어야 하겠습니다.

　解放後 이 事業이 失敗로 도라간 主要原因은 첫째로 民族陣營의 体系的 理念이 缺如되어 있었고, 둘째로는 共同會合席上에 있어서 各其 自黨에만 치중하여 民族陣營 大同團結 精神을 忘却한 데 있었다고 봅니다. 끝으로 民族陣營統合의 收拾方法(수습방법)을 말씀드리면 文化人이 좀 더 깊이 体系的 理論을 硏究할 것이며 政治人은 自黨의 固執(고집)을 버리고 民族陣營 全体의 立場에서 모-든 것을 處理할 것입니다.

　특히 文化人은 民族的 精神武裝(정신무장)을 强化하되 萬若 文化人으로서 이에 離脫(이탈)하는 行動이 있는 境遇에는 無慈悲(무자비)한 彈壓(탄압)을 加하여야 할 것입니다. 이만한 굳은 決意를 갖잖고는 結코 過去의 失敗를 되풀이하는 길밖에 없을 것입니다.

　또 一部 慶南 出身 國會議員들이 反對하고 있는 모양인데 內務部次官(내무부차관)의 말씀은 釜山府(부산부) 問題는 慶南道의 일이니까 慶南에서 處理할 것이라고 하는데 事實에 있어서 他道 出身 議員들이 釜山 事情에 精通(정통)하다고는 볼 수 없으며 慶南 出身 議員들이 一致되어 이 問題를 期於(기어)코 成就(성취)시켜야 한다고 봅니다. 그리고 國會에서 通過되드래도 行政部 認准問題(인준문제)가 있으니 行政部門의 交涉節次(교섭절차)를 자주 밟는 것이 無難(무난)하다고 생각됩니다. 끝으로 新聞人 立場에서 한 말씀드리면 特別市昇格運動(특별시승격문제운동)에 主로 行政人 商工人들이 活躍(활약)하고 있을 뿐 釜山府民들은 冷靜(냉정)한 狀態에 놓여 있는데 앞으로 大大的인 市民運動을 積極(적극) 展開시켜야 한다고 봅니다. 以上 살 되기 위한 노파심에서 말씀드렸으니 이 점 諒解(양해)하시기를 바랍니다.

▲ **司會者** 感謝합니다. 本 問題는 대강 이로써 解決될 듯합니다. 産業新聞社 編輯局長께서 結論을 지어 주시기를……

▲ **金형두** 結論이라기보담도 제 職業의 分野에 限해서 말하겠읍니다. 釜山은 商工都市이며 外國과의 貿易에 있어서는 釜山이 中心地일 것입니다. 新聞도 이에 應하여 釜山이 가진 經濟的 諸條件에 隨伴(수반)해야 할 것이며 따라서는 釜山府 特別市昇格問題에 있어서도 우리로서 可能한 限度內에서 積極的인 協助를 아끼지 않겠읍니다.

民族文化(민족문화)**와 地方自治問題**(지방자치문제)

▲ **司會者** 特別市問題는 이것으로서 마치겠읍니다. 다음엔 地方自治問題에 對하여 먼저 解說的(해설적)으로 中央文化人 具常 氏께서

▲ **具常** 우리의 文化運動은 現在 遠心的(원심적)인데 이것을 고쳐 求心的(구심적)인 文化運動으로 悛換(전환)시키지 않으면 안 될 것입니다. 오늘날과 같이 文化運動이 政治色을 띠운 때는 없었읍니다.

釜山에는 新聞이나 혹은 다른 發表物에 아직도 反動的 文化要素가 잠식하고 있어 大衆에 미치는 影響(영향)이 큽니다. 우리 慶南文總의 現在 課業(과업)은 무엇보다도 이들 反動文化를 完全히 없에 버리는 한편 진실한 民族文化를 세우는 것일 줄 믿읍니다.

▲ **司會者** 다음엔 中央에서 오신 李정호 씨께서 말씀 듣고저 합니다.

▲ **李정호** 解放後의 左翼(좌익)과 右翼(우익)과의 文化運動을 比較(비교)해 볼 때 左翼에서는 그 當時 文學家同盟(문학가동맹)이니 音樂家同盟이니 무슨 同盟이니 해서 强力한 知識体를 構成하고 한때는 左翼文化 天地의 色彩가 濃厚(농후)하였읍니다. 右翼陣營(좌익진영)은 恒常 個人主義로 나아왔으며 一九四六年 十一月에 全右翼을 合한 全國文化團體總聯盟2이 組織되었으나 看板(간판)만이 내걸고 단지 그 精神만 取해 왔으며 積極的인 民衆運動을 못해 왔든 것입니다. 앞으로 우리 文總은 民衆에게 民族精神을 浸透(침투)시키는 한便 强力한 民族文化運動을 이르켜 共産色彩(공산색채)를 粉碎分散(분쇄분산)시키고 地方自治的인 文化運動을 이 땅에 이뤄야 할 것입니다. 過去 釜山에 있어서의 經濟人은 그야말로 個人 모리에만 급급하였으며 地方文化運動에는 何等(하등)의 關心을 두지 않았읍니다. 우리 慶南文總은 이들 經濟人의 啓蒙(계몽)에 拍車(박차)를 加하여야 할 것은 勿論이거니와 이들의 舊殼(구각)을 完全히 베끼고 鄕土文化運動에 參與(참여)시킬 것입니다. 여게116) 모인 여러분께서도 새로이 結成된 慶南文總에 對한 積極的인 協助와 後援(후원)을 해주시기를 바랍니다.

▲ **司會者** 感謝합니다. 다음 文化機關의 育成問題(육성문제)에 對하여 府立圖書館長(부립도서관장)께서……

▲ **文致彦**(문치언) 제가 圖書館에 職을 두고 있는 만치 枝葉的(지

---

116) 여기에

엽적)이라고 생각되기는 하나 현 도서관 施設(시설)에 對하여 제 所感을 말씀드리고저 합니다. 慶南에 단 하나밖에 없는 圖書館은 현재 비가 세고 있읍니다. 이 단 한 가지만 보드래도 이 나라 文化施設이 얼마나 미미한 狀態에 놓여 있느냐는 것을 능히 알 수 있읍니다. 이 原因이 어데 있는가 하면 三六年間의 奴隷政治(노예정치)로 말미암아 半封建的(반봉건적)인 現官吏(현관리)들이 아직도 日帝 奴隷政治의 틀에서 빠져 나오지 못하고 있는 까닭입니다. 이것을 打破(타파)하잖고서는 結코 文化施設에 있어서의 潤澤(윤택)은 볼 수 없을 것입니다. 이번에 結成된 慶南文總이 깃빨을 들고 나서서 官僚的(관료적)이고 頹廢的(퇴폐적)인 現爲政者의 見解를 뭇찌러 나가지 않으면 文化施設育成을 꾀할 수 없을 것이라고 생각됩니다.

▲ **司會者** 圖書館에 對해서나 모-든 文化施設에 對하여는 行政部間의 많은 도움이 있어야 할 줄 압니다. 다음엔 府學務課長(부학무과장)께서 文化運動에 어떻게 協調할 것인가 이 問題에 대하여 所感을……

▲ **尹致영** 지난 七月 十七日에 文總이 創設(창설)되었다고 들어 그 때 참으로 기쁜 일이라고 생각하였읍니다. 七月 十七日은 釜山이 잊을 수 없는 날입니다. 오늘 이 자리에서 釜山人士들은 釜山의 文化가 이렇게 微弱(미약)하다는 것을 文化의 不毛地라 부르든 文化의 處女地(처녀지)라고 부르든가 간에…… 알았든 것입니다. 그러면 앞으로 文化運動을 어떻게 展開시켜야 할 것인가에 대하여 제 所感을 말씀드리면 첫째 組織的인 文化運動을 해야 될 것이며, 둘째로 여러 사람이 다 알 수 있는 指導(지도)의 理念을 내세워야 하겠읍니다. 셋째로 組織과 指導理念을 내세운 뒤에는 지도능력이 있

는 사람을 여기에 集結(집결)시켜야 하겠다고 생각합니다. 우리가 또 協助를 하는 데는 共同目標가 있어야 할 것입니다. 말하자면 우리나라를 爲하여 일한다는 目標일 것입니다.

文總은 時代性에 감하여 自然發生的으로 된 것은 아닐 것이며 어느 意圖 아래서 發生되었음으로 그 意圖의 達成에 힘차게 나아갈 것이라고 믿고 있읍니다.

▲ 司會者 끝으로 大衆新聞社 張수봉氏께서 政治經濟文化人의 三派協助(삼파협조)에 對해서 結論을.

▲ 張수봉 지금까지 이야기해온 것을 具体的으로 討議하여 實踐(실천)에 옮길 것이 긴요한 것이며 오늘 商工人이 不參席(불참석)되어 매우 유감으로 생각되는 바이나 앞으로 機會(기회)를 타서 이네들과 한 자리에 모여 座談(좌담)할 수 있는 機會를 갖도록 하는 것이 좋겠읍니다.117)

▲ 司會者 感謝합니다. 남은 時間도 없으니까 이것으로서………

▲ 李正鎬 잠간 제가 三部門 協助에 對해서 간단히 제 소감을 말씀드리고저 합니다. 첫째 經濟人과 文化人의 協助에 있어서는 過去의 個人的이고 常套的(상투적)인 방법은 없에야 할 것입니다. 文總이 結成된 以上 文總의 强力한 後援体(후원체)를 이 판에 組織할 것입니다. 政治的으로는 文化課 公報課와 함께 한 달에 한 번식 會合을 가지도록 하는 것이 좋겠지만 이것만으로 微弱(미약)하고 우리 文化人으로서 國會에 出馬하여 우리 손으로 民國政府內(민국정부내)에 文化部를 기어코 設置할 것입니다.

---

117) 좋겠습니다.

▲ **司會者** 대단히 감사합니다. 오늘을 이것으로 끝마치겠읍니다.

▲ **閉會辭(폐회사, 金達鎭김달진)** 오늘은 여러분 많이나 受苦(수고)하셨읍니다. 오늘 이 모임은 우리 文總에 있어서 처음 여는 會合이니만큼 모-든 점에 不備(불비)된 점이 많았을 줄 압니다. 우리 文總을 사랑하시는 마음으로 寬大(관대)히 용서하시고 앞으로 더욱더 편달 지도해 주시기 간절히 바랍니다

(下午 六時 三〇分 閉會).(끝)
《자유민보》(1949. 8. 9.-11.)

이 정담회의 주제는 '민족문화운동과 민족진영통합', '부산부 특별시 승격', '민족문화운동에 대한 협조' 등이었다. 참석자의 수에 비하여 대담의 분량이나 그 내용이 풍족한 편은 아니다. 분명 많은 이야기가 오고 갔을 터이지만, 간단하게 정리되었다. 구상은 문화운동에 깊숙하게 침투한 정치색, 구심적 문화운동으로의 전환 등을 골자로 하는 문화운동에 대한 의견만 개진하였고, 경남지역 문총의 역할로 반동적 문화 요소를 제거하고 진실한 민족문화를 세우는 과업을 제시하였다.

구상의 민족문화에 대한 철학은 「방황하는 시정신과 반성기의 우리 시단」에서 언급한 바와 같이 당대 시대정신의 구현에서 나온 것이고, 이 정담회에서 제시한 의견 역시 이런 민족문학 정립을 위한 운동과 같은 맥락에 놓인 것이다.

5.3 종군예술가좌담회

　　6·25전쟁이 발발하자 전국문화단체총연합회全國文化團體總聯合會에서는 국군 사기앙양士氣昂揚을 위하여 문총구국대文總救國隊를 조직하고, 국군정훈국政訓局 소속 하에서 육군종군작가단, 해군종군작가단, 공군종군문인단 등으로 나누어 활동했다. 문총구국대는 서울 수복 이후 1950년 10월 10일 서울 시민회관에서 '민족문화인총궐기대회'에서 사명 완수 선언 후 해체하였다. 그러나 1951년 1·4후퇴 후 대구에 모인 문인들을 중심으로 공군과 육군으로 나누어 각각의 종군문인단을 결성했고 1953년 휴전 때까지 활동했다.118)

　　이때 『전선문학』 주간을 맡았던 구상은 문인과 예술가들을 초청하여 '종군예술가從軍藝術家'라 칭하고 좌담회를 개최하였다. 그 내용을 보면 다음과 같다.

從軍藝術家座談會(종군예술가좌담회)

　　- 出席者(출석자)

　　馬海松(마해송, 隨筆家수필가, 空軍文人團공군문인단)

　　金基宇(김기우, 피아니스트, 軍歌普及團군가보급단)

　　朴榮濬(박영준, 小說家소설가, 陸軍作家團육군작가단)

　　李奉文119)(이봉문, 畫家화가, 空軍藝術團공군예술단)

---

118) 국어국문학편찬위원회, 「문총구국대」 항, 앞의 사전, 1048.
119) 본문에는 '李奉先'으로 표기되어 있다.

河大應(하대응, 音樂家음악가, 軍歌普及團군가보급단)
河永俊120)(하대준, 寫眞人사진인, 陸軍政訓監室육군정훈감실)
田澤二(전택이, 映畵排優영화배우, 空軍政訓監室공군정훈감실) (敬稱略경칭략)

- 司會(사회) 具常(구상, 詩人, 本誌主幹본지 주간)

無等兵(무등병)은 왜 되었나

具常 -- 오늘은 이렇게 無等兵들이 한자리에 몽여서(爆笑폭소) 通事情(통사정)을 해보자는 겝니다. 二等兵에겐 權利와 義務가 있으나 萬年 ∧標 하나 붙은 無等兵에게는 오직 獻身(헌신)만이 우리들의 것입니다. 그럼에도 자칫하면 우리 從軍者들은 軍의 오마께[덤]나 食客 取扱(취급)을 받기가 일수입니다. 이런 意味에서 먼저 우리들의 從軍動機(종군동기)가 ○○提示되어야 한다고 봅니다. 馬先生부터 말머리를 좀 열어주십시오.

馬海松 -- 從軍動機란 한 마듸로 말하면 祖國戰爭(조국전쟁)에 對한 積極的 參與(적극적 참여) 이것입니다.

河大應 -- 그렇습니다. 他部門의 技術文官(기술문관) 軍○물도 職業意識(직업의식)보다는 祖國에 服務意識(복무의식)이 앞섰겠지만 特히 文化人 또는 藝術人들의 軍服務란 動機에 있어선 참으로 單純(단순)할 것입니다.

具常 -- 文化人들의 從軍 動機가 너무 單純해서 「탈」이 잘 나는

---

120) 본문에는 '河榮俊'과 '河永俊'을 혼용하고 있다.

편이라요(一同笑) 그래 職業意識이 없기 때문에 無等兵 志願(지원)을 理念만 가지고 했다가 歸去來(귀거래)를 부른 사람이 많죠. 서울大學에 李崇寧 敎授(이숭녕 교수)가 戰史編纂(전사편찬)을 하다가 도로 學園으로 도라간 例라던가 學者 文人들이 現役編入(현역편입)을 했다가 除○를 한다는가 實例가 많죠.

朴榮濬 -- 나도 二年間 直接 軍服務를 하여보고 알었읍니다만 所謂「軍隊世界」라는 것을 몰으고 漠然(막연)한 獻身意識(헌신의식)에 醉(취)하였다가는 不平밖에 남을께 없을 것입니다.

河永俊 -- 그런 意味에서 우리 寫眞人일 苦衷(고충)이 제일 큽니다. 마치 徵用忌避者(징용기피자)나 戰爭商人(전쟁상인)으로 誤解(오해) 받기가 일수거든요.(一同笑)

馬海松 -- 이점은 朴榮濬 氏 말대로 從軍者들이 自己를 理想化하지 말고「軍隊世界」를 배우고 알 것과 또한 現役들이 자기들의 缺乏(결핍)된 專門分野의 協力者인 從軍者들을 理解할 것과 相互努力(상호노력)이 필요합니다.

그들은 이렇게 服務하여 왔다

具常 -- 그러면 이번엔 現在 自己作業이나 過去 남기신 業績(업적)을 紹介(소개)해 주셨으면 합니다.

田澤二 -- 至今 나는 空軍後援(공군후원) 製作(제작)인「出擊命令(출격명령)」에 撮影中(촬영중)이구요 過去에는「十勇士」「나라를 爲해서」十七聯隊(17연대)의「戰友」등 이러한 軍事映畵(군사영화)에 出演(출연)하였지요.

金基宇 -- 우리 軍歌普及團(군가보급단)에서는 創立 滿一週年(만1주년)에 指導(지도) 延人員數(연인원수) 約 十五萬 名과 曲目은 陸軍歌를 비롯한 十餘曲을 普及(보급)하였읍니다. 이 歌唱指導(가창지도)는 우리 團圓(단원)이 各 部隊(부대)에 派遣(파견)되여 直接(직접) 普及하였음은 勿論 高地帶壕(고지대호)에까지 출동하였던 것입니다.

李奉先 -- 우리 空軍畫家團(공군화가단)은 組織된 지 얼마 않되어 이렇다할 所業이라고 내놓을만한 것이 없고 政訓監室 美術班(정훈감실 미술반)에 協力하고 있는 程度(정도)입니다.

馬海松 -- 내야 司會께서 잘 아실 껄 從軍도 從軍이지만 文筆을 通한 戰時國民精神(전시국민정신)의 作○ 또는 航空思想普及(항공사상보급) 等에 내 딴은 空軍從軍文人團을 通해 努力하였습니다.

朴榮濬 -- 從軍作家로선 戰線出動에「NO·1」이 날 것입니다. 또 政訓監室指導課에서 代書業(대서업)도(一同笑) 한 二年 하고 있구요.

河永俊 -- 寫眞말슴입니까. 人物은 몇 萬枚(만장)에 達할껄요.(一同笑) 앨범도 만드렀죠.

具常 -- 나도 자랑입니다만 無等兵으론 제일 내가 古參(고참)일 껄요. 五年이나 되니까요. CIC情報手(정보수)로부터 勝利日報 主幹(승리일보 주간)까지 代書業으론 布告文(포고문)으로부터 壁報(벽보) 傳單(전단) 祝辭(축사) 式辭(식사) 弔辭(조사), 안 해본 게 없지요. 때로는 執銃步哨(집총보초)도 서고(一同笑) 자아…그러면 이번엔 과부 서름은 과부가 안다고 從軍者의 苦衷(고충) 隘路(애로) 不平 等을 좀 털어놓아 보십시다.

從軍의 苦衷(고충)과 隘路(애로)는 무엇인가

河大應 -- 그 얘기하자면 조히 많구! 안 하자면 없지요(爆笑). 첫째 일을 하자면 그 條件(조건)을 具備(구비)시켜 주어야겠는데 無에서 有를 낳으라는 경우가 많거든요. 비컨대 얼마 前에 ○러왔읍니다만 우리 軍歌普及團에 피아노 한나는 있어야 한다는 이런 最小限度(최소한도)의 條件 말입니다.

田澤二 -- 그렇습니다. 映畫(영화)에 있어서도 軍과 提携(제휴)하는 때 처음 이야기는 쉽게 됩니다. 實際 事業을 着手(착수)하기 始作하면 그 具備條件(구비조건)을 各關係官(각관계자)에게 理解시키고 獲得(획득)하는 것만 해도 一○年도 걸리거든요. 애가 탑니다.

河大應 -- 거기에도 各關係官의 理解如何(이해여하)에 따르는데 問題는 그 關係官의 更迭(경질)이 또 말성을 부립니다. 그려.

朴榮濬 -- 우리가 相對로 하는 關係官이란 大體로 政訓將校(정훈장교)인데 當政訓將校는 他兵科將校(타병과장교)에 比하여 이들도 우리가 본 바로 率直(솔직)히 말하자면 그 部隊內에서 發言이랄까 努力이랄까 그리 하지 못하거든요(一同笑). 그러니 우리 上官이 無氣力이니 그 卒者 우리야!(一同笑)

馬海松 -- 말하자면 士兵에게 銃과 彈藥(탄약)과 軍糧(군량)의 補給(보급)이 없으면 그 士兵이 機能(기능)을 發揮할 수 없듯이 우리에게는 우리의 武裝(무장)이 必要한 게지요. 이런 意味에서 우리의 武裝은 가장 原始的이지요.

李奉先 -- 그렇습니다. 從軍畫家들에게 있어서도 戰線出動에 交通便(교통편) 또는 作品製作의 資材幹旋(자재알선) 等이 없이는 有名

無實이 되고 말 것입니다.

人格的 待遇(대우)가 問題

具常 -- 或時(혹시) 戰線에서 逢變(봉변)같은 것 當하신 일은 없으십니까. 우리 從軍作家 中에는 前線에 「作家」라니 軍天幕請負業者(군천막청부업자)로 誤認(오인) 當한 일도 있다는데(一同笑).

金基宇 -- 나는 美軍에게 스파이로 몰려 命傾刻(명경각)에 이르러 본 적이 있어요.

朴榮濬 -- 一線엘 우리 作家들이 가면 新聞記者로 混同(혼동)하는 것이 普通(보통)이어서 自己에 師團戰果(사단전과)를 誇示(과시)하죠. 이것은 또 괜찮은 편이고 기자는 갔다가 도라오면 新聞에 곳 指名되어 宣傳되니까 좋아하지만 作家들은 이것을 作品化하니까 從軍報告以外에 直接効用(직접효용)이 없으니까 敬遠(경원)하는 감도 있구요.

河榮俊 -- 그런 意味에선 우리 寫眞人들 어디가나 自進해서 만납니다. 自己의 얼굴을 박여준다는데 對해서지요.

田澤二 -- 그 말슴 마십쇼. 그 때문에 우리 映畫人이 現地撮影(현지촬영)을 나가면 서로들 「나하나 박여달라」고 그래서 필림 몇 百尺(백척)을 餘分(여분)을 가지고 나가야 한답니다. 거기까지는 좋은데 그 뒤에 내 얼굴이 映畫(영화)에 나오지 않았다고 성화를 대는데 그야말로 골치입니다.

河大應 -- 우리 音樂人들은 公式 스태-지는 좋으나 아모리 戰線에서라도 夜間○人慰安(야간○인위안) 같은 것은 참 難處(난처)합니

다. 戰線의 그들 氣分은 아나 어떤 때는 慰安夫格(위안부격)이 되어야 하니까요.(一同笑)

朴榮濬 -- 從軍人들의 一線出動에 있어 現役軍人과 달리 交通便이 隘路(애로)에 하나일 것입니다. 僥倖(요행) 待接(대접)을 받으면 師團長車(사단장차)에 호사를 하다가도 잘 않되는 때엔 츄럭 便乘(편승)도 못하고 걸어야 하니까요.(一同笑)

具常 -- 待遇(대우)에 對해서는! 나는 從軍作家로서 月大斗(월대두) 한 말 쌀을 받고 戰線出動費(전선출동비)가 一回 參萬圓(삼만원)인데요.

金基宇 -- 우리들은 얼마 前까지도 文官도 못되고 軍徵用者(군징용자)가 되어 있었지요. 그러니 物質的 待遇는 얘기할 필요도 없구요 人格的 待遇를 모두 要求하고 있겠죠.

具常 -- 軍에는 階級(계급)이 行勢(행세)하니까 아모리 人格이라도 問題되지 않겠지요. 그저 대접을 하면 대접을 받고 푸대접을 하면 푸대접을 받을 뿐이 아니겠습니까.

河榮俊 -- 그런데 軍에서는 民間人 取扱(취급)은 받고 民間에서는 軍隊取扱(군대취급)을 받고 여기에 從軍者의 悲哀가 있습니다.

朴榮濬 -- 그래요. 같은 文學人들 중에서도 軍에 服務하는 것을 무슨 權勢機關(권세기관)에 阿附(아부)하는 듯이 敬遠하려는 傾向(경향)도 없다고는 볼 수 없죠.

馬海松 -- 자아, 그런 얘기는 치웁시다.

從軍人의 矜持(긍지)와 喜悅(희열)

具常 -- 그러면 不平不滿(불평불만)은 그만큼 털어놓으셨으니 이번엔 從軍中에 즐거움이랄까, 이런 것을!

金基宇 -- 그건 우리 軍歌普及團에서 먼저 한마듸…지난번 ○○高地奪還(고지탈환) 때에 우리 勇士들이 「무찌르자 오랑캐」를 부르며 올라갔다는군요. 感激(감격)했습니다.

朴榮濬 -- 戰線서 讀者를 만나면 참 반갑드군요.

金基宇 -- 軍服을 입던 矜持(긍지)가 하루하루 削減(삭감)되는 것 같습니다. 그러나 기운을 내야겠지요. 그러기 위하여서는 우리의 現在作業意欲이 좀 더 高度의 能率(능률)을 올릴 수 있게 되어야겠읍니다.

앞으로 意欲(의욕)과 計畫(계획)

具常 -- 옳은 말씀입니다. 더욱이나 우리 從軍藝術家에게 있어서는 當面한 從軍服務와 同時에 이 世界史의 自由 祖國 鬪爭을 藝術的으로 形象化시켜야 할 二重的 使命이 있을 것입니다. 그런 意味에서 오늘 各分野의 앞으로의 計劃과 意欲을 吐露(토로)해 주셨으면 합니다.

田澤二 -- 우리 映畫人들은 이 戰爭을 素材로 한 世界의 記錄映畫(기록영화)를 野心(야심)하고 있읍니다. 이것은 뉴-스 映畫나 戰史映畫(전사영화)와 같이 땅땅 총쏘는 것과 高地와 탱크를 撮影(촬영)하는 것이 아니라 劇的 構成(극적 구성)을 가진 藝術映畫 말씀입니

다. 現在에도 「鮮血(선혈)은 영원히 빛난다」라는 것을 釜山서 任永
○ 氏가 財政的 背景(재정적 배경)이 되어 撮影中에 있읍니다만은 더
욱 巨創(거창)한 것이 意欲입니다.

李奉先 -- 우리 亦是 本格的인 記錄畵製作입니다만 材料入手가 問題입니다.

河大應 -- 陸軍에도 欲心같어서는 交響樂團(교향악단) 六○名 合唱團(합창단) 八○名 이렇게쯤은 音樂團體를 增設(증설)하고 싶습니다. 그리고 軍歌普及은 國民齊唱(국민제창)에 나아가야 할 것이며 國民戰時音樂運動(국민전시음악운동)을 活潑(활발)히 展開하여야 할 것입니다.

河榮俊 -- 寫眞에 있어서는 美國雜誌(미국잡지)가 報道寫眞(보도사진)에 빠른 편이니까요. 機動力(기동력)과 ○材가 문제겠지요. 寫眞展示會보다 이제는 記錄앨범같은 것을 하여 보렵니다.

朴榮濬 -- 우리 作壇에도 漸次(점차) 戰爭素材의 作品이 活潑해지니까 아마 世界의 問題作이 나오겠지요. 그런 의미에서 「戰線文學」誌의 使命이 크겠지요.

具常 -- 하하! 「戰線文學」誌의 使命까지 論議(논의)되는 것을 보니 이제 얘기는 끝났나 봅니다.(一同笑)

『전선문학』 제2호 (1952. 12.)

종군의 동기, 복무, 고충과 애로 사항, 인격적 대우 문제, 긍지와 희열, 향후 계획 등 종군예술가의 전체 측면을 보면서 구상은 사회자로서 시종일관 모임의 성격을 잘 유지하면서도 유머를 잃지 않는 여유를 보여 주고 있다.

구상은 종군예술가들이 지닌 '당면한 종군복무와 동시에 이 세계사적 자유 조국 투쟁을 예술적으로 형상화시켜야 할 이중적 사명'을 잘 알고 있었다. 경험상 문화인들의 순수성과 종군의 어려움을 잘 알고 있는 구상은 자기가 종군하면서 거쳐온 보직들을 소개하면서 같은 예술가로서의 고충들을 귀담아듣고 있다. 이후에 쓴 「종군작가단 2년」에 이 좌담에서 나눈 경험들이 많이 반영되었다는 사실도 확인할 수 있다.

5. 4 신춘문학좌담회

앞에서 서술한 바와 같이 구상은 신춘문학좌담을 준비하면서 대담자들을 한자리에 모을 수가 없었다. 그래서 참가자가 설문 주제에 맞는 글을 써서 보낸 것을 대담처럼 편집할 수밖에 없었다. 기자(구상 자신으로 보인다.)가 언급한 것처럼 '발언 내용을 기자의 자의로 배열 정리'한 후 『전선문학』에 실었다. 한 가지 특기할 점은 설문으로 취한 대담의 참가자 친필서명을 함께 보여줌으로써 내용의 사실성을 높이고자 하는 세밀한 조처를 확인할 수 있다. 그 내용을 보면 다음과 같다.

新春文學座談會(신춘문예좌담회)

- 參加者(참가자)

具常(구상), 金八峰(김팔봉), 金宗吉(김종길), 朴木月(박목월), 崔仁旭(최인욱), 鄭飛石(정비석), 敬稱略(경칭략)   無順(무순)

記者 = 먼저 本座談會에 이렇게 熱誠(열성)으로 아니 - 共産黨文學(공산당문학)을 빌어 - 的으로 參加(참가)하여 주신 作家諸先生(작가제선생)께 感謝드립니다. 實은 始初 計劃(계획)은 우리 文學의 當面한 全般問題(전반문제)에 對하여 廣範(광범)한 作家의 紙上 動員을 要請(요청)하고 本格的 論議와 知的協力을 展開하고저 하였으나 本社의 微力未充(미력미충)과 諸作家의 事情에 依하여 後日을 期約(기약)하고 槪括的(개괄적)인 序口(서구)의 準備座談(준비좌담)으로 하려하오니 그리 아시고 斷片的(단편적)이어도 좋사오니 自由放言(자유방언)이 있으시기를 바랍니다. 그러면 爲先(위선) 六・二五動亂勃發後(6・25동란발발후) 卽 戰爭이 우리 文學의 直接的 素材가 되게 된 以後 우리 文學의 變化랄까 傾向이랄까 或 發揮力이랄까 이런데서부터 八峰先生께서 말 門을 열어주십시오.

動亂以後(동란이후)의 우리의 文學

金八峰 = 도대체 六・二五以後 두 번式 거듭하는 首都放棄(수도방기) 통에 한동안 親知의 安否도 不明하였던 터이라 釜山 大邱 서울 大田 光州 晋州 全州 等 各地에 散逸(산일)되여 이러나고 있는 文學活動의 起伏(기복)을 昭詳(소상)히 알 길이 없읍니다. 그러므로 一・三後退121) 後 내가 窺知(규지)할 수 있는 곳이란 大邱 釜山 서울인데 이 三都市에서 發刊되는 新聞雜誌 및 其他 出版刊行物을 通하여 얻은 印象으로는 우리 文學이 表面的인 低調(저조)에 빠져 있기는 하

---

121) 1951년 1월 4일 중공군의 공세에 따라 정부가 수도 서울에서 철수한 사건을 말한다. 공식적으로는 '1・4후퇴'라고 한다.

나 그 속에 內在하고 있는 生命의 線은 眞率(진솔)하고 敬處(경처)하여서 至今은 적은 存在인 것 같으나 生命과 眞實과 靈魂(영혼)의 摸索(모색) 探究(탐구) 傾聽(경청) 等 – 이런 文學의 究竟的(구경적) 魂脉(혼맥)이 胎動(태동)하고 있다는 것입니다.

鄭飛石 = 나 亦是 글은 쓰고 있으면서도 우리 文學全體에 對한 動向을 大局的으로 規定지을 만한 知識을 갖고 있지 않습니다만 내가 읽은 作品의 範圍內(범위내)에서만 말씀드린다면 方今 八峰先生께서 말씀한 바와 같이 戰爭이라는 嚴肅(엄숙)한 現實을 通하여 얻은 어떤 生命의 絶叫(절규)랄까 靈魂(영혼)의 呼訴(호소)같은 것을 엿볼 수 있었읍니다. 이런 點에서는 六·二五 以前보다 오히려 以後의 作品이 높이 評價되어야 하지 않을까 생각합니다.

記者 = 그러면 오늘날 우리 文壇에서 通念的(통념적)으로 論議되는 沈滯(침체)나 低調(저조)는 무엇을 義味합니까.

朴木月 = 우리가 입담고 있는 文學沈滯(문학침체)의 가장 큰 原因은 文學人으로써의 우리가 現實(戰爭)을 把握(파악)하고 다스릴 精神的 成熟(성숙)한 基盤(기반)이 微(미)한데서 오는 一種의 虛脫狀態(허탈상태)나 或은 摸索狀態(모색상태)에 놓여 있기 때문입니다. 換言(환언)하면 이처럼 歷史未曾有(역사미증유)의 또한 生死를 건 戰爭時에 國民이 緊張(긴장)할 만큼 그만큼 文學部門에서도 큰 成果를 얻어야 하리라는 것입니다. 그것도 妥當(타당)한 要求입니다. 그러나 文學이란 이런 뜻에의 緊張이나 興奮(흥분)이 아닌 것입니다. 오히려 그 緊張이나 興奮의 밑바닥을 흐르는 것에의 끊임없는 보살핌의 努力일 것입니다. 이모리 戰爭과 같은 文學的 큰 素材로써의 現實이 우리 앞에 놓이고 또한 우리가 體驗한다드래도 그 現實이나 體驗이

이내「文學」이거나「文學的 成果」로서 收穫(수확)되는 것이 아니라 말하자면 이런 文學의 큰 素材로써의 現實이나 그것에의 體驗은 그것이 크면 클수록 重하면 重할 수록 어느 作家 안에 긴 時日을 두고 生長하여 비로소 열 때 지는「한 개의 問題」들이기 때문입니다. 그래서 우리가 當面한 現實이나 體驗을 通하여 새로운 眞理나 모랄이나 그런 것을 體得했거나 혹은 體得하려는 努力의 方向이 잡힐 때 비로소 文學人으로서 文學的 作品活動이 活潑해지는 것입니다. 이 새로운 眞理나 모랄이 잡히는 동안에 그「時日」그것은「精神的 成熟한 基盤」이 이루어지는 동안인 것이며 이 時期에는 文學的 作品活動이기보다는 作家(文學人)로서의 內的 生長其間일 것입니다. 그러므로 六·二五 後 우리 文學의 가난한 收穫을 우리 文學人의 無誠意나 그런 것으로 물리기에는 時機尙早(시기상조)입니다.

具常 = 저는 觀點(관점)을 좀 事實的으로 돌려 말슴드리면 動亂以後 우리 文學은 量的으로는 沈滯나 低調라기보다 오히려 活潑하다고 봅니다. 이 말은 文學藝術全部門에 適用(적용)시켜도 좋습니다. 「우리 戰爭」이라는 커다란 現實의 衝擊(충격) 앞에서 그만 自失狀態(자실상태)에 드러간 몇몇 作家 外에는 作家나 藝術人 全體가「무엇이던지 않고는 못배기는 心情」속에 支配當하였기 때문에 또 하나는 柱礎(주초) 잃은 生活窮乏(생활궁핍)의 打開(타개)를 爲하여 作家들이 靜的이기보다 動的이 된 것입니다. 勿論 이「動的」인 속에는 文筆活動이기보다 文化行動的인 事實도 包含(포함)되여 있읍니다마는 여기 參加하신 諸位의 各個人의 作品乃至 文筆行動을 動亂前과 比較하여 보아도 훨씬 以後가 多量일 것이라고 敢히 斷言합니다. 問題는 質的 向上與否(향상여부)인데 이「質」이라는 것도 문학의「技

衛成(기위성)」의 低下(저하)를 意味하는지 或은 作家의 精神內面의 「誠意」를 意味하는 것인지가 分別되어야 할 것입니다. 前記 文學의 技衛成으로 말하자면 먼저도 말슴드린 바와 같이 內面的이기보다 他力的인 要請에서의 多量生産이기 때문에 粗生亂造(조생난조)가 不可避(불가피)요 또한 作家의 精神面의 誠意도 高潮(고조)는 되여 있으나 모든 文學 素材가 現實的 肯定要請(긍정요청)에 依하여 文學本領의 否定的 生命을 濾過(여과)치 못한 채 있기 때문에 充分히 發揮되지 못하고 있다고 봅니다. 그러나 左右間 戰爭은 우리 作家들에게 精神을 高潮시키고 技術을 習得(습득)시키고 있고 또 우리 作家들도 應分(응분)의 努力으로 自己脫皮와 革正을 敢行(감행)하고 있다는 事實입니다.

金宗吉 = 이미 여러분이 말슴하신 바와 같이 六·二五 以後의 우리 文學이라면 爲先「戰爭에 處해 있는 文學」일 것입니다. 그렇다면 그동안 우리 文學은 戰爭에 對해서 어떻게 그 機能을 發揮하여 왔느냐가 問題될 줄 압니다. 이것 亦是 文學人의 資質이라든가 誠實性과는 分離해서 생각할 수 없는 問題라고 봅니다마는 大體로 戰爭을 皮相的(피상적)으로 받아드렸거나 便乘(편승)하고 있는 것 같습니다. 文學人에게는 戰爭이란 반듯이 不幸한 것만은 아니라고 생각합니다. 그러나 이 땅의 文學人들에게는 아직까지로 봐서는 이번 動亂은 不幸한 것 밖에는 안 되고 있읍니다. 이것은 다시 말하면 戰爭을 通해서 文學의 機能이 高度로 發揮되지 못하고 있다는 것입니다. 그리고 이것은 비단 動亂以後뿐만 아니라 解放以後 사뭇 延長되고 있는 現象이라고 봅니다. 어떻게 말하지면 오히려 이번 動亂은 우리 文學에 어떤 整頓(정돈)을 가져왔다고 볼 수 있겠읍니

다마는 한편 質的인 混頓(혼돈)과 痲痺(마비)를 招來했다는 것도 否認못할 事實일 것이다.

解放前後 文壇의 比較(비교)

記者 = 六·二五가 우리 文學의 一大轉換期(일대전환기)라면 己往 朔及(소급)해서 우리 또 하나의 轉換期(전환기) 解放前과 解放後 文學을 比較 考察(고찰)해 봄이 어떨까요.

鄭飛石 = 解放前과 解放後의 우리 文學은 端的(단적)으로 表現하여 量的으로는 훨씬 많이 生産되었으나 質的으로는 低下하였다고 봅니다. 그 低調의 原因은 量的으로 多量生産한데도 있겠으나 그보다는 文學活動 그 自體에 政治的 挾雜性(협잡성)이 많이 作用介入된 때문이 아닌가 합니다. 日帝時에는 外部의 彈壓(탄압)을 받아가면서도 文學者가 自己의 生命的 價値를 發見할 수 있는 곳은 오로지 文學뿐이었기 때문에 文學的 情熱의 總力量을 作品制作에만 기우릴 수 있었으며 그리고 모든 作家들이 모두 그러했기 때문에 엔간한 作品으로서는 發表할 生念도 機會도 없었으나 解放後에는 文學보다 政治가 急先務(급선무)였기 때문에 文學者의 文學的 情熱도 두 갈래로 分散되어 作品은 自然히 粗雜(조잡)을 免하기 어려웠던 것이 아닌가 합니다. 어느 國家의 어떤 文學者를 莫論하고 政治的 變革期(변혁기)에는 그런 現象을 막을 길이 없겠지만 우리는 되도록 빨리 그런 空氣를 一掃하고 文學者는 作品制作에 專念하는 環境이 하루바삐 와야겠읍니다. 새삼스러운 이야기 같으나 文學者의 眞正한 愛國의 길은 오로지 優秀한 作品制作에만 있을 것입니다.

崔仁旭 = 勿論 平面的인 意味의 全體的인 質은 오히려 低下하였다고 보나 立體的인 意味의 部分的 質은 相當히 上昇한 것도 事實입니다.

金宗吉 = 同感입니다. 그러나 여기서 「우리文學」이라고 할 때는 量的인 面을 가지기 때문에 文學(또는 文壇)의 質이라고 하면 大體로 그 平均水準으로 測定하게 되며 이 平均水準은 藝術의 平均値(평균치)를 算出하는 公式을 벗어날122) 수 없읍니다. 따라서 아모리 優秀한 作品이 있다 하드래도 低俗한 作品이 量的으로 壓倒(압도)일 때는 文學의 質은 低下하고 맙니다. 解放後 우리 文學은 量的으로는 繁盛(번성)했읍니다마는 그랬기 때문에

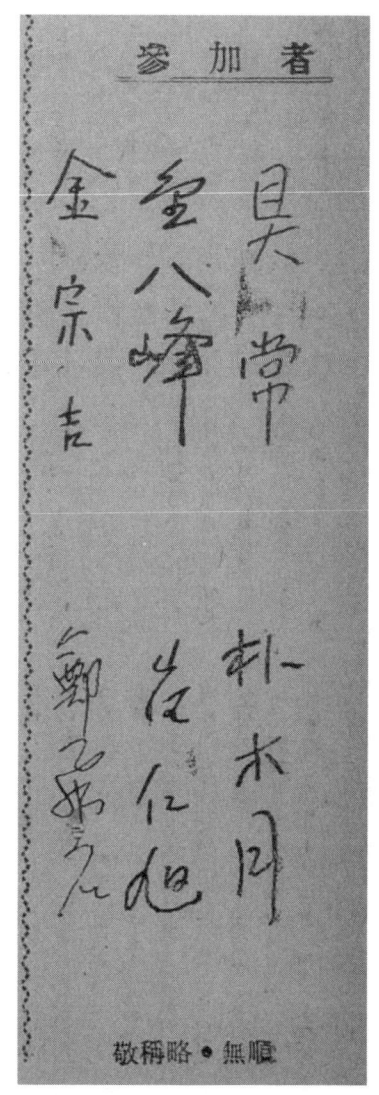

[이미지 7] 신춘문학좌담회 참가자 친필서명. 일반적으로 좌담회의 모습을 사진으로 게재하는 것이 상례이나 지상 설문에 참석자들이 응답하는 방식을 취하였기 때문에 신춘문학좌담회 참석자의 이름을 작가별 친필서명으로 대신한 것으로 보인다. 출처:『전선문학』제3호 (1953. 2.).

---

122) 원문에는 '어'가 탈락하였음.

質的으로는 低下했읍니다. 이것은 文學에서뿐만 아니라 文學全般이 그러했읍니다.

記者 = 그러면 解放前과 解放後의 文學의 內在的인 質의 變化라 할까 相異라할까 이런 것은 어떻습니까.

金八峰 = 글세, 이 같은 設問은 참으로 應答하기 여간 困難하지 않습니다. 왜냐하면 異民族의 支配下에서 奴隸(노예)의 言語로서 表現되던 解放前의 우리 文學도 本質的으로는 眞善美를 追求하던 眞人間의 靈의 告白이었고 八一五 이후 오늘날까지의 우리 文學도 本質的으로 이와 같은 文學임에는 틀림없으나 그러나 여기에는 分別하지 아니할 수 없는 境界가 있는 것도 嚴然(엄연)한 事實이니 그것은 解放前에 暫時(잠시) 繼續되었던 「日本精神體得」의 運○이라 할까 傾向(경향)이라할까 ○○가 文壇 한 구석에 뿌리밖고 있었던 것을 想起(상기)함으로서 그 理由가 說明될 것입니다. 그러므로 獨立된 論文을 草하지 않고 結論的으로 말할진대 解放前「日本精神體得(일본정신체득)」의 思想觀念에서 出發되었던 文學만 除外하고는 解放後의 文學도 그 本質에 있어서는 同一한 것이라고 말해야 할 것입니다.

朴木月 = 나에게 말을 시킨다면 어느 作家나 詩人에게 있어 局限된 時期에 對한 印象은 그것이 多分히 그 作家나 詩人이 個人的인 것과 깊이 關聯(관련)을 갖게 되는 것입니다. 말하자면 어느 作家의 精神的 生長이 빠른 時期의 印象은 좀 더 誇張(과장)된 것으로 오는 것입니다. 解放前後를 比較한 우리 文學의 質的인 向上與否는 실로 내게 正當한 指稱(지칭)을 주기는 어려울 것입니다.

其常 = 나는 이렇게 생각합니다. 解放前 短期間에 胎動(태동)하였

던 抵抗文學(저항문학) - 그것이 傾向文學(경향문학)이었던 浪漫精神(낭만정신)이었던 - 을 除外하고는 外勢로 因하여 우리 文學은 思想性이(歷史性이라던가 社會性이) 拒否 除去 當했기 때문에 自然의 敍景이라던가 抒情만으로서 自己를 滅入救濟(멸입구제)하려 들었던 것이었으나 解放後는 이의 反動으로 하나는 政治主義에 野合便乘(야합편승)하고 하나는 이 또한 政治的 要請 밑에서 文學을 救濟原理로만 삼는 超然的 純粹(초연적 순수)가 絶叫(질규)됨으로서 文學이 道具냐? 神主냐?의 맹랑한 論諍이 展開되어 왔던 것입니다. 그러나 徐徐하고 微力한 대로 우리 文學은 文學이 스사로 가지고 있는 바 모든 效用性(효용성)을 回復해 가면서 新生民族의 모든 現實的 素材를 凄切(처절)하면 凄切한 대로 吸收(흡수)하고 抑壓當(억압당)했던 豐滿(풍만)한 固有情緒(고유정서)를 恢復(회복)해 가고 있다고 봅니다. 또한 過去 天才意識이나 選人意識을 가지고 文學을 하던 것이 解放後는 當然히 開放되었으므로 量的 氾濫(범람)을 招來(초래)하였던 것도 事實로서 解放前 文學 또는 解放後 文學하고 어떤 「文壇意識으로서의」 質과 量을 尺度(척도)하고 測定하여 가지고 高低를 論하기 前에 나는 이렇게 質과 量의 當然한 變化가 있었다고 말하고 싶습니다.

우리 文學의 世界的 水準評價(수중평가)

記者 = 이번에 그러면 우리 文學의 現在 水準을 世界的으로 對比시켜 주셨으면 합니다.

金宗吉 = 이 問題에 對해서는 外國文學을 工夫하는 한 사람으로 늘 關心을 가지고 있읍니다마는 一般的으로 形式이 짧은 것일수록

世界的인 水準에 더 가까이 肉薄(육박)할 수 있는 것 같습니다. 우리 나라는 陸上競技에서는 마라톤이 世界的입니다마는 文學에서는 短距離(단거리)의 記錄이 斷然 優秀합니다. 文學의 長距離인 長篇에 가서는 뚝 더러져서 우리와 西洋人과의 肉體的인 條件의 距離와도 같은 限界를 切實히 느끼지 않을 수 없읍니다. 우리의 文學遺産 가운데 優秀한 것을 골르면 短篇 몇 卷 詩 몇 卷은 世界市場에 내놓아 過히 遜色(손색) 없을 줄 압니다. 特히 詩가 볼만합니다. 例를 들면 徐廷柱 氏의 初期作品 같은 것은 確實히 世界 現代詩 가운데서도 特異에 存在라고 할 수 있읍니다.

朴木月 = 徐廷柱 氏의 『花蛇集(화사집)』 中 몇 篇 金東里 氏의 短篇 몇 篇……이렇게 爲先 생각나는대로 들고 보니 바로 金宗吉 氏 말슴대로 짦은 形式의 것일수록 그 水準이 높고 그 가운데는 能히 世界水準에 이르른 것도 있군요.

崔仁旭 = 나는 世界的 水準云云해서 作品을 들어 보여드리기보다 그저 가다가는 우리 作品 中에서도 外國 어느 나라에 飜譯紹介(번역소개)해도 부끄럽지 않은 作品이 없지 않다고 이렇게 말하겠읍니다. 다만 그것이 많지 못한 것으로 해서 뚜렷하지 못하다는 것입니다.

鄭飛石 = 文學을 너무 高遠한 事業으로 生覺하는 것도 警戒(경계) 해야 할 일이겠지만 우리 文學을 너무 過小評價(과소평가)하고 外國 文學을 너무 過大評價(과대평가)하는데도 나는 反對입니다. 우리가 飜譯(번역)을 通하여 읽어보는 外國文學이라는 것은 그 나라의 許多한 作品 中에서 嚴格(엄격)히 추려뽑은 作品뿐입니다. 따라서 어느 作品을 읽어 보아 모두 優秀作인 깃민은 事實이지미는 萬若 우리

文學 中에서 優秀한 作品만을 추려 外國語로 飜譯해 내놓는다면 그것으로 能히 世界文壇에 通하리라고 보고 있읍니다. 春園(춘원)의 「無明」이 日語로 飜譯되어 日本文壇의 一流大家들의 絶讚(절찬)을 받은 것이 그 좋은 實證(실증)이 아닌가 합니다. 다만 우리가 慨嘆(개탄)하여 마지 않는 點은 우리 文壇의 좋은 作品이 外國에 紹介(소개)될 機會가 없다는 것뿐입니다.

具常 = 우물 안에 개고리 豪言壯談(호언장담)해서는 무엇하겠읍니까.

金八峰 = 아니 豪言壯談이 아닙니다. 우리 文學은 이미 十年 前에 世界的 水準에 到達(도달)되었다고 생각합니다. 魯迅(노신)의 「阿Q正傳(아Q정전)」같이 世界에 널리 紹介되었다거나 林語堂(임어당)의 「내 祖國 내 同胞(동포)」같이 英美에서 愛讀되는 隨筆集(수필집)도 아직은 우리 文壇에서 가지고 있지는 아니하지마는 春園 李光洙의 諸作品 金素雲(김소운)의 日譯 朝鮮詩集에 收錄(수록)된 것 其他 英譯 獨譯(독역)된 作品을 손꼽드라도 質的으로 外國文學에 比하여 떠러지지 않는다고 나는 믿고 있읍니다.

新進의 輩出(배출)과 그 養成(양성)

記者 = 우리 文學이 開花滿發하자면 新進作家들의 力量과 그 後進養成에 對한 先進作家들의 配慮(배려)가 있어야 하겠는데 이 點에 對한 諸先生들의 의견은?

朴木月 = 新進作家들의 力量은 姑捨(고사)하고 新進養成의 길이란 質問 自體가 疑訝(의아)스럽습니다. 요지음처럼 「文壇의 權威(권위)」

스사로가 미力○때 新進養成은커녕 「文壇養成」이 좀 더 急합니다.

金宗吉 = 新進의 作品은 몇몇 例外를 除外하고는 모조리 低調합니다. 新進의 無秩序한 輩出이 解放後 우리 文學의 가장 致命的(치명적)인 弊端(폐단)이었읍니다. 文學이라는 것이 그렇게도 값싸고 容易(용이)한 것이라면 구태여 따로 存在할 필요도 없읍니다. 그런데 이 新進이 寒心(한심)하다는 것은 旣成(기성)의 責任이 큽니다. 旣成의 無責任하고 低俗한 文學活動은 直接 新進에게 影響(영향)하기 때문입니다. 지나간 世代가 남겨놓은 文學의 傳統을 繼承(계승)하고 發展시키는 것은 언제나 그 中心勢力이 旣成에게 있읍니다. 따라서 新進에게는 旣成은 산 傳統이 되는 것입니다. 그리고 新進養成이라는 것이 있을 수 있다면 傳統이 旣成에 依하여 活潑히 展開되고 있을 때만 可能하다고 봅니다. 즉 旣成들의 文學活動이 新進들에게 刺戟(자극)을 주고 影響을 줄만해야 비로소 新進養成이라는 것이 成立합니다. 文壇權威의 喪失(상실)이라는 것도 旣成의 怠慢(태만)과 無關心(무관심)에 基因하는 것이고 보면 旣成은 먼저 文學의 權威를 回復하도록 힘써야 할 것입니다. 이것이 그대로 新進養成의 根本的인 問題입니다.

鄭飛石 = 新進作家들의 作品을 많이 읽지 못했기 때문에 지금 뭐라고 對答하기는 어렵습니다만 그러나 小說에 限해서 다만 한 마디 하고 싶은 것은 近來의 新進作家들은 예전의 作家들처럼 뚜렷한 出世作이 없다는 點입니다. 단지 한 개의 作品만으로라도 讀者를 놀라게 할 만한 作品 - 그런 作品을 들고 나오는 新人이 있어 주었으면 싶습니다. 또한 養成問題에 있어서 나의 생각을 말씀드리면 文學하는 길은 언제나 自己自身의 生命을 燃燒(연소)시키는 代

價로 얻는 獨學의 길이기 때문에 外部에서 養成한다는 것은 根本的으로 어려운 일이라고 생각합니다. 오직 할 수 있는 것은 新進의 좋은 作品을 對했을 때 虛心坦懷(허심탄회)한 마음으로 그 作品에 머리를 숙으리는 同時에 그 作家가 日後에는 그런 좋은 作品을 쓸 수 있도록 激勵(격려)하면서 發表의 길을 열어주는 程度가 아닐까 합니다. 一般的으로 우리나라의 旣成文人들이 後進과 그들의 作品에 對하여 冷靜(냉정)한 感이 없지 않으며 이것은 各者가 自省할 일이겠읍니다.

金八峰 = 新進들의 力量을 云謂한 知識의 準備는 참말 皆無(개무)하고 後進들을 養成하려면 先輩들이 謙遜(겸손)하고 眞實하고 正直하고 忠實하여야 합니다. 俗談(속담)같이 된「衣食足而 知禮節(의식족이지예절)」이라는 말로서「이 廢墟(폐허)와 같은 이 땅에서 무슨 後進養成이란 될 뻔이나 한 말이냐」하고 置之度外(치지도외)하는 사람이 있을런지 몰읍니다만 이 問題는 愼重(신중)히 그리고 熱心히 硏究해야할 問題일 것입니다.

崔仁旭 = 그런 意味에서 나는 좀 더 實際的인 提案(제안)을 해볼까 합니다. 이지음 新進들이란 詩나 小說 한두 篇 그것도 무슨 嚴選(엄선)의 關門(관문)을 걸친 것도 아니고 新聞, 雜志의 記者가 된다거나 또는 그런 側近者(측근자)들의 格別(격별)한 好意(?)로 自己作品이 活字化된다거나 自費出版으로 얄팍한 詩集 한 卷쯤 만드러 내면 벌서 大家然해○ 고개를 뒤로 재끼니 이래서는 큰일입니다. 이러므로 力量있는 新人을 育成輩出시키자면 解放前과 같이 權威있는 新聞들의 懸賞募集(현상모집)이라던가「文章」誌에서 新人推薦制(신인추천제) 等 文壇의 權威있는 登龍門(등룡문)이 있어야 할 것입니다.

解放後에도 좀 弱하긴 하였으나 文藝誌가 이에 着眼(착안)해서 그래도 웬만치는 新人의 길을 이끌어 왔읍니다만 六二五 後 그 雜誌의 刊行이 萎縮(위축)되고부터 그나마 有名無實의 것이 되고 말었읍니다. 戰時下니 이래도 하는 수 없다는 것은 말이 될 수 없읍니다. 戰爭을 하는 一方에서는 建設의 面에도 힘을 써야할 것입니다. 그래서 나는 나대로 이런 것을 計劃하여본 일이 있읍니다. 卽「韓國文學賞」이란 制度를 만드러서 一年에 한번씩 施賞을 하는데 이를 運營하는 機關을 만들되 그 機關은 社會法人으로 합니다. 運營資金은 政府當路의 補助와 會員의 贊助金(찬조금)을 얻습니다. 會員은 누구든지 될 수 있고 贊助金도 좀 무게 있는 것을 내도록 합니다. 그래서 그 資金으로 爲先「韓國小說選集」三卷「韓國詩集」두어 卷을 發行하고 앞으로는 一年에 한번씩 代表作選集을 내고 文藝誌를 月刊으로 發行해서 그 所得이 있는 대로 그것 等을 資金으로 蓄積(축적)해서 자꾸 키우고 키워 施賞(시상)의 源泉(원천)이 되게 합니다. 賞金은 詩 小說(戱曲(희곡)을 包含(포함)함)을 部門別로 해서 지금 돈으로는 一人當 壹千萬圓 程度로 하고 斯界(사계)의 權威者로 하여금 作品을 審査(심사)하는 詮衡委員會(전형위원회)를 構成케하여 嚴選(엄선)을 시키도록 합니다. 이런 생각에서 나는 趣旨書(취지서)를 꾸미고 運營(운영)하는 要領(요령)과 企劃書를 作成해서 뜻을 같이하는 친구를 찾고 있읍니다. 원채 國內經濟가 말이 아닌 때라 그리 쉬운 일이 아니나 그 基礎工作(기초공작)을 꾸준히만 한다면 언제라도 實現될 날이 있을 것이라고 極力留意하고 있습니다.

祖國戰爭과 우리 文學의 向方

記者 = 이제 마금으로 祖國戰爭과 더부른 우리 文學의 向方과 그 展望에 言及해 주시기를 바랍니다.

具常 = 常識的인 이야기입니다만 오늘의 祖國戰爭이 人類史의 焦點(초점)이 되어 있으며 이 歷史的 事實이 우리 文學의 不可分的 現實素材라 할진대 우리는 우리 앞에 發生되고 있고 胚胎(배태)되고 있는 明暗을 正直히 苦悶(고민)하고 分別하고 形式化하면 곧 世界性을 띠우게 되리라고 믿습니다. 우리가 當面하고 있는 凄絶(처절)한 現實이 人類的인 希望과 絶望을 內包(내포)하고 있으며 또한 우리의 아이데아的인 要請이 人類의 光明에 가장 接近(접근)하고 있다는 이 事實이야말로 우리 作家에게 便利하게 되었다면 이 以上 便利스러운 機會는 없을 것입니다. 問題는 우리 作家들이 이를 어떻게 高度하게 形象化하느냐에 있읍니다만 이 亦是 나의 主見으로는 過去 藝術에 對한 觀念的인 習性을 一掃(일소)하고 淋漓(임리)하고 全一된 生命의 正直한 實寫(실사)를 한다면 우리의 또한 새로운 刑象方法이 開拓(개척)되리라고 믿습니다.

崔仁旭 = 우리의 私生活부터가 戰爭을 떠나서 文學과 戰爭은 不可分離(불가분리)의 關係에 있을 것입니다. 그러나 반듯이 作品上에 銃砲聲(총포성)이 나고 戰場의 모습이 어느 程度 描寫(묘사)되었다고 해서 戰爭文學이란 것은 淺薄(천박)한 생각입니다. 이런 皮相的인 觀察에서보다도 우리는 根本的인 用意에서 이 戰爭을 作品化해야 힐 깃입니다. 作品의 銃소리가 야난스없시 않아노 戰爭의 全貌(전모)가 들어나고 우리의 精神이 살아있는 그런 作品이 나와야 합니

다. 外國사람이라도 韓國戰爭을 알려면 그 作品을 읽지 않을 수 없을만한 그런 作品이 나와야 하겠읍니다. 이런 意味에서 過去 作家들의 惰性(타성)이었던 私的 感情의 遊戱(유희)는 一掃되어야 하겠으며 各作家는 世界觀의 幅을 넓혀야 하겠읍니다. 奢侈(사치)한 感傷(감상)으로 獨舞(독무)를 하기엔 地球上의 現實이 너무나 벅찹니다. 이 벅찬 現實을 精神的으로 收給(수급)할 엄청난 일을 앞으로 우리 文學이 勘當(감당)해야 할 것입니다.

鄭飛石 = 同感입니다. 戰爭이라는 現實과 文學이라는 永遠한 眞實을 探究(탐구)하려는 理想과 두 개의 相反되는 理念을 어느 地點에서 妥協(타협)시킬 수 있는 것을 發見하는데 우리 文學의 課題가 있읍니다. 서로 協調할 수 있는 그 地點을 發見하지 못한 作品은 或은 現實이 容納(용납)하지 않고 文學이 容納하지 않을 것입니다. 우리나라에서 眞正한 戰爭文學이 誕生할 수 있는 地盤(지반)도 오직 그 地點(지점)뿐이 아닐까 합니다.

金宗吉 = 野心的인 말을 한다면 戰爭이란 文學에 좋은 機會를 주기까지 한다고 봅니다. 日本文人들이 이 땅의 作家를 부러워한다는 것도 이러한 意味에서 일 것입니다. 眞實로 旺盛(왕성)한 文學精神이란 恒常 冒險(모험)에 가까운 方式으로라도 深刻(심각)한 體驗을 몸소 겪으려는 意欲을 內包한다고 봅니다. 그러한 意味에서 戰爭이란 하나의 豊富한 可能性을 提示하는 것입니다. 그러나 戰爭 중에 반듯이 優秀한 作品이 生産된다고는 할 수 없읍니다. 「巨大한 戰爭은 後代의 歷史小說家에게 좋은 材料를 提供(제공)하지마는 直接 偉大한 文學을 生産하는 데에는 適當(적당)치 않다」는 하벌 敎授의 말이 妥當(타당)할 것 같습니다. 그렇다고 戰爭 中에 좋은 作品이 나온

例가 없다는 것은 아닙니다. 一次大戰中 몸소 戰鬪에 參加한 英國의 젊은 詩人들의 優秀한 作品은 一見 앞에 引用한 하벌 敎授의 말과 乖離(괴리)되는 것 같으면서도 도리혀 그 말을 適切(적절)하게 補充(보충)하고 있읍니다. 하벌 敎授가 말한 「偉大한 作品」과 英國戰爭詩人들의 「優秀한 作品」과는 性格이 다른 作品을 말하는 것입니다. 이것은 다시 말하면 「塹壕(참호)」 속에서 이루어질 수 없는 作品과 「塹壕」 속에서(혹은 그 속에서만) 이루어질 수 있는 作品이 있다는 것입니다.

金八峰 = 나에게 좀 더 逼眞(핍진)된 말을 시킨다면 結局 우리 文學의 向方은 生命 - 眞實 - 靈魂에의 追求, 把握(파악)이 大道일 것으로 보고 있읍니다. 過去에 世界文學의 向方을 더듬어볼 때 이 같은 結論을 내릴 수 있읍니다. 이것을 나중에 文學史家들이 무어라는 主義 또는 派라고 일카를른지, 그것은 모르나 眞實로 倫理性이 豐富한 生命 - 人間性의 眞擊(진격)한 探求 改造의 文學일 것 같습니다. 이러한 人間의 要求는 이 戰爭 中에서 더욱 點火될 것입니다.

記者 = 여러 가지로 感銘(감명) 깊은 말슴 많이 하여 주시여 本誌의 生光이라고 생각합니다. 끝으로 諸位 先生께 미리 謝過(사과)하옵는 것은 本座談會 進行은 紙上 設問에 依한 것이라 그 發言內容을 記者의 恣意로 配列整理(배열정리)하였을 뿐 아니라 斷片的(단편적)인 發言에 補充을 穫得(획득)하지 못하였기 때문에 諸先生의 發言意圖가 誤傳(오전)될 憂慮(우려)가 있다는 點입니다. 讀者諸彦(독자제언)에게도 諒解(양해)를 求하는 바입니다.

『진신문학』 제3호 (1953. 2.)

구상은 이 좌담에서 3가지 주제에 대해서 언급하고 있다. 6·25 동란 이후 작가들이 무엇이든 해보려는 심정과 궁핍한 생활의 타개를 위하여 동적인 문화 행동을 취함으로써 우리 문학 활동이 양적으로는 활발하지만, 모든 문학 소재가 문학 본령의 부정적 생명을 여과하지 못해서 그 역량이 충분히 발휘되지 못하고 있다고 진단했다. 그리고 전쟁이 작가들의 자기 탈피와 혁정을 감행하고 있다는 사실을 확인해 주고, 해방을 전후하여 우리 문학은 자신의 효용성을 회복回復하면서 민족이 마주한 현실적 소재들을 처절한 대로 호흡하면서 우리 고유의 정서를 회복恢復한다는 긍정의 시선을 보인다. 같은 맥락에서 전쟁이 가져온 명암을 정직하게 고민하고, 분별하고, 형식화하면 세계성을 띨 것이라는 것과 우리가 당면한 처절한 현실을 작가들이 어떻게 형상화하느냐의 문제를 두고 새로운 형상 방법의 개척이 가능하리라는 희망을 제기한다. 어떤 일 혹은 상황에 대해서 양면을 함께 보고 판단하는 구상의 시선을 여기서도 느낄 수 있다.

5.5 격동기의 지성 – 문필인들은 말한다

1953년 휴전 이후 우리 사회는 다시 혼란에 빠졌다. 1956년 정·부통령 선거에서 이승만이 당선되었으나, 조봉암을 중심으로 한 진보당은 평화통일론을 주장하면서 전국적 조직을 확대하기 시작했다. 이승만 정부에서는 1958년 1월 12일 '평화통일구호 및 간첩 박정호와의 접선 혐의'로 조봉암을 비롯한 진보당 간부들을 체포했다. 이후 KNA여객기 납북사건을 계기로 정부는 불온사상에 대한 내사를 비롯해 반국가석 행동에 대해 단속을 강화했다. 당시 자유당은 1960년 차기 정·부통령 선거를 앞두고 야당의 언론 제한을 주제로 한 신국가보안법新國家保安法을 구상하고 자유당이 1958년 12월 24일 국회에서 야당 의원들을 폭력으로 몰아내고「국가보안법」을 비롯한 여러 법안을 통과시킨 일련의 사건이 발생하였는데, 이것이 2·4파동二四波動이다. 이에《동아일보》에서는 문필가 5명을 초청하여『격동기의 지성』이라는 제하에 당시의 정치사회현상의 실질적인 내막과 비판을 듣고 앞으로 전개될 우리 사회에 대한 전망을 듣고자 하였다. 이때 구상은 사회자로 위촉되었다. 1959년 2월 15일부터 2회에 나누어 게재하였는데, 그 내용을 보면 다음과 같다.

激動期(격동기)의 知性 - 文筆人들은 말한다

- 參席者(無順, 敬稱略)
金八峰(김팔봉), 鄭飛石(정비석), 趙芝薰(조지훈), 趙欣坡(조흔파)
- (司會) 具常(구상)
本社主催座談會(본사주최좌담회)

이번 國家保安法(국가보안법) 改正波動(개정파동)은 單純(단순)한 政治的 波瀾(파란)이라기보다 民主主義 韓國 運命과 直結되는 事態라고 보겠다. 그러기에 對共戰列 以外(대공전열이외)에 政治社會現象에 때로는 超然(초연) 또는 回避(회피)까지 하려든 文學者의 一群(일군)마저 發言과 直接的(직접적)인 行動으로서 이를 反對表明(반대표명)하고 나서기에 이르는 것이다. 本社는 이에 欣然(흔연) 參加(참가)한 重鎭

中堅 作家(중진중견 작가) 몇 분을 지난 二月九日 午後 四時부터 本社 會議室에 招致(초치)하여 『激動期와 知性』이라는 題下(제하)에 오늘의 政治社會現象의 內質과 批判展望(비판전망)을 吐露(토로)케 한 바 있다.(編輯者)

知性人의 超然·隱遁主義(초연·은둔주의)

▲本社 權文化部長 = 多忙(다망)하신 여러 先生님을 이처럼 오시사해서 매우 죄송합니다. 그럼 이제부터 「激動期와 知性」이라는 題下에 座談會를 시작하겠읍니다. 이렇게 題를 붙여 본 것은 二四波動 以後 韓國知性人들 對 社會라고 할지요? 여기 모이신 先生님들은 特히 몸소 一先에 나서서 鬪爭(?)하시는 줄로 아는데요. 參考될 좋은 말씀을 많이 들려주시길 바랍니다. 그럼 具常 先生님 어려우시지만 司會를 付託(부탁)합니다.

▲ 具常 = 이렇게 不逞文士(불령문사)들을 모셨는데(一同爆笑(일동폭소)) 主催側(주최측)에서 저보고 司會를 맡으라시니 생광이랄까요? 인사는 새삼스러워 줄이기로 하고 처음부터 外皮的(외피적)인 이야길 꺼낼 수도 없으니 우리 知性들의 內面의 姿勢(자세)부터 追窮(추궁)해보기로 하십시다.

現下 우리 韓國知性들의 風潮(풍조)랄까? 隱然中(은연중) 우리의 精神 속에 깃들여 있는 것은 世事起伏(세사기복)에 無關心하려는 超然思想(초연사상) 乃至(내지) 隱遁主義(은둔주의)가 發顯(발현)된다고 보아지는데, 이러한 精神狀況은 東洋的인 生理에서 基因한 것인지 惑은 佛敎라든가 儒家思想에서 根據(근거)된 精神風土인지 芝薰(지훈)께서 말門을,

▲ **趙芝薰** = 八峰先生께서부터.

▲ **金八峰** = 나는 오늘날 知性들의 姿勢(자세)를 그런 東洋的 觀念이라든가, 先人의 遺風(유풍) 속에서 찾아낸다고는 반드시 생각지 않아요. 오히려 一種의 驕慢心(교만심)! 知性은 政治라든가 社會現象에서 執着(집착)치 않는다는 畸形的(기형적)이며 單純한 驕慢心(교만심)이 內在되어 있는 것 같군요. 英國 知性들에게도 이러한 高踏(고답)한 氣風이 있다고 들었읍니다만 果然 우리 知性들의 知的水準이 거기에까지 到達(도달)해서인지는 判斷이 안 섭니다.

▲ **趙芝薰** = 나 역시 그러한 超然(초연)이나 隱遁(은둔)이 東洋的 生理나 宗敎情神의 所致(소치)라고는 보지 않는데요, 知性이라면 識者, 우리의 表現을 빌자면 선비인데 過去 新羅時代(신라시대)만 하여도 선비의 道로서 花郞道(화랑도) 같은 救國濟民(구국제민)의 旗幟(기치)가 있었고 西山大師(서산대사)와 같은 분도 나오지 않았읍니까. 儒家(유가)들만 해도 그 根本이 經世治民(경세치민)에 能動(태동)이지만 過去 黨爭(당쟁)으로 말미암아 忌世(기세)의 習性이 생겼을 뿐이죠. 오늘날 우리들 역시 知性들이 그 民族, 社會에 紀網(기망)이 되고 棟樑(동량)이 되어야겠다는 心情은 있지만 大義나 名分에 殉(순)하려는 勇力보다 自己 無氣力에 向한 厭惡(염오)와 現實의 힘에 對한 劫氣(겁기)가 이를 가로막는 거지요. 그리고서 내세우는 것이 超然이 아닙니까.

▲ **具常** = 그러면 이와 같은 知性人의 萎縮(위축)은 李朝黨禍(이조당화)라든가 日帝彈壓(일제탄압) 같은 民族受難(민족수난)으로 말미암은 것일까요.

▲ **趙欣坡** = 나는 그런 緣由(연유)를 서너 가지로 綜合大別해보고

싶읍니다. 첫째는 아까 말이 나온 東洋的 仙風이 習性化된 面도 있고 둘째는 現實의 劫氣(겁기)에서도 오고 셋째는 時代에 向한 不信과 反目이지요. 이러한 多面的인 惰性(타성)이 結局에 가서는 『내가 나설 때가 아니라든지』『내가 안 나서도 남들이 어찌해주겠지』하는 意氣의 喪失을 招來하는 거겠지요.

▲ 具常 = 그러면 飛石 兄께서 結論으로 이끌어 주십시오. 오늘의 知性人의 萎縮(위축)은 現實에 向한 不信이냐! 劫氣냐! 自體의 覺醒不足(각성부족)이냐!를.

▲ 鄭飛石 = 허참, 나보고 結論을(一同笑聲) 글쎄! 그게 다아 얘긴데, 何如間 우리가 日帝 때 現實에 對한 反目이나 棄世的(기세적)인 習情을 獨立된 오늘날까지 淸算(청산)하지 못한 데에 過誤(과오)가 크다고 봅니다. 知性人들이 自己들의 歷史的 使命感을 좀 더 透徹(투철)하게 自覺한다면 이러한 放觀的(방관적) 姿勢(자세) 속에 놓여 있지 않을 것입니다. 우리의 發言 如何가 얼마나 國民들에게 直結되어 있으며 그 影響力이 크다는 것을 스스로 깨닫지 못하는 데서 盲目狀態(맹목상태)가 繼續되지 않는 것일까요. 나는 이 點을 强調하고 싶읍니다.

▲ 趙芝薰 = 知性들의 發言問題가 나왔으니 얘기입니다만 實은 日帝時보다 解放後의 混亂(혼란)이 우리의 意欲을 喪失케한 面도 큽니다. 말하자면 動亂前後를 살펴본다면 直言을 했다가는 反共戰線에서 離脫當(이탈당)할까 하는 杞憂가 있었고 現在에 와서는 法의 秩序에 對한 不信 때문에 이런 소리를 했다가는 어느 民意(?)에 生命威脅(생명위협)마저 당하지 않을까하는 恐怖(공포)가 있거던요. 또 우리의 邪心(사심) 없는 發言이 어느 政治現象에 惡用도 되고 白眼

視(백안시)도 되는 傾向(경향)이 濃厚(농후)하지 않아요.

▲ **具常** = 그러니까 知性人의 責務라는 것은 그 社會를 代辯(대변)하고 推進하고 그 時代의 指標(지표)가 되어야 할 것인데 이건 거꾸로 時代에 시달리고 威脅(위협)당하여 왔다는 것은 우리 知性이 그만치 不透明(불투명)하고 落後되었다는 證左(증좌)가 아닐까요.

▲ **金八峰** = 八·一五 以前에 民族 항거 時代는 別途로 하고 설상 우리에게 解放이 갖다준 兩大思潮와 그 武力的 對立 때문에 일어난 歷史의 混亂은 우리 知性들에게 主體性을 확립할 時間과 環境이 못 되었습니다. 收復後(수복후) 이제야 차츰 時間과 環境의 安定을 얻어가면서 自省과 自覺이 움트기 시작했다고 보는 것이 옳겠지요.

▲ **鄭飛石** = 그래도 對共戰列(대공전열)에 있어서의 우리 文化人들의 渾身的(혼신적)이며 一律的(일률적)인 參加는 높이 評價되어야 하죠.

▲ **金八峰** = 勿論 對共鬪爭에 積極的이었던 것은 틀림없는 事實이나 그러는 동안 社會現實이나 自己周邊에 對한 周到細密(주도면밀)한 觀察이나 批判機能을 發揮할 餘力이 없은 것 같습니다.

▲ **趙欣坡** = 그러는 사이에도 우리들에겐 「에고이즘」이 살며시 露出(노출)되었다고 自家批判(자가비판)을 해야할 걸요.(一同笑) 對共鬪爭은 입과 붓으로 하고 自己나 自己子息은 銃대 쥐는 데서 슬쩍 빼돌리고 그런 게 아닙니까. (笑)

▲ **趙芝薰** = 六·二五 南侵으로 말미암아 共産主義에 對한 우리 知性들의 一種의 同情心같은 것이 完全히 拂拭(불식)되고 國家意識이 確固해졌다고 말할 수 있겠으며 이제부터 知性들이 이 社會에 具顯的인 指標가 되어야 한다는 問題인데 우리는 스스로가 이 時代

에 어떻게 處할 것인가를 깨닫고 그 信念에서 操身(조신)하고 선비로서 矜持(긍지)를 갖는다면 바로 그게 民衆의 指標가 되는 길이겠지요.

▲ 鄭飛石 = 同感입니다. 知性人이면 知性人으로서 激動期(격동기)에 處한 自己自身을 客觀的인 意味에서 冷靜히 把握(파악)해야 할 것입니다. 그리고 民衆의 先頭에 서서 自己의 所信을 主唱해야 할 것입니다. 知性人이나 意氣人들「사보타쥬」를 敢行(감행)한다면 그 時代는 暗黑을 招來합니다. 우리들의 文筆은 그 社會의 生氣를 불러일으키는 酸素筒(산소통)이니깐요.

社會參與(사회참여)의 限界性(한계성)

▲ 具常 = 이쯤서 實際로 우리 作家들이 參與할 限界性 같은 것을 좀 論難(논란)해 보아야 할 것 같군요…. 그런데 흔히들 作家들이 政治나 社會問題에 부닥쳤을 때 표방하는 말인즉『우리야 작가니가 소설이나 쓰고 시나 쓰지』하는데 여기 대한 分析(분석)을 좀.

▲ 趙欣坡 = 作家가 作品을 通하여 自己의 所信이나 時代相을 具顯(구현)한다는 데 異義(이의)가 있을 수 없고 至當(지당)한 말이기도 하지요. 그러나 그런 表面 속에는『나는 쟁이바치니 쟁이질이나 하지』하는 格의 自己逃避(자기도피)가 숨어져 있읍니다. 우리는 作家인 同時에 국민의 한 사람이거든요. 어던 國民的 인 事態에 逢着(봉착)했을 때 職業人이나 技術人으로서가 아니라 國民으로서의 參與(참여)가 先行해야할 것입니다.

▲ 鄭飛石 = 平和時代나 太平聖代에는 作家가 作品을 通해서 自

己의 思想이나 感情을 吐露하는 게 原則이겠지요. 그러나 歷史的 激動期나 時代的 混亂期에 있어서 作品만에 依存이란 마치 불이 났을 때 고무호스를 갖다 댈 것을 더 큰 우물을 파가지고 나서 하는 格입니다. 그러니깐 이런 때에는 더 直接的 文筆이나 行動이 要求되는 거죠.

▲ 具常 = 역시 우리 知性人에겐 創造者로서뿐 아니라 先覺으로서의 國民的 本分이 있는 거겠지요.

▲ 趙芝薰 = 여기서 區別해야 할 것은 그렇다고 우리가 共産主義 作家들처럼 어떤 政治的인 利害에 服務해서는 안 되는 거고…… 어디까지나 國民的인 立地에서 警告(경고)라든가 또는 하나의 힘으로 形成되는 것입니다. 쉽게 말하면 이 나라 사회를 亡치는 짓을 못하게 붙잡는 뒷받힘이 되는 것이죠.

▲ 金八峰 = 무어 先覺者라기보다 우리는 自己의 位置를 自己가 알면 그만 아니예요. 自己位置라는 것이 民衆과 동떨어진 位置가 아니거던… 作家라는 것은 民衆 속에 더불어 살며 같이 울고 같이 기뻐하는 것이 그들의 本務란 말입니다. 그러니까 政治運動하는 사람과는 달리 國民의 良心이나 道德問題에 逢着했을 때 더 具體的으로 말한다면 이번 國家保安法改惡波動(국가보안법개악파동) 같은 때 가만히 있을 수 있습니까, 어디.

▲ 鄭飛石 = 그 일은 政治 以前에 問題가 아닙니까?

▲ 一同 = 그렇지요.

▲ 具常 = 나는 오늘날 作家들의 作品의 自體도 한마디 하고 싶어요.

특히 新聞長篇作家들에게…이제까지의 小說을 보면 이 社會의

墮落(타락)된 生態 같은 것은 어느 程度 寫實化(사실화)하고 있기는 해요. 政治家면 挾雜輩(협잡배)요, 社長이면 謀利輩(모리배)요, 女祕書(여비서)는 그의 弄絡物(농락물)이요 이 式이거던요. 우리 作家는 이런 時代 속에서도 새로운 人間의 立像이나 生活을 創造해 줘야 하지 않겠어요. 眞正한 選良(선량)의 貌相(모상)이나 實業家나 主婦나 官吏의 새로운 타잎을 提示해줌으로써 그런 民議院이 나오고 官吏가 생기고 謀利輩 아닌 實業家가 登場하지 않을까요! 飛石 兄 어디 말씀 좀.(笑)

▲ **鄭飛石** =『슬픈 牧歌(목가)』같은 데서 나도 農村開發같은 것을 試驗해보긴 했는데 첫째 素材蒐輯(소재수집)이 困難(곤란)하지요.

▲ **趙芝薰** = 日前에 젊은 詩人들 하고 술을 먹었는데 골목길에서 女人數三이 나오면서「푸라카트」를 들고 萬歲를 부르면서「데모」를 하는 것을 目擊(목격)하고『눈물이 나오더라』고 그래요. 그러면서 한 詩人이 덧붙이기를 自己는 年前에 아버지가 돌아가셨는데 언덕에 올라가서 바닷가를 바라보며 갈매기가 둥둥 떠오르는 것만 보았더니 이날「데모」를 보고는 눈물이 나왔다는 이런 얘기였습니다. 그러자 또 한 詩人이 말하기를『나는 읽고서 울 수 있는 소설을 한 편 보았으면 좋겠다』고 그러더군요.

옛날에는 小說을 읽고서 울었다는 소리를 많이 들었는데 무슨 新派(신파)의 演劇讚美(연극찬미) 같읍니다만 感情의 爆發點(폭발점)·噴火口(분화구) 같은 것을 불붙여 줄 수 있는 作品이 그립습니다. 나아가서는 全民族이 목놓아 울 수 있는 거대한『테마』이런 것이 切望(절망)도 되고 또 우리에게 주어진 課題라고도 생각됩니다.

作品과 形象化問題(형상화 문제)

▲具常 = 그런 意味에서 昨今(작금) 論意되고 있는 行動主義文學을 어떻게 보십니까.

▲金八峰 = 그것은 뭐 文學流派(문학유파)에 屬(속)한 問題지, 지금 우리나라 文壇에서 그런 流의 作品을 쓰시는 분이 아마 없는 것 같은데요.

▲具常 = 오히려 逆流(역류)랄까요. 重言같읍니다만 오늘의 이 時代狀況을 捕捉(포착)해서 創造的 現實로 이끌어 가는 作品이 없어요. 過去 偉大한 作品이라는 作品은 예를 들면 『톨스토이』의 諸作品만 하더라도 帝政(제정)『러시아』의 農奴(농노)들의 慘酷相(참혹상)이나 그 虐政(학정)들을 暴露(폭로)하고 捕捉(포착)해서 創造的인 現實과 創造的인 理想社會를 불러오려는 革正精神으로 充滿(충만)해 있지 않습니까? 그런데 우리나라 特히 新人들이 즐겨 쓰는 小說들을 보면 壓戰(압전)과 敗北意識(패배의식)이 主要한 素材가 되어 있거던요. 그리고 모두 結尾(결미)는 自殺(자살) 아니면 橫死(횡사)에요.(一同笑) 이러다가는 어쩌자는 게지요.

▲趙芝薰 = 이때까지 우리 人間의 生活 本質에서 戰爭을 誇張(과장)해 온 點도 없지 않았으니 그런 作風이 流行되는 것도 避치 못할 일입니다. 그러나 大體的으로 젊은 世代들이 입으로 抵抗이니 뭐니 떠들고 있지만 作品에 나타나는 主體性은 頹廢精神(퇴폐정신)이에요. 過去 우리가 純粹文學(순수문학)이니 해가지고 日帝 때 現實과 逃避(도피)한 精神보다도 더 消極的(소극저)이요 頹廢(퇴폐)하다는 말입니다.

▲ **具常** = 하기야 善良한 意味에서 「휴메니즘」이란 平和愛護(평화애호)에 通해 있겠지만 結局 이러한 病廢的(병폐적) 敗北意識은 歷史意識의 缺乏(결핍)에서 오는 거라고 보아집니다.

新世代들은 銃을 들었으나 祖國 때문에 철나자부터 시달림을 받은 것은 우리가 더 받았지요. 그래서 그들에게는 民族意識이라든가 國家意識같은데 切實感(절실감)이 弱한 것 같아요.

▲ **金八峰** = 그것도 역시 解放後 指導層의 混亂에서 온 것입니다. 그들의 右往左往이 影響하여 그들로 하여금 彷徨(방황)과 混迷(혼미)를 갖다 주었기 때문에 刹那主義的(찰라주의적)인 퇴폐로 흐르게 된 것이지요. 아까 欣坡(흔파) 兄이 指摘(지적)한 『에고이즘』도.

▲ **趙欣坡** = 그렇죠. 모든 것에 向한 不信! 不信時代를 招來한 것이죠.

▲ **具常** = 그러면 우리 文壇動向은 이쯤 살펴보기로 하고 講壇(강단)이나 學者들의 動態나 心情은 어떤 것일까요. 日本例만 하더라도 政治現實의 當爲性 與否(여부)는 姑捨(고사)하고 『單獨講和反對(단독강화반대)』니 『再武裝反對(재무장반대)』니 또는 가깝게 『警職法反對(경직법반대)』니 하는 民族國家 運命의 理想論的인 先鋒主唱者(선봉주창자)가 되었던 사람들은 前東大總長 南原繁(남원빈), 學習院文理大學長 淸水機太郞(청수기태랑) 等의 學者들이 있거던요. 그런데 이번 國家保安法改惡 波動時만 하여도 우리 學者님들은 거의 沈默一貫(침묵일관)이던데요. 講壇兼行(강단겸행)의 芝薰(지훈) 兄이 這間事情(저간사정)을 좀 吐破(토파)해 주시지.

後進社會(후진사회)의 落後性(낙후성)-學者·敎授늘의 姿勢(자세)

▲ **趙芝薰** = 그분들도 心情만은 우리 文壇人들과 大同小異하

고… 한 가지 自己를 표백하는 데 있어서 學者나 敎授이면서 校內에서 어떤 敎職責을 맡은 분들은 우리보다 여러 모로 制約(제약)을 받죠. 그러나 이것 역시 後進社會의 落後性이지요.

先進國家들의 敎授團들이 行하는 政策批判(정책비판)을 보든지 아까 具兄이 例擧(열거)한 日本의 官立大學 總長인 南原繁이가 政府의 現實的·當爲政策을 反對하고 나서는 것을 보더라도 우리 學者敎授들의 發言拒否는 옳은 傾向(경향)이 아니지요. 何如間 學界나 作壇(작단)을 莫論(막론)하고 우리 知性들이 濁流(탁류) 속에 그대로 실려 흘러갈 時期는 아니고 또 이미 지났다고 봅니다. 우리의 發言이 現實的으로 아무리 無視 또는 默殺(묵살)된다 하더라도 『선비들도 할 말 있다』가 되어야 하겠고 또 이를 당당히 表明할 時期라고 봅니다.

▲ **鄭飛石** = 그들의 發言이야말로 民族의 英氣요, 濁流에 向한 防波堤(방파제)요, 民族理想의 提示이니깐요. 이것이 없는 限 그 社會는 踏步(답보) 또는 後退를 冒免치 못할 것이지요.

▲ **具常** = 이제부터는 話題를 좀 더 現實的인데로 接近시켜볼까요… 都大體 우리 政治人들이나 그들의 政治狀況에 對한 所感은 어떻습니까?

▲ **趙欣坡** = 한 마디로 한다면 첫째 主體性이 희미한 점이랄까요. 자기의 政治理念이나 經倫은 감추어 놓고 黨에 盲從(맹종)하여 擧手機(거수기) 노릇하지 않아요. 또 政治狀況에 있어서도 事理의 是非曲直(시비곡직)은 不問코 所屬政黨支持(소속정당지지)가 아니면 反對黨이라고 白眼視(백안시)하려는 狹量(협량)들인 事例를 흔히 볼 수 있구요. 與黨(여당)이 野黨을 보는 눈 같은 것이 특히…

▲ **具常** = 野黨(야당)이 아니라 反政府者(반정부자)들이지! (一同笑)

▲鄭飛石 = 趙兄은 지금 政治人들이 黨利에만 盲從(맹종)한다고 했지만 그 黨利라는 것이 問題애요. 그 黨利가 國家나 國民福祉(국민복지)와 正比例(정비례)해야 그것이 民主的인 政黨이요, 政治지, 오늘의 政治는 자칫하면 朋黨的(붕당적) 色彩(색채)가 濃厚하거던요.

▲趙欣坡 = 그러니까 反對黨이 國政議論의 相對가 아니라 아주 人間的인 敵이요, 怨讐(원수)이거든요! (一同笑) 어째 말이 危險해진 것 같다. (笑) 그래도 그들이 愛國愛族한다기에 믿고 보아주는 것이지. (笑聲) 나는 十萬選良(십만선량)들이라는 사람들 一部는 진정 政治하려는 者들이라기보다 一種의 꼭두각시같은 느낌이애요.

▲具常 = 愛國愛族이라는 것은 元來 抽象的(추상적)이라 믿을 수 없고… 本是 人民을 가장 虐待(학대)하고 蹂躪(유린)하는 者들이 人民의 이름을 앞세우듯이… 저 共産黨들과 같이… 改惡反對國民大會 (개악반대국민대회) 暴擧反對國民大會(폭거반대국민회의) 등 그들이 파는 國民의 이름은 그저 都賣金(도매금)이죠. (笑聲) 또 國家나 社會福祉라지만 우리 政治人들은 自己의 個人 福祉만을 위해서 奉仕하는 게 아닙니까?

▲趙芝薰 = 그야 政治人들에게 우리 선비들이 생각하는 바 志操(지조)라든가 節介(절개)는 요구할 수 없고 可當치도 않아요. 오직 個人에게도 人格이 있듯이 政黨에도 集團 人格이란 것이 있어야 하는데 이게 막발로 개차반이거던요. (一同笑) 더욱이나 法이라는 것은 常識이 基盤(기반)이 되는 것인데 學閥(학벌)도 넉넉하다는 立法者들의 그 法解釋(법해석)이 可觀이애요. 옛말에 『남 속이기는 쉬워도 자길 속이기는 어렵다』 했는데 지금 그늘은 自己自身 속이기를 누워서 떡먹듯 하는군요.

▲ 鄭飛石 = 또한 政治人들의 盲點 하나를 쳐들자면 政府樹立만 도 十週年, 이제는 國民들의 一般政治意識이 懸隔(현격)하게 成長했거던요. 그런데 그들의 政治手法은 舊態依然(구태의연)이애요. 그러니 民衆이 뒷딸읍니까?

▲ 具常 = 기껏해야 民意發動같은 政略들이 없죠. 政治란 道理 卽 方法을 摸索해 내야 할 텐데 말입니다.

▲ 趙芝薰 = 「스케일」이 적고…

▲ 金八峰 = 近視眼的(근시안적)이고…

▲ 趙欣坡 = 잘 믿어지지 않고 約束은 休紙요, 언짢은 짓은 앞서 가며 하고…

▲ 具常 = 與黨 말입니까! 野黨 말입니까!

▲ 一同 = 百步 五十步 差異나 特히 與黨이지요.

▲ 鄭飛石 = 與黨에서는 黨을 위해서 有利하겠다고 생각하고 하는 노릇 같은데 우리가 보기에는 不利한 짓만 골라가지고 하는 것 같더군요. (一同笑)

▲ 具常 = 그래서 野黨에 어떤 사람이 하는 말이 自由黨 속에 民主黨『푸락치』가 들어가 있다고 揶揄(야유)하더군요. 甚(심)한 사람은 共産黨이 끼어 있다고(?) 酷言(혹언)하기도 하고. (笑聲)

▲ 金八峰 = 나도 그런 말을 들었어요. 破壞分子(파괴분자)가 與黨을 操縱(조종)해서 이 混亂을 장만한다고.

政治人과 政治狀況

▲ 趙欣坡 = 現在 우리가 當面하고 있는 保安法問題만 하더라도

野黨은 너무나 立法 目的이나 그 底意(저의)만 詰難(힐난)하고 與黨은 언제나 文理解釋(문리해석)만으로 糊塗(호도)하려드는 것 같군요! 거기다가 勝癖(승벽)이나 感情이 앞서고… 서로 取捨互讓(취사호양)이 있어야 할 텐데.

▲ 具常 = 協商論者(협상론자)시군 그래 (笑聲) 이왕 말이 나왔으니 國家保安法改正과 우리 文筆人들의 直接的인 見解같은 것을 좀 얘기해주실까요.

▲ 金八峰 = 나는 우리 文學하는 사람한테는 十七條 五項 같은 것도 直接的으로 適用되리라고는 보지 않죠. 그러나 文士라는 職業에서가 아니라 여러 條目 國民의 基本權利를 剝奪(박탈)당했다는 立地에서 改惡이라고 判斷하고 反對하는 것입니다.

▲ 趙芝薰 = 이번 京鄕新聞의 除籍事件(제적사건)에 있어서도 國家保安法을 適用치 않고 刑法(형법)을 適用한 것만 보더라도 國家保安法을 새로 만들지 않더라도 旣存法(기존법)으로라도 充足하다는 證據(증거)가 아니애요! 海內外의 輿論이 飛騰(비등)하니까 當場은 使用치 않고 눈감고 아옹하는 格이지… 없더라도 좋은 條文(조문)을 왜 배지 못한다는 말입니까? 自家撞着(자가당착)도 類萬不同(유만부동)이지. 오늘의 爲政者들이 惡法을 만드는 그 素質과 底意가 빤히 들여다 보여요.

▲ 鄭飛石 = 이렇게 모두 百姓들을 法網(법망)으로 얽어매어놓는다면 大韓民國에 生을 享有하는 本義가 어디 있죠. 對共鬪爭만해도 戰鬪보다 自由가가 더 勝利의 武器거던요. 十七條 五項 같은 것이 具體的으로 發動된다면 이 武器를 빼앗어버리는거나 다름없지요.

▲ 具常 = 그러나 現在까지 輿論이나 國民鬪爭이 官權에게 敗北

하여 가고 있다고 보는데 이를 勝利로 이끌어갈 방안들은 안 가지고 계신지? 民主黨員이 아무리 재ㅂ혀 가야 우리 여기 모인 다섯 名이 붙잡혀 가는 것보다 民衆들이 불쌍하다고 안 볼 터인데 우리도 어디 데모나… (笑聲)

▲ 趙芝薰 = 우리가 自進拘束(자진구속)이야 當할 것이 있소. (笑聲)

▲ 趙欣坡 = 지금 司會는 鬪爭에 敗北(패배)하고 있다고 했지만 나는 그렇게 안 봐요! 着着 成功을 거두워가는 過程(과정)이요, 그 段階(단계)란 말입니다. 行政府는 保安法을 惡用치 않겠다고 海內外에 表明은 했지만 써먹지 않을 것을 그렇게 극성스럽게 왜 만들었으며 또 臭氣(취기)나는 조목들을 쑥 빼버리지 않았다고 앙탈하는 건 무슨 까닭이냐 말에요. 이건 끝까지 싸워 이겨야 합니다.

▲ 具常 = 欣坡先生 가슴속에 勝利의 祕方(비방)이 있으신 모양인데 그걸 좀 떨어놓으시구려. (笑聲)

▲ 金八峰 = 保安法도 保安法이지만 地自法 같은 것도 言語道斷(언어도단)이에요. 民主主義的 基盤(기반)이 成長할수록 地方自治權을 擴充(확충)하게 마련이것만… 이건 大統領(대통령)을 直選해 낼 수 있는 국민이 自治權關長(자치권관장)을 제 손으로 못 뽑는다니 말이 돼요.

▲ 具常 = 앞으로의 전망이랄까? 요새 국회는 어때요?

▲ 趙芝薰 = 體面과 感情에 억매여 있는 것 같더군요. 그렇다고 우리가 結論을 지어줄 수도 없는 노릇이고… 다만 이제부터 國民輿論의 壓重力(압중력)이 問題를 左右할 테지요.

▲ 金八峰 = 與野를 莫論하고 國會議員들 自身들이 自然 良心을 發動시켜 이 事態와 國民에 向한 責任을 셔야뇌지요. 그 謝罪 方法에 하나로는 總辭退(총사퇴)같은 것이라도 敢行에서 國民에게 끼

친바 暗鬱(암울)의 장막을 거둬 놓아야 합니다. 이 人物 이 雰圍氣(분위기)를 그대로 끄러 나가다가는 百年何淸(백년하청)! 共産黨을 앞에 가로놓고 나라 亡치기에 똑 알맞지요. 또 우리 知性人 自體들이 悲壯(비장)한 覺悟(각오)를 갖고 民論을 擴充해야지요. 自由文協 現代文協 같은 데서도 公式的으로 또는 個人的으로 態度를 表明하는데 躊躇(주저)치 말아야 할 것입니다.

▲ 具常 = 우리 知性人들이 『總蹶起(총궐기)할 때는 이때다』 모두 그 말씀이죠.

▲ 鄭飛石 = 蹶起(궐기)는 解放後 하도 해서. (笑聲)

▲ 趙欣坡 = 司會가 아무래도 이제부터 「데모」를 하자는 눈치야! 혼자 나가시지!

▲ 一同 = 웃으며 散會(산회).

《동아일보》 (1959. 2. 15.-16.)

구상은 사회자로서 '지성인의 책무라는 것은 그 사회를 대변하고 추진하고 그 시대의 지표가 되어야 할 것'이라는 전제를 두고 대담을 열어간다. 정치-사회적 문제도 언급하지만, 당대 작가들의 작품에 대해서 시대 상황을 포착해서 창조적 현실로 이끄는 작품이 없다고 진단하고, 작가들이 새로운 인간의 입상이나 생활을 창조해야 한다고 말한다. 특히 신인들의 소설에서 발견되는 압전과 패배 의식을 꼬집고는 역사의식의 결핍, 국가 의식에 대한 절실함의 약함 등을 들고 있다. 그리고 당시 문제가 되었던 국가보안법에 대해서 학자들의 침묵을 거론하면서 여론이나 국민 투쟁이 관권에게 패배하는 정황이 아니냐고 반문하며, 정치-사회적 현실에 대처하는 지성인들의 행동을 예리한 시선으로 비판하고 있다.

네 명의 문인들에 비해 사회자인 구상이 적극적으로 좌담을 주도해가고 있음을 볼 수 있다. 정치 현실에 대한 비판을 종횡무진 이끌어가던 구상은 끝에 가서 농담 비슷한 어조를 사용하면서도 거침없이 "우리 지성인들이 총궐기할 때는 이때다"라는 말로 끝을 맺었다. 이 좌담은 《동아일보》의 의도와는 상관없이 사회자 구상의 다양한 현실 비판으로 전개되었기 때문에 집권층의 비위를 크게 거슬렀을 것이다. 이러한 그의 현실 비판적 활동이 집권층의 정보망에 걸려 왜곡된 조작 혐의로 진행된 것이 소위 '레이더 사건'이다.123)

5.6 술 먹고 웃은 죄로 옥살이 반년
: '레이더 사건' 후 인터뷰

대담 「격동기의 지성-문필인들은 말한다」의 서두에서 언급한 사회-정치적 상황과 이 사건은 같은 맥락이다. 일명 보안법파동으로 불리는 '2·4파동'이 발생하자 야당에서는 그 외곽조직으로 민군수호총연맹이라는 범국민조직체를 만들어 이에 대처하게 되는데 문화계 인사로는 위원장에 고희동, 부위원장에 김팔봉, 구상은 문화부장직을 맡게 되었다.124)

구상은 집단데모에도 나서고 정치집회의 연사125)로 나서는 등 이승

---

123) 이숭원, 『구상평전』, 분도출판사, 2019, 167-168.
124) 구상, 「레이더 사건」, 『구상문학총서』 제1권, 홍성사, 2002, 298.
125) 민주당 주최의 시국강연회가 1959년 2월 19일 시공관市公館에서 열렸다. '2·4결의무효화'를 주장하며 3명의 연사가 강연하였는데, 구상은 민총문화책임위원 자격으로 '시성知性이 본 민주사명民主使命'을 주제로 '나라를 사랑하고 민권을 수호하려는 것이 「민총」의 목적임에도 불구하고 「민총」은 아직도 등록되지 못하고 있다. 정부는 또한 공산간첩을 색출한다는 미명하에 국가보안법을 개악하여 일반

만 정권의 전횡에 계속 저항하자 정치의 앞잡이 기관에서는 1959년 5월 23일 한국군 통신장비인 레이더 진공관을 일본을 통해 북한으로 몰래 보내려 했다(이적 병기 북괴 밀송)는 죄목으로 구상을 구속하였다. 15년의 구형을 받고 옥중생활을 하던 중 6개월 후에 무죄 선고가 내려져 출옥한, 조작된 사건이다. 이 사건은 당시 언론에 자주 거론된 만큼 구상의 이름도 여러 번 오르내리곤 했다. 이승만 정권에 아부하던 이들의 허위 날조로 판명이 난 것이지만, 구상은 6개월의 옥중생활을 하였고, 이후 출감 후의 사정을 들어보기 위하여 《조선일보》의 「일요방문日曜訪問」 코너 기자가 인터뷰하였다. 그 내용은 다음과 같다.

술 먹고 웃은 罪로 獄살이 半年
- 걸음거리 멈춘 步行人의 虛脫(허탈)

詩人 具常 氏하면 아직도 우리의 기억에 새로운 소위 「레이다」 사건과 관련되어 신문지상에 여러 번 오르내리던 이름이다. 「레이다」 사건이란 이미 신문을 통하여 아는 바와 같이 李獨裁(이독재)의 그늘 밑에 숨어서 不義의 榮達(영달)을 누리던 阿附族(아부족)들의

국민의 손발을 법망에 얽매어 놓고 있다. 우리는 무력통일이든 평화통일이든 어떤 한 개의 화고한 통일 방안이 서 있지 않으면 통일촉성기구 하나 마련되어 있지 않은 것은 우리 지성인의 입장에서 볼 때 서글픈 일이다. 국회에서의 24파동 사태를 볼 때에도 우리는 먼저 그러한 추태에 대한 수치심의 회복이 있어야 한다. 요컨대 이러한 정세 하에서 민주조국의 운명과 생사를 같이 할 수 있고 양심을 굽힐 줄 모르는 지성인만이 민주사명을 다할 수 있다'라고 강연하였다. 그리고 전진한錢鎭漢은 '민총民總은 무엇을 할 것인가', 엄상섭嚴詳燮은 '작금의 정치정세' 등을 주제로 강연했다.《동아일보》(1959. 2. 19.)

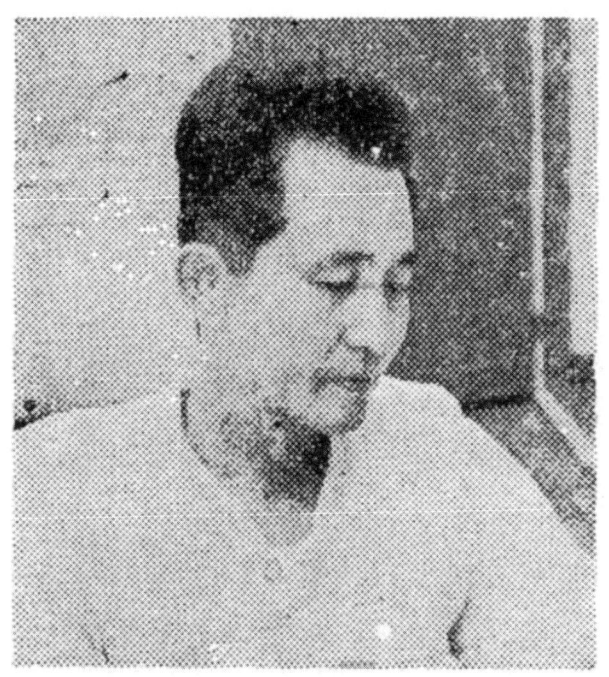

[이미지 8] 레이더 사건 후 인터뷰 당시의 구상.
출처: 《조선일보》 (1960. 8. 28.)

터무니없는 허위날조였다는 것이 밝혀졌지만 아무튼 이 사건으로 말미암아 囹圄(영어)의 몸으로 六個月동안 갖은 고초를 겪었던 氏는 작년 十月法의 심판으로 풀려났다. 이에 記者는 「詩人」이라는 이름과는 너무나도 거리가 먼 事件 속에서 시련을 겪고 난 氏의 장충동 自宅으로 방문하였다.

具常 氏는 사건에서 풀려나고부터 거의 杜門不出(두문불출) 긴 여름 낮 동안 줄곧 집에서만 수일하신다고 소문을 듣고도 왔지만 아닌 게 아니라 양복바지에 「넥타이」를 졸라매고 거리를 싸다니는

步行人들과는 너무나 대조적인 시원한 삼베 고의적삼에 더부룩한 머리며 여유만만한 표정이다. 식구들도 없이 조용한 이층 서재에는 전망이 좋은 창문으로 시원한 바람이 불어오고 깨끗한 흰벽은 아늑하고 조용한 東洋畵(동양화)의 餘白(여백) 같다.

　방이 퍽 깨끗하고 좋다는 찬사를 하자 氏는 독특한 웃음을 입가에 지으며 매일 이방에서 자고 딩굴며 쓰고 먹는다고 한다. 집에 있는 시간이 많으면 많을수록 식구들이나 주위 환경에 신경이 쓰이는 법인데 식모까지 합하여 네 식구뿐인 조촐한 가족을 가진 氏는 하루 종일 집에 있어도 불만은 없다고 한다. 하기야 옛날의 氏는 明洞街를 비롯하여 서울의 坦坦大路(탄탄대로)가 좁다하고 비틀거리며 싸다니는 罪 없는 流浪人(유랑인)들 중에서 결코 빼놓을 수 없는 人士였는데 아무에게나 때 없이 친절하고 내용이 없는 공허한 웃음 때문에 턱없는 「레이다」 사건에까지 관련이 된 것 같다. 具常 氏는 『술 먹고 웃은 죄밖에 없다』는 말은 「레이다」 사건의 공판기간 중 일반에 떠돈 여론이었지만 이 사건의 억울함 가시넝쿨이 벗어지고 더구나 통쾌하게도 이 사건을 음모하고 조작하던 李獨裁(이독재)의 數人(수인)이 몽땅 쇠고랑을 차고 도리어 囹圄(영어)의 몸이 되어 있는 지금 氏는 과거 無意味한 街頭步行(가두행진)을 그치고 이렇게 집에서 조용한 시간을 갖게 되었다고, 더구나 一個月전부터 結膜炎(결막염, 눈병)으로 통 술을 못하기 때문에 거리에 나가 누구와 어울려 실없는 말만 주고받는 구질구질한 對人관계에 통 흥미를 잃었다는 氏는 술 생각이 간절하시겠다는 질문에 펄쩍 뛴다. 원래 술을 먹고 싶어 먹는 것이 아니라 他人들의 기분을 맞추기126) 위하여 한 잔 두 잔한 것이 시초라고 하면서 『허기야 때에 따라서 〈억지過飮(과음)〉의 〈失手〉를 해서 탈이지』하고 웃음으로 얼버무린다. 자신이 酒黨(주당)임을 肯定(긍정)하는 건지 否定(부정)하는 건지 구별할 수 없었다. 술이야 어쨌든 아직도 많은 文人作家들이 茶房生活을 비롯하여 허공에 발을 딛고 헤매고 있으니 한국의 생활이 워낙 비참하기 때문이 아니냐고 氏는 열기 띤 얼굴로 강조하면서 이렇듯 무질서한 生活理念에서 발을 벗고 나선 자신이 한층 소중한 모양이다. 그러나 때에 따라서는 마음속 깊이 의지하고 기댈 수 있는 盤石支柱(반석지주)가 몹시 아쉽다는 氏의 얼굴에 일말의 적막조차 읽을 수 있었다. 더구나 약수동골에 사시던 小說家 李無影(이무영) 先生까지 돌아가시고 나니 장충동 일대가 텅빈 것 같다고 하면서 술병을 꿰차고 억지를 부릴 데도 없어졌다고 한다. 구태여 연락두절의 친구를 들어본다면 이번 選擧戰(선거전)에서 參議員(참의원)으로 當選된 薛昌洙(설창수) 씨를 들 수 있을 정도라고 하면서 『四一九 이후 나만큼 허탈해진 사람도 없을 거요. 步行이 없어지고 집에는 들어앉았을망정 첫째 우리 장충동 일대「클럽」에서 대장격인 無影先生을 잃었고 둘째 不義와 싸우는 재미가 없어졌거든, 四一九 以後 모두가 잘해나가니까 우리가 누구하고 싸우겠소. 마치 할 일이 없어져서 밥줄마저 끊어진 것 같소. 어느 때 가서 정치적으로나 사희적으로[127] 환멸을 느꼈을 때 그땐 아마 다시 부글부글 끓는 적개심으로 삶의 보람까지 느낀 것이요. 그러나 그런 환멸과 실망이 두 번 다시 왔다가는 큰일이지. 내가 영원히「룸펜」이 되는 한이 있어도 그런 끔찍한 부패는 다시 없어야

---

126) 맞추기
127) 사회적으로

지』 하신다. 政治에 對해서는 별무관심인 것 같았으나 아직도 식지 않은 정력이 대단하시다. 文學人의 行動은 지극히 독창적이요 결코 합리적이 될 수 없다는 것은 氏가 노상 역설하여온 주장이지만 文學人의 政治參與(정치참여)에 있어서도 결코 功利的(공리적)이거나 合理的인 것이 아니라 創造的인 것이요 「오리지나리티」한 것이라고 거듭 주장한다. 때문에 文學으로서 自己成長을 노력하면서 어떤 行動性을 보여주었다면 이것 또한 文學修業의 한 연장이라 볼 수 있다고 한다. 끝으로 집에 계시는128) 동안 무얼 하시느냐고 물었더니 하루의 대부분은 글을 쓴다고 한다. 詩도 數編 써두었고 戲曲도 한 편 써두었다고 한다. 발표는 앞으로 매달 한 편씩 할 작정이시라고… 앞으로 학교 개학이 되면 新村 대학西江大學에나 들어박혀 역시 책이나 읽을 것이라고 한다.

《조선일보》 (1960. 8. 28.)

소위 '레이더 사건'은 구상의 행동적 현실 참여라는 가치에 하나의 전환점이 된다. 구상은 해방 후 북한에서 『응향』 필화를 겪고 남한으로 내려와 언론인으로 살아가면서 펴낸 사회평론집 『민주고발』이 또 필화를 입게 되었다. 당시를 회고하면서 구상은 이렇게 고백하였다. "휴전이 된 후에는 이승만 독재 반대 투쟁에 또한 앞장을 서서 『민주고발』이란 사회평론집을 내었는데 이번엔 남한에서 이것이 필화를 입어 마침내 '레이더 사건'이란 얼토당토 않은 이적 혐의를 뒤집어쓰고 투옥까지 당했습니다. 4·19가 되고, 또 5·16이 일어나자 나는 행동적 현실 참여에 허탈감을

---

128) 계시는

맛보고 나 스스로의 능력의 한계도 느껴서 문학 본령에의 복귀를 위하여 강단으로 전신하고 말았습니다"129) 이 사건은 구상의 표현대로 '문학 본령에의 복귀'를 위하여 대학 강단에 전신하게 된 하나의 계기가 되었다. 이뿐만 아니라 구상은 1959년 옥고를 치르고 1960년대 이후 시대의 변화를 겪으면서 내면적인 변화를 이루게 된다. 이숭원은 그 변곡점을 세 가지로 정리하고 있다. 첫째는 인간 양심의 본질적 요소로 수치심을 정립한 것, 둘째는 프랑스의 유신론적 실존주의 철학자 가브리엘 마르셀 사상의 영향, 셋째는 제2차 바티칸 공의회의 비그리스도교와 교회의 관계에 관한 선언 등이 그것이다.130) 이 인터뷰 기사는 '레이더 사건' 직후 그의 생활과 대사회적 견해 등을 엿볼 수 있는 자료라고 생각한다.

5. 7 제2공화국에 바라는 문화정책

「치열과 불굴의 정신을」의 서두에서 언급한 바와 같이 1960년 4·19혁명이 일어나 제1공화국이 막을 내리고 소위 제2공화국의 새로운 공화헌정 체재가 시작되었다. 사회-정치적으로 해결해야 할 과제가 많았던

---

129) 구상. 「에토스적 시의 삶」, 『구상문학총서』 제1집, 홍성사, 2002, 190. 후일 서영옥 여사와 《매일경제》와의 인터뷰에서도 언급되었다. '『사실은 문학 이외에 딴 것을 할까봐 겁냈어요. 그 시대 젊은이들은 사회 혼란 속에 정의감에 들끓어 정치로만 내달렸지요. 타고난 재질을 살려 제발 글만 쓰시도록 정치적 관심은 필사적으로 막았어요. 그래도 시사평론을 쓴 것도 많지요.』 이렇게 시인의 재질을 보석처럼 다듬어온 반생이지만 『또다시 인생을 산다면 되풀이하고 싶다는 말은 안 나올 것 같다.』고 솔직한 심정을 털어놓는다.'라는 표현으로 보아 구상의 심경 전환에는 부인의 영향도 작용한 것으로 볼 수 있다. 홍승희. 〈예술인의 아내(10)-시인 구상 씨 부인 서영옥 여사〉, 《매일경제》 (1982. 8. 3.)
130) 이숭원. 앞의 책, 178-187 참조.

당시 내각에 대한 국민의 기대도 컸다고 할 수 있다. 여러 과제가 산재한 가운데 이들을 어떻게 해결할 것인가는 정부의 몫이었으므로 정부도 의미 있고 실현이 가능한 정책을 발굴하고 적용하고자 하는 의지도 있었으리라. 이런 상황에서 좋은 의견이 있다면 수용하고 정책화하는 것은 국가의 내일을 책임진 정부 입장에서는 더 좋은 일이 아닐 수 없을 것이다. 이에 때를 맞추어 《동아일보》에서는 제2공화국의 문화정책에 초점을 두고 1960년 9월 9일에 좌담회를 열었고, 이때 나온 의견들을 정리하여 2회에 나누어 게재하였다. 그것이 「제2공화국에 바라는 문화정책」이었고, 구상은 사회를 맡았다. 구상의 입장에서는 당시 '레이더 사건' 후 《조선일보》 인터뷰 기사 「술 먹고 웃은 죄로 옥살이 반년」이 나간 지 약 2주쯤 되는 시점으로 그 기사의 내용처럼 심리적 변화가 일어난 시점이기도 하다. 그 내용을 보면 다음과 같다.

第二共和國(제2공화국)에 바라는 文化政策(문화정책)

本社에서는 第二共和國의 機動性(기동성) 있는 文化設計圖(문화설계도)와 그 施策(시책)의 果敢(과감)을 促求(촉구)하려는 意圖에서 지난달 廿五日(25일) 文化各分野의 重鎭人士(중진인사)들을 本社會議室로 招致(초치)하고 文化政策面에 있어서의 過去批判(과거비판)과 앞으로의 展望 指針(전망 지침) 等을 座談해 보았다. 아직 政府의131) 뚜렷한 文化政策이 천명되지 않은 此際(차제)에 크게 이바지할 것으로 믿어

---

131) 원문에는 '정부의'가 2번 반복되어 있음.

同席上의 重要發言의 速記草(속기초)를 이에 揭載(게재)하는 바이다.

座談會 參席人士(發言順 敬稱略)

具常(사회) 詩人 西江大敎授
李崇寧(이숭녕) 文博(문박) 서울大敎授
吳華燮(오화섭) 劇作家(극작가) 延世大敎授(연세대학교)
金煥基(김환기) 畵家(화가) 弘益大敎授(홍익대학교)
羅雲英(나운영) 音樂家(음악가) 延世大敎授
薛昌洙(설창수) 詩人(시인) 參議院議員(참의원의원)

▲ **本社文化部次長** = 바쁘신 시간을 이처럼 할애해주셔서 대단히 감사합니다. 그럼 이제부터「第二共和國에 바라는 文化政策」이란 題下(제하)에 座談會를 시작하겠읍니다. 오늘 司會는 具常先生께서 맡아주시기로 됐읍니다. 기탄없이 좋은 말씀을 많이 해주시길 바랍니다.

文化部面의 革命的(혁명적) 慾求(욕구)

▲ **具常** = 이거 장님이 눈든 사람 인도하는 格입니다. (웃음) 또별 수 없이 革命얘기인데 이번 學生革命은 그 口號自體(구호자체)부터가 國土意識이라든가 民族意識과 같은 前近代的인 旗幟(기치)가 아니라 人間의 自由와, 尊嚴(존엄)의 守護(수호)와 爭取(쟁취) 等 文化史의 性格과 意義를 지녔던 것입니다. 이런 意味에서 第二共和國의 政治 諸般(제반)은 그 文物制度나 機構(기구)는 물론, 그 理念과 方法

의 趣向(취향)에 있어서도 一大變革(일대혁명)을 가져와야 할 줄 믿습니다. 그러면 앞으로 우리 文化各部面의 實際的 課題와 그 慾求부터 얘기해 나갔으면 합니다.

▲ 李崇寧 = 저의 部面은 範圍(범위)가 좁고 딱딱한 國學界(국학계)에 局限되는 예기입니다만 이번 革命을 學界의 一大轉機(일대전기)로 삼을만한 준비가 없었다고나 할까요. 劃期的 飛躍(획기적 비약) 같은 것은 期待(기대)할 수 없다는 게 솔직한 告白입니다.

오직 一般的 慾求를 말해보자면 外的인 面에서는 國家的 施策의 積極的 支援이 먼저 要望됩니다. 이제까지 우리 學問의 硏究費나 運營事業費부터가 美國을 비롯한 海外財團에 依存하고 있거던요. 所謂 國學의 硏究費가 말씀이에요. - 內的인 面에서는 學者들의 自己脫皮(자기탈피)지요. 學問에 있어서의 그 方法論이 世界的이고 科學的인 連結을 가져야 된다고 생각합니다.

▲ 吳華燮 = 저는 이런 모임에서 얘기할 때 懷疑(회의)부터 가집니다. 왜냐하면 우리가 아무리 誠意 있는 發言을 해보아도 이제까지의 政策에 얼마나 反映되었으며 앞으로 어느 정도 施行될까에 疑訝心(의아심)을 느끼기 때문이죠. 우리의 文化的 모든 慾求 역시도 결국은 政治에 결부되고 左右되는 것이니까 앞으로 우리의 政治나 그 政事者들의 性格이나 方向의 設定이 先決問題(선결문제)입니다. 제가 日前에 紙面으로도 言及햇습니다만 李政權下 十二年 동안에 無數한 苦難(고난)을 치르면서도 우리 國民은 體驗을 통하여 歷史觀이라 할는지 이런 것이 樹立되었다고 봅니다. 解放으로부터 事變前까지는 左右翼의 衝突(충돌)과 外皮的인 「아메리카니즘」의 急潮(급조) 속에서 우리의 갈 바와 立地를 분간치 못했는데 六·二五를

치르고 나면서 冷靜(냉정)을 회복하여 反共路線(반공노선)에 대한 徹底(철저)한 信念이 박혔고 이번 四月革命(사월혁명)을 통해선 재래의 專制(전제)나 鎖國主義(쇄국주의)에 抵抗(저항)을 치르고 승리를 거둠으로써 民族進路에 文化史的 視點이 胚胎(배태)를 보았다고 생각합니다. 이러한 基本的 視點에서 우리 民族文化나 그 政策이 出發되고 樹立돼야 할줄 믿고 있읍니다.

▲ 金煥基 = 저는 第二共和國에 바라는 文化的 慾求를 좀 더 現實生活에 接近(접근)시키고 싶습니다. 素朴한 얘기로 당장 우리가 살고 있는 이 首都 서울이 文化都市라고 어떻게 말할 수 있겠읍니까.

住宅, 街路, 아니 물, 불, 이런 原始的 生活改善 문제도 解決 못하고 있는데 무슨 飛躍的(비약적)인 文化政策이 나오겠읍니까? 國民生活과 平面的인 文化向上이 없는데서 어찌 올바른 思考나 方向이 案出(안출)될 것이며 더우기나 立體的인 文化의 創造가 이루어질 것입니까.

또한 이러한 生活文化의 向上이나, 그 政策이란 文敎部나 어느 執行部(집행부)에서 單獨(단독)으로 이루어질 수도 없고 所屬(소속)되는 것도 아닙니다. 政事萬機(정사만기)가 一定한 目標와 計劃 밑에 果敢하고 決斷性 있는 實踐을 해주어야지.

▲ 羅雲英 = 結局 政治人들의 文化에 대한 盲目이라 하겠지요. 政治고 國家고 民族이고 文化的 創造 없이는 成立될 수가 없는데 그들은 文化라면 度外視(도외시)하거던요. 實例로는 過去에 文敎部에 文化局과 그 課의 責任者들이나 擔當者(담당자)들부터가 藝術이나 創造的 文化에 門外漢(문외한)들이었거던요. 그러니까 豫算이나 事務執行(사무집행)이 非合理的이고 非文化的이었습니다 酷評(혹평)을 하라면 文敎部는 學校管理處(학교관리처)에 지나지 않았고 映畵

課(영화과) 같은 것은 〈필름〉의 가위질이나 하는 것이 고작이었죠. 文化局만해도 文教部에서 獨立된 機構가 되어야지 現狀대로는 專門人이나 權威者들을 吸收할 수 없을뿐더러 政策立案도 施行할 수 없을 것입니다.

▲ 薛昌洙 = 一國의 文教部라하면 國民心性의 全面的 擔當(담당)이라는 自覺 밑에 그 政策이 立案進行돼야할 텐데 現在의 姑息的(고식적) 行政을 가지고는 도저히 이를 達成할 수 없읍니다. 그 機構로부터 羅先生 말씀대로 文化部와 教育部로 가르는 것이 制憲國會(제헌국회) 以來의 宿題(숙제)이지만 自由黨 政權으로부터 四千億의 赤字를 물려받은 新政府가 機構의 擴張(확장)이란 바라볼 수 없다 해도 現行文化局 機構를 가지고도 學藝術人의 呼應(호응)을 받아 機動的인 政策을 摸索(모색)하면 얼마든지 開拓(개척)이 되리라고 믿습니다. 가령 立體的 文化政策이라 할 수 있는 學藝術院(학예술원)의 正常化라든가 國際文化交流(국제문화교류)의 計劃性(계획성) 있는 發揚(발양) 等을 試圖하고 한편 平面的 文化政策에 있어서의 義務教育行政(의무교육행정) 과정에 억눌린 地方文化行政을 復活(부활)시키고 長次官에 있어서도 文化界 人士併用(인사병용) 等을 實現해야 되리라고 봅니다.

教育制度(교육제도)와 行政面(행정면)

▲ 具常 = 事實 우리 文化의 貧血狀態(빈혈상태)는 法이나 制度의 缺陷(결함)도 있으려니와 그 運營者들의 低劣(저열)이나 非文化性에도 基因(기인)돼 있다고 봅니다. 그러니까 文化施策 自體가 野蠻的

(야만적)일 수밖에요. 어디 文敎部(문교부)의 敎育行政面은 盲點(맹점)이 없었읍니까?

▲ 李崇寧(이숭녕) = 웬걸요? 斷的(단적)인 例로는 大學이란 看板과 校舍(교사)만 있지 硏究施設(연구시설)이 있어야죠. 서울大學의 一科部門 一年圖書購入費(1년도서구입비)라는 게 個人의 圖書費用보다도 적은 部門이 많죠. 그래서 우리는 大學圖書館을 古圖書博物館(고도서박물관)이라고 부르죠. (웃음) 말하자면 過去의 敎育行政이란 學校設立認可處(학교설립인가처)이죠. 監督廳(감독청)이라고 人事問題나 掌握(장악)해 가지고 불호령만 하지 實際 學問의 奬勵(장려)나 擁護面(옹호면)에서 있어선 〈제로〉였읍니다. 日本서 東大講師 하나가 공부하겠다고 전해오지만 책이 있어야죠. 창피해서 나오라고도 못합니다. 이런 現狀(현상)에서 學問을 하겠다고 나선 사람들이 기특할 정도입니다.

▲ 吳華燮(오화섭) = 그래도 國立은 私立보다는 나을 겁니다. 첫째 身分保障(신분보장)만은 되니까요. 私立財團(사립재단)의 行悖(행패)란 이루 말할 수 없읍니다. 널리 報道되는 事實이지만 財團이란 學校經營費를 내는 곳인데 反對로 學生의 돈을 걷어 企業化하고 있거던요. 그리고 財團理事들의 私嫌如何(사혐여하)로서는 敎授의 목이 하루아침에 뎅겅뎅겅하거던요. 敎員勞組(교원노조)의 紛糾(분규)도 다 이런 데서 나오는 겁니다.

▲ 金煥基(김환기) = 어떻습니까? 現行 敎育制度나 大學의 聯立(연립)은? 大學은 진정으로 學問할 사람만 收容(수용)하고 그 외는 技術이나 實業學校로 悛換(전환)시키는 게 옳지 않을까요. 그래서 大學은 名實共히 〈좁은 門〉을 만들고 卒業도 完全한 資格(자격)과 實力

을 갖추게 하면 말입니다.

▲ 李崇寧 = 解放後 우리가 大學을 論議할 때 韓國에는 三個校쯤만 두자고 主張했읍니다. 그런데 현재는 一二〇個나 됩니다. 長官이 就任(취임)할 때마다 大學을 整備(정비)하겠다고 公言하고선 나올 때는 몇個씩 더 만들어 놓고 나오거던요. (웃음) 아까도 말했지만 學問할 수 있는 環境을 이룩해줘야겠는데 學者들의 論文마저도 外援(외원)이나 〈포켓트 머니〉로서 充當하려니 되겠읍니까.

▲ 金煥基 = 美術界만 해도 피장파장이죠. 첫째 繪畵(회화)의 器材(기재)부터가 購入難(구입난)이거던요. (웃음) 每年 各大學에서 約 二百名의 美術大學卒業生을 내니까 材料의 消費量(소비량)은 增加(증가)하는데 材料의 輸入이 안되거던요. 美術材料를 奢侈品(사치품)이나 消耗品(소모품) 취급을 해서 輸入稅(수입세)를 過重하게 하니 어떻게 順調로운 導入이 되겠어요?

學·藝術院(학·예술원)**의 存廢·性格·處遇**(존폐, 성격, 처우)

▲ 具常 = 그러면 話頭(화두)를 政府의 旣存文化機關(기존문화기관)이나 그 運營狀態, 또는 앞으로의 改革是正(개혁시정) 될 方案 같은 것을 提示해 주시기 바랍니다. 첫째 文化保護法(문화보호법)으로 設置(설치)된 學藝術院의 存廢(존폐)의 贊否(찬부), 앞으로의 性格, 處遇 등을 말씀해 주십시오.

▲ 李崇寧 = 率直(솔직)히 말씀드려 現在까지의 學術院이란 有名無實의 機關이었습니다. 處遇래야 月五千환 주다가 이즈음엔 萬환쯤 되는가요? 外國의 〈아카데미〉같은 權威(권위)가 있나, 이건 養老

院(양로원)도 아니고, 現在構成을 가지고는 存在理由가 稀薄(희박)합니다.

▲ 羅雲英(라운영) = 저도 그런 養老院이라면 廢止論(폐지론)에 贊成입니다.

▲ 吳華燮 = 藝術院은 거기다가 構成會員中 李政權 때 阿附族(아부족)이 끼어서 말썽입니다. 더우기나 지난번 改正法이라는 게 藝術人들의 直接選擧가 아니라 期成會員(기성회원)들의 互選(호선)으로 스스로의 留任(유임)을 謀策(모책)했다니 言語道斷(언어도단)이지요.

▲ 具常 = 外國例는 어떻습니까.

▲ 李崇寧 = 日本은 元老級만 모아서 學士會를 만들고 거기서 國家豫算(국가예산)을 따다가 選拔學者(선발학자)에게 硏究費를 支給하고 그 硏究를 獎勵監視(장려감시)하지요.

▲ 金煥基 = 佛蘭西(불란서)의 翰林院(한림원)은 會員의 闕席時(궐석시, 死亡) 會員들이 選擧하는 모양이더군요. 滯佛時(체불시) 보고 듣자니 그 國家의 處遇가 굉장해요. 國民들의 尊敬도 尊敬이려니와 그 〈유니폼〉부터 古典的인 服裝(복장)을 하고 그들이야말로 選民待接(선민대접)을 받더군요. 또 權威도 큰 것이어서 比컨대 새말이 나왔을 때 이것을 辭典(사전)에 揷入(삽입)하느냐 마느냐는 翰林院의 決議(결의)를 거쳐야 한답니다.

▲ 吳華燮 = 國家의 體面을 살리고 또 기왕 그나마 政府의 文化的 機關이라는 것도 唯一한 것이니 앞으로 合理的 方向으로 發展시켰으면 합니다.

▲ 具常 = 그렇다면 그 性格에 있어 禮遇機關(예우기관)을 만드느냐 惑은 硏究나 權威機關을 만드느냐 하는 兩論이 成立될 줄 아는데요.

▲ 薛昌洙 = 硏究나 權威機關을 禮遇와 兼했으면 理想的이나 우

리의 形便으론 觀念的으로 權威者라는 具體的 人格이 固定될 수 없으니까 功績忠(공적충)의 禮遇를 擇할 수밖에 없다고 생각합니다. 그러니까 現存構成員을 가지곤 不合當하거던요. 그래서 現行法을 廢棄(폐기) 또는 改正해서 새로 組成해야겠지요.

▲ 具常 = 저도 同感인데요 앞으로 學藝術院을 存立시킨다면 우선 生理的 年齡(연령)부터 制限하여 五○이나 六○以上이라던가, 分科別의 廢止, 人員의 縮小(축소) 等을 前提로 하여 兩院이 各十名以內의 元老로 構成시키고 거기에 따른 應分(응분)의 處遇가 要望됩니다. 또 選擧方式만해도 初代會員은 政府와 民參兩院文敎分委(민참양원문교분과)에서 推戴會員(추대회원)을 選出하고 이것을 各文化分野에서 認准投票(인준투표)해 본다든가 하여 終身制(종신제)로 삼았으면 합니다.

▲ 金煥基 = 嚴格(엄격)하게 銓衡委員(전형위원)을 낸다면 藝術界에서 나와도 無妨(무방)하지요. 또 佛蘭西의 例로는 한 五年前에 〈쟝·콕토〉가 被選(피선)되었는데 翰林院史上에 가장 年少者라고 떠드는 걸 보면 七十九歲란 말이에요. (웃음)

▲ 李崇寧 = 司會는 分科別의 撤廢(철폐)를 말씀했는데 우리 韓國의 學術界는 草創期라 한 分科로만 偏重(편중)되면 困難(곤란)한 점도 있습니다.

▲ 羅雲英 = 藝術院은 오히려 分科別이 所用없다고 생각합니다. 더우기나 現在會員 같아선 創造的인 意味의 藝術人으로서는 老朽人士(노후인사)들이 아닙니까.

▲ 具常 = 만약 新國會에서 文化保護法이 廢棄(폐기)된다든가 改正되는 경우 所謂 旣得權問題(기득권 문제)를 어떻게 생각하십니까?

모두 辭表(사표)를 안내고 버티고들 있는데?

▲ **李崇寧** = 第二共和國에서야 舊政權(구정권)의 旣得權이 通用되겠읍니까. (웃음)

▲ **吳華燮** = 우선 過去의 功過(공과)는 둘째로 하고라도 一段 스스로 白紙化하는 게 所謂 知性의 所有者라는 學藝術人의 體度가 아니겠어요?

國展(국전)·音樂(음악) 콩쿨 및 國立劇場問題(국립극장 문제)

▲ **具常** = 다음에는 年年이 말썽되는 國展을 어떻게 보십니까? 日本만 해도 八·一五後 〈帝展(제민)〉이니 〈院展〉이니 하는 國家公募展(국가공모전)을 日本美術家聯盟(일본미술가연맹)에 그 管理(관리)를 一任했다고 들었는데요.

▲ **金煥基** = 글쎄, 그리 큰 問題가 아니라고 생각합니다. 노상 問題 되는 것이 審査員是非(심사원 시비)가 對象인데 이것은 文教部에서 藝術院에 委囑(위촉)했던 것입니다. 要는 國展이 〈아카데미즘〉을 어떻게 發展시키느냐 하는 것입니다. 또한 그 反對旗幟(반대기치)의 畫家들은 이에 對抗(대항)할만한 在野展을 만들어 春秋兩季節(춘추양계절)을 兩分하여 新進들의 意欲을 充足(충족)시키면 그만이 아닐까 합니다. 또 新進을 審査委(심사위)에 참가시켜야 하고요.

▲ **具常** = 그래도 國展이라면 貴重한 國庫(국고)를 털어서 가지는 것인데 偏向性(편향성)이 露出(노출)된다면 그 成果에 蹉跌(차질)을 가져오는 게 아니겠어요.

▲ **金煥基** = 실제 國展은 國庫經費가 消費(소비)되는 게 아닙니

다. 오히려 돈벌이도 할 수 있어요. 賞金에 있어서도 外國같이 最高賞(최고상)을 받으면 한 畫家(화가)가 八字를 고치는 게 아니라 내가 알기에는 - 歐羅巴(구라파)로 떠나기 전 - 大統領賞(대통령상)이라는 게 五萬환인가 나왔어요. 또 出品作品自體에 있어서도 偏向成(편향성)이 있는 것도 아니예요. 所謂(소위) 〈새롭다〉는 그림도 다 걸어주고 있읍니다. 勿論 保守的인 그림도요. 重言같습니다만 審查委員 問題를 가지고 國展의 本領(본령)을 是非할 것은 없다고 생각합니다.

▲ 具常 = 音樂콩쿨과 交響樂團(교향악단)의 運營(운영)은요?

▲ 羅雲英 = 國展의 論難과 거의 비슷한 審查委員의 問題인데 실지로 권위가 없는 사람이 審查委員 자리에 앉아 있는 분이 많죠. 昨年(작년)에는 藝術院銓衡(예술원 전형)에 反旗(반기)가 일어나서 결국 中和된 構成을 해보았는데 오히려 玉石混淆(옥석혼효)로 水準(수준)이 더 떨어졌지요. 지금 音樂競演大會(음악경연대회)라면 서울音大의 校內 콩쿨과 같은 거죠. 梨大같은데서는 아주 〈보이코트〉하는 지경이죠. 또 그 運營도 원각사에서 姊母(자모)들을 모아놓고 學藝會格(학예회격)으로 沒落(몰락)되고 있어요. 交響樂團問題는 市立과 放送의 兩樂團이 있는데 放送交響樂團(방송교향악단)은 事實 必要없지요. 그 〈멤버〉나 〈豫算〉에 있어서 두 交響樂團이 합쳐도 面目의 充實을 期할 수 있을까말까인데요. 單一化해서 放送演奏(방송연주)도 하고 公開演奏도 하면 될 것입니다.

▲ 李崇寧 = 音樂家 가운데 兩樂團에 兼任(겸임)한 사람도 있습니까?

▲ 羅雲英 = 그런 사람이 많지요.

▲ 吳華燮 = 音樂콩쿨같은 것은 차라리 新聞社에 맡기면 어떨까요?

▲ 具常 = 그럴 수도 없지요. 政府行事를 民間會社에 맡길 수도

없을 것이니까요. 여하간 政府公募展이나 競演會(경연회) 같은 것을 말하면 國家에서 藝術을 獎勵·育成(장려·육성)하려는 本意와는 어긋나 그 運營의 失敗로 빈축만 사니 큰일이야요. 여기에는 우리 藝術 各分野의 〈섹트〉로 因한 反目의 影響도 많다고 보아져요.

▲ 吳華燮 = 〈섹트〉를 만드는 사람이란 그 專攻部門(전공부문)의 無實力者거던요. 그래서 所謂 政治를 하는 거죠. (웃음)

▲ 金煥基 = 거의가 創作周邊(창작주변)에서 노는 친구들이 그 장난들을 하죠.

▲ 具常 = 이거 말썽 많은 것만 고르는 것 같습니다만 國立劇場 問題(국립극장 문제)는요?

▲ 吳華燮 = 우산 專用劇場(전용극장)이 없는 것이 言語道斷(언어도단)이구요, 制憲國會(제헌국회) 때 議政壇上(의정단상)에서 어느 議員이 國立劇場에 대한 發言을 하니까 神聖한 議事堂에서 劇場 얘기를 한다고 號令(호령)을 하더라나요. (폭소) 둘째는 現設置法中(현설치법 중)에 許多한 矛盾(모순)이 있지요. 都大體 運營委員會 같은 게 무슨 소용이 있읍니까. 이런 혹같은 機關이 있어야지요. 차라리 企劃委員會 같은 것이 있어서 〈레파토리〉나 諮問(자문)한다면 몰라도, 또 門外漢(문외한)인 事務官(사무관) 같은 게 너무 많아요. 世評은 文敎部에서 左遷當(좌천당)하는 이의 集合所라고들 합니다. 그러니까 豫算執行(예산집행) 같은 것도 엉망이죠. 언젠가 〈오페라〉를 하는데 돈이 사흘 전에야 나와서 撫臺(무대)를 만들고 總演習(총연습)을 했다는가요. 職員 역시도 特殊公務員(특수공무원)을 만들어 專門部面의 사람을 起用해야지요.

▲ 薛昌洙 = 나도 年前에 그 部面에 참여해 보았지만 財政的 運營

은 文敎部가 劇場長을 통해 監督하고 藝術運營에는 손을 떼야지요.

▲ 具常 = 좀 話題가 飛躍(비약)합니다만 國際文化交流인데 먼저 내보낸다는 意味에서 흔히들 世界性이니 〈오리지나리티〉하는 問題가 있는데 어떤 基準(기준)이 서야 하지 않겠읍니까?

▲ 李崇寧 = 저희 學界의 境遇는 材料는 韓國 것을 취하고 그 硏究方法(연구방법)은 世界와 步調(보조)를 맞추어야 되지요. 그래서 海外에 登場시켜서 世界性에 〈텃취〉가 되고 저쪽을 오히려 도와주게 됩니다. 우리의 比較語學(비교어학) 같은 것이 好例(호례)입니다. 우리의 語學을 저쪽 테두리 안에 들어가서 같은 呼吸 속에서 展開하면 굉장히 韓國 것에 興味와 關心이 쏠리고 또 效果를 發揮합니다.

▲ 羅雲英 = 音樂의 境遇에 있어서는 이렇게 생각됩니다. 가령 우리 雅樂(아악)을 外國으로 보내는 것을 우리 音樂의 世界進出로 생각하여서는 안됩니다. 왜냐하면 雅樂이니 鄕樂(향악)이니 하는 것은 역시 原始狀態(원시상태)에 머물러 있는 音樂이기 때문에 民俗音樂이라고 보고요, 이런 民俗的인 要素를 土臺로 해가지고 새로운 創作된 現代音樂은 民族音樂이라고 이렇게 區分하고 싶습니다. 그래서 民俗的인 것보다 民族的인 創造音樂이 輸出되어야 할 줄 믿습니다. 이래야만 世界性에 參與하게 되는 거지요.

▲ 金煥基 = 美術面에 있어서는 現代 것으로는 輸出할 만한 것이 아직 생겨나지 않았다고 봅니다. 앞으로 期待되는 新進畫家들이 많습니다만 그런 친구들이 外國에 가서 그들의 일해 놓은 것과 실지 일하는 것을 보고 와서 일할 것 같으면 앞으로 큰 作品들을 내겠지요. 그림은 音樂이나 文學과 달라 冊이라든지 레코드나 라디오로 傳達될 수가 없거던요. 찾아가서 原畫(원화)를 눈으로 보아야

지요. 또 우리가 傳統이니 遺産(유산)이니 하지만 新羅의 石窟庵(석굴암)이나 佛像 몇 개 가지고는 現代에서 움직이는 그들의 規模(규모) 있는 巨創한 것에 比하면 問題가 안되거던요. 우리가 여기 앉아서 자홀에 빠지면 〈데크니크〉 本位가 되든지 〈만네리즘〉에 빠지고 말거던요.

▲ 吳華燮 = 이건 逆說(역설)입니다만 金 先生은 先進國家의 作品을 見聞하고 習得해야된다고 强調하신다고 들었는데 오히려 藝術樣式의 固有한 純粹性(순수성)이 좀 더 開拓(개척)되어야 하지 않겠느냐는 생각입니다. 年前 펜·클럽 代表들이 우리나라에 와서 故 李無影 氏의 創作劇인가를 보고『왜 너희는 固有의 것이 없느냐? 이런 것은 形式이나 內容이 歐羅巴의 模倣(모방)이 아니냐』는 이야기를 했었읍니다. 日本만 해도 「가부끼」니 「노오」니 하는 것이 輸出되고 硏究의 對象이 되지 않습니까. 이런 意味에서 지난번 春香傳(춘향전) 같은 것이 是非는 많았지만 進出한 것은 큰 收穫(수확)이었다고 생각합니다.

▲ 具常 = 그러나 어느 藝術이든 現代的인 認識(인식)과 樣式(양식)에 基礎(기초)를 두지 않고는 民俗的 誇示(과시)는 몰라도 世界的인 紐帶(유체)란 不可能하지 않을까요? 그러면 받아들이는 基準은요?

▲ 金煥基 = 輸入問題는 直接 사람을 보내는 게 제일 簡單하지! 갔다가 가지고 돌아오니까— (웃음)

▲ 吳華燮 = 量보다 質에 置重하고 싶습니다. 現在 飜譯劇이 大流行인데 歐美것에는 우리 비위에 본질적으로 안맞는 것도 괜히 떠들어댄다고 보아요. 魯迅(노신)의 雷雨(뇌우)같은 거 좀 좋아요? 作家가 自由中國이 아니니까 公演이 안되지만 좀 더 深刻(심각)한

質의 檢討가 必要하다고 봅니다.

▲ 羅雲英 = 요새 日本歌謠〈붐〉만 해도 그렇지요. 受容에 있어서는 主體性이 필요하죠. 日本 사람이 歐羅巴를 받아들인다든지 美國 사람이 歐羅巴를 받아들여 自己文化로 改造하듯이, 또 重譯(중역)이나 間接方法 같은 것도 커다란 誤謬(오류)를 가져옵니다.

▲ 吳華燮 = 日本物流行에는 그 動機부터가 商賣的(상매적)인데 不純한 動機가 있지요. 對等한 外國文化로서 輸入해야지요.

文化政策의 計劃性(계획성) 必要

▲ 具常 = 그러면 마지막으로 第二共和國에 對한 自由로운 所望이나 所見을 吐露해 주십시오.

▲ 薛昌洙 = 제가 昨年에 美國務省 招待로 視察할 때 깊이 느낀 것이지만 韓國을 알리기 위해서는 文化의 進出밖에 딴길이 없다고 생각합니다. 그래서 우리 文化를 紹介(소개)하는데는 作品을 보내든지 人士交流를 하든지 어떤 企劃機關이 있어야 하겠고 또 輸入에 있어서도 對策委員會같은 常設機關(상설기관)이 있어야 하리라고 봅니다.

▲ 具常 = 이것은 딴 얘깁니다만 民・參兩院에 參政文化人이 얼마나 됩니까? 또 그분들이 所屬政黨이나 派(파)를 超越(초월)해서 文化의 保護法律案이 아니래도 좋으니까 文化政策 全般에 關한 共同私案이라도 推進(추진)하여 政治人들로 하여금 文化에의 關心을 集中시킬 用意는 없으신지요?

▲ 薛昌洙 = 民議員에는 柳光烈 先生(류광렬 선생), 柳津 敎授(류진

교수) 程度이고 參議員에는 藝術系統(예술계통)에 네 분, 言論系統에 三, 四名 都合(도합) 十名程度 되지요. 共同案 같은 것은 아직도 얼마 안되니 앞으로 硏究해볼 問題지요.

▲ 李崇寧 = 薛議員(설의원)께 많이 期待합니다.(웃음)

▲ 吳華燮 = 나 역시 政府의 文化에 對한 計劃的 政策이 要請됩니다. 年次計劃 같은 것을 세워서라도 順次的으로 解決해 가야할 것이 아닙니까?

▲ 李崇寧 = 우리 部面은 硏究所의 設置입니다. 東京大學에는 硏究所가 열 개나 있답니다.

▲ 羅雲英 = 제가 要求하고 싶은 것은 專用音樂堂입니다. 市公館에 마저 피아노가 없고 個人 것을 貰내다 쓰는 形便이니까요. (웃음) 또 國民歌謠의 獎勵 等입니다.

▲ 金煥基 = 나도 現代美術館 하나쯤 탐나는데요!(웃음)

▲ 具常 = 雩南會館(우남회관) 드릴까요?

(一同爆笑하고 散會)【끝】
《동아일보》(1960. 9. 9.-10.)

구상은 4·19 학생의거의 구호가 인간의 자유와 존엄의 수호와 쟁취 등 문화사적 성격과 의의가 있음을 말하고, 제2공화국의 정체 제반에 일대 변혁을 전제로 대담의 서두를 열지만, 자기의 의견보다는 참가자들의 의견을 더 많이 끌어내는, 사회자의 역할에 충실함을 보여준다. 그러면서도 대담 주제의 범위를 벗어나지 않게 자기의 소견을 드러내기도 하는데, 우리 문화의 빈혈 상태는 운영자들의 저열이나 비문화성에도 기인한 것, 학예술원의 구성과 선거 방식과 종신제 문제, 국가의 예술 장려와 육성 의

지와는 다른 운영의 실패 등이 그것이다. 신문사의 담당자와 이미 대담의 주제와 전개 방향을 조율하였겠지만, 구상은 마지막에 자기가 생각하였던 바, 민참양원에 참정문화인들이 정당이나 파를 초월해서 문화정책 전반에 관한 공동 사안이라도 추진하여 정치인들이 문화에의 관심을 집중시키는 문제를 제기하여 정치인들의 솔선수범을 요구하기도 하였다.

이 무렵 구상은 사회와 현실의 부조리에 맞서며 품었던 고뇌와 사색의 모음집인 『침언부어』 발간을 준비하고 있었다. 설창수에게 보내는 서간문 형식의 『침언부어』 서序에 보면 "세시장世時粧대로 표현을 밀면 〈맨발의 사상〉이라는 게 적합하겠군요. 그래서 저는 금세기의 총준聰俊이었던 알베르 카뮈 군의 말마따나 〈나는 아무것도 부러워하지 않고, 그것은 나의 권리〉로 삼고 살아왔던 것이며 담뿍 이런 행색을 가지고 사월공화국四月共和國을 맞았습니다. 이제 사상하고 표현하고 행동하는 광장은 진폭을 가지고 우리를 자유롭게 맞고 있습니다. …… 저는 허기虛氣로서 일년一年을 보내왔습니다"132)라고 당시의 심정을 드러내고 있다. 1961년 1월에 이 서문을 쓴 것을 고려할 때 구상은 지난 1년, 즉 1960년을 허기로 지냈다는 표현은 많은 것을 내포하는 것으로 보인다. 구체적으로 어떠한 것인가에 대한 서술은 없었지만, 서문의 끝부분에서 문필다운 문필을 경영할 때가 지금이라는 표현으로 볼 때 『침언부어』 이후 기운을 차리고 본격적인 문필활동을 전개할 것이라는 의지를 드러낸 것으로 보인다. 그 이면에는 그의 표현대로 사월공화국에서 누릴 자유에 대한 희망을 품고 있음을 알 수 있다. 이후 구상은 '4·19가 되고 또 5·16이 일어나자 행동적 현실 참여에 허탈감을 맛보고 자기 능력의 한계도 느껴서 문학 본령에의 복귀를 위하여 강단으로 전신'133)하였다.

---

132) 구상, 『침언부어』, 민중서관, 1961, 1-2.
133) 구상, 「에토스적 시와 삶」, 『구상문학총서』 제1권, 홍성사, 2002, 190.

◆ 꼬리말 ◆

　이 글들을 정리하면서 시대정신에 충실한 구상의 모습을 그릴 수 있었다. 여기서 충실하다는 것은 그가 평소에 말한 치열과 불굴의 정신을 적극적 정열로 불사르면서 정치 상황이 급변했던 우리 사회에서 시대가 요구했던, 그리고 구현해야만 했던 정신을 모색하며, 행동하는 양심으로 진심 전력으로 실천하였다는 것을 말한다.
　그 구체적인 실천 행위는 그가 추구했던 문학예술의 소산인 그의 작품과 글에 고스란히 담겨 있었다. 새로운 시대정신을 모색하면서도 그의 내면에는 그리스도교적 생명관을 바탕으로 한 삶의 철학과 사상을 담았지만, 의도적 투입이 아니라 삶에서 우러나오는 자연스러움이었다. 그의 삶과 육성이 묻어나는 활자들을 보면서 그 작품이 생산되었던 사회적 배경과 의미를 궁구하는 내내 가슴이 더워지는 것을 느꼈다. 이는 단순히 아름다운 문구에서 발견할 수 있는 놀라움 때문이 아니었다. 그 시대 상황에서 이런 노래를 할 수 있었고, 이런 이야기를 했고, 이런 생각을 전개할 수 있었던 '인간 구상'의 강력하고도 순수한 생명력을 만날 수 있었기 때문이었다. 그것은 마치 기득 세력들의 부패와 부조리 앞에서 정의를 말하고, 민중을 알고 민중 편에 서 있던, 순수하고 가난한 이의 마음을 읽었던, 그러면서도 한 잔 술과 소박한 음식으로 삶을 누릴 줄 알았던 예수의 모습과 닮아 있었다. 단순히 말로만 믿음을 이야기하는 것이 아니라 직접 행동으로 정의를 실천하여 어두운 곳을 밝히고자 노력하는 그리스도인의 모습과 문학예술인으로서 진선미를 추구하는 정신이 서로 부합하는 것을 느꼈다. 그것이 바로 작가정신인바 필자는 그의 글들 속에서 구상이 당대 시대정신을 찾아 이를 구현하기 위하여 '치열과 불굴의 정신'을 열정에 담아내고자 노력한 것을 확인할 수 있었다. 그는 시정신을 강조했고, 그것은 하나의 혁명과도 같은, 아니 혁명정신과도 같은 생명력을 지니고 있었다. 그의 글들은 생명력 충만한 삶의 표현이요, 그의 삶은 글과 동일선상에 서 있었고, 이는 곧 실천으로 이어졌으니, 그의 '정신과 삶과 실천적 행위'가 동일속이라고 하면 과한 표현일까?

　이상화 시인에게 바치는 헌사 속에 흐르는 거짓 없는 고백과 순백의 찬사는 누구라도 인정할 수밖에 없는 진실의 문장이었다. 그가 6·25전쟁 중에 쓴 많은 글이 결코 영웅심리에서 나온 것이 아니라 조국과 민족을 사랑하는 인간 구상의 진솔한 내면이 그대로 묻어났기에 소박할수록 더 울림이 컸었다. 이중섭 화백의 죽음 앞에 향우로서 내놓을 수 있는 그 깊은 내면의 통교는 실리적 이익 앞에 인간 본성을 상실해 가는 현대인의 우정을 다시금 되돌아보게 하는 힘이 있었다. 해방기를 거쳐 제1공화국의 혼란한 시기를 살아가는 문학인들과 문단의 흐름을 냉철한 시선으로 바라보는 그 예지의 눈빛과 문화민족의 빛을 세우기 위하여 민중문화에 대한 깊은 애정은 척박한 이 땅에서 문학인 무엇을 해야 하는가를 구체적으로 보여주는 의미 있는 걸음이었다. 시대의 흐름에 정의로운 방향을 제시했던 사설들과 대담들도 구상이 보여주는 현실 인식을 충분히 감지할 수 있는 것들이었으며, 그것을 바탕으로 시대정신을 구현하고자 노력했던 그 열정을 발견할 수 있었다.

이 글은 구상의 작품에 대한 시기별 특징을 분석하는 작업이 아니라 미발굴 작품을 소개하는 글이므로 처음부터 논리적 타당성이나 전개의 통일성을 염두에 두지는 않았다. 그러나 갈래별로 묶은 글들에 대해서는 발표순대로, 그 당시의 사회적 배경을 고려하였다. 소개하는 작품들 사이에 연결되는 시간의 연속성에서는 다소 무리가 있을지는 모르지만, 전체적으로 조망해 볼 때 구상의 삶과 사상을 알아가는 데에는 문제가 되지 않을 것으로 본다.

'머리말'에서 언급했듯이 이글은 '구상 연구의 총체적인 연구를 위한 기본 자료 집결의 필요성과 그 작업의 동기를 부여'하는 데 있는 만큼 구상의 글들을 원문대로 소개하는 데 역점을 두었다. 1947년부터 1960년까지 구상이 발표한 글들 전부가 아니라는 점을 생각할 때, 같은 생각을 가진 이들의 개인적인 노력이 모인다면 조만간 구상의 더 많은 글(자료)을 모을 수 있을 것이다.

지난 10여 년 동안 『구상문학총서』가 독자와 연구자에게 이바지한 바는 크고 지금도 여전히 유효하다. 그 기여의 공과 유효함을 유지한 채 한 걸음 더 나아가 일명 『구상 전집』의 실현을 생각해 본다. '전집'이 의미하는 것은 구상과 관련 있는 '자료 모음'이다. 문학 작품뿐 아니라 논설(사설), 좌담회를 비롯한 대담, 개인 작품집에 쓴 서문이나 발문, 작품 심사평이나 후기 등 이미 활자화된 것들과 활자화하지 않은 편지글이나 유작 등의 총집체總集體로서의 전집이 필요하다. 이는 향후 구상을 연구하려는 무수한 후학들의 연구에 도움이 될 뿐 아니라, 좀 더 많은 작품을 만나고 싶어 하는 독자들을 위하여 잘 정리된 전집의 발간은 또 하나의 기쁨이 될 것이다.

참고 및 인용자료

1. 신문·잡지

《가톨릭신문》(천주교회보, 가톨릭신보, 가톨릭시보)
《경향신문》
《국제신문》
《독립신문》
《마산일보》
《민중일보》
《부인신보》
《서울신문》
《연합신문》
《자유민보》
《자유신문》
《조선일보》
《효성학보》
『가톨릭청년』
『국제보도』
『동아춘추』
『문예』
『백민』
『부인경향』

『시문학』

『시탑』

『육군』

『전선문학』

『주간희망』

『죽순』

2. 단행본

고은. 『1950년대』, 민음사, 1973.
구상. 『구상』, 청구출판사, 1951.
　　　『침언부어』, 민중서관, 1961.
　　　『구상시전집』, 서문당, 1986.
　　　『구상문학총서』, 홍성사, 2002-2010.
김남조. 『목숨』, 수문각, 1954.
서중석. 『한국현대사』(개정증보판), 웅진지식하우스, 2013.
신영덕. 『한국전쟁과 종군작가』, 국학자료원, 2002.
이숭원. 『구상평전』, 분도출판사, 2019.
Bruce Cumings. 『한국전쟁의 기원 2-Ⅰ』(김범 옮김), 글항아리, 2023.

3. 논문·기사

곽효환. 「구상 초기시 연구 — 「수난의 장」에서 「초토의 시」까지」, 『한국시학연구』 제59호, 2019.

김병덕. 「현단계 문화 발전의 역사적 특질現段階 文化發展의 歷史的 特質」, 『문장文章』 제3권 제5호 (1948. 10.).

김용호. 「나무와 바람」, 《조선일보》 (1958. 12. 31.)

박노춘. 「나아드의 향유」, 《조선일보》 (1955. 7. 29.)

박영준. 「창간사」, 『육군』 창간호, 육군본부정훈감실, 1953.

장사선. 「해방문단의 비평사」, 『한국현대문학사』, 현대문학, 2008.4.

장유성·신혜승. 「같은 사건 다른 노래: 3·1절의 기념과 추모」, 『이화음악논집』 23집 1호, 이화여자대학교 음악연구소, 2019.

한수영. 「월남작가의 작품세계에 나타난 반공 이데올로기와 1950년대 현실인식」, 『역사비평』(1993 여름호).

황지영. 「『전선문학』과 여성 이미지」, 『이화어문논집』 제28집, 2010.

홍승희. 「예술인의 아내(10)-시인 구상 씨 부인 서영옥 여사」, 《매일경제》 (1982. 8. 3.)

4. 사전

국어국문학편찬위원회. 『국어국문학자료사전』, 한국사전연구사, 1999.

김영삼 편저. 『한국시대사전』, 한국사전연구사, 1997

농촌진흥원 국립원예특작과학원. 『꽃말사전』,
    https://www.nihhs.go.kr/usr/persnal/Flower_today.do

류덕제 집필. 『대구역사문화대전』 ID-GC40006452, 대구광역시.
    http://www.grandculture.net/daegu/toc/GC40006452.

부록

구상의 새로 찾은 글들 목록과 출전

순	제 목	출 전	비고
1	이제사 마즈막 인경을 울려	《부인신보》(1947.6.25.)	
2	우리는 마음이 가난한 백성이기에	《부인신보》(1947.6.28.)	
3	청년	『가톨릭청년』 5권 6호(1947.9.1.)	
4	사랑의 윤리	《연합신문》(1948.1.28.)	
5	봄의 신	《연합신문》(1949.2.3.)	
6	한국·시인	『백민』 제5권 제21집(1950.3.1.)	
7	마선시초	《국제보도》 24호(1950.4.25.)	
8	하늘이 주저앉기 전에	《천주교회보》(1952.6.25.)	
9	삼일위령가	《연합신문》 (1949.3.1.)	공동작 (공중인)
10	사랑을 지키리	『백민』 제5권 3호(1949.6.). 『구상』 (1951.5.)	
11	헌사	《죽순》 제8집(1948.3.25.)	
12	서울의 풍경초	《연합신문》(1949.2.4.)	
13	된장을 말함	『부인경향』 제1권 3호(1950.3.1.)	
14	시단빈상	《민중일보》(1948.3.27.)	
15	종군기	『문예』 제2권 제7호, 통권 12호(1950.12.)	
16	종합예술제여담	『전선문학』 제1호(1952.4.)	
17	운전병 「르」 중사	『전선문학』 제3호(1953.2.)	
18	종군작가단 2년	『전선문학』 제5호(1953.5.)	
19	문학정신과 혁명정신	『전선문학』 제4호(1953.4.)	
20	군인 이야기	『육군』 창간호(1953.8.12.)	

순	제 목	출 전	비고
21	전선집수초	『전선문학』 제6호(1953.9.)	
22	『전선문학』 편집후기 1	『전선문학』 제2호(1952.12.)	
23	『전선문학』 편집후기 2	『전선문학』 제5호(1953.5.)	
24	인간적 유죄	《효성학보》 제3호(1953.7.4.)	
25	향우 중섭 이야기	『주간희망』 42호(1956.10.19.)	
26	고투와 관조와 적멸	『백민』 제5권 2호(1949.3.1.)	
27	방황하는 시정신과 반성기의 우리 시단	《경향신문》(1949.3.29.-31.)	
28	경작과 파종기	《연합신문》(1950.1.1.)	
29	꽃들아! 네 마음대로 피어라	《경향신문》(1950.1.12.-13.)	
30	시인과 토양과 그 작업:시인론	『시문학』 1 (1950.8.)	
31	김남조 제3시집「나무와 바람」	《동아일보》(1958.10.28.)	
32	치열과 불굴의 정신을	《동아일보》(1961.1.20.)	
33	민중문화	《연합신문》(1949.2.13.)	
34	여적	《연합신문》(1949.2.20.)	
35	지주보상액 결정의 일시석	《연합신문》(1949.4.19.)	
36	보세운송제도 실시를 기함	《연합신문》(1950.4.13.)	
37	월남작가좌담회	《연합신문》(1949. 1. 23.-27.)	
38	정치경제문화인 정담회	《자유민보》(1949. 8. 9.-11.)	
39	종군예술가좌담회	『전선문학』 제2호 (1952. 12.)	
40	신춘문학좌담회	『전선문학』 제3호 (1953. 2.)	
41	격동기의 지성-문필가들은 말한다	《동아일보》(1959. 2. 15.-16.)	
42	술 먹고 웃은 죄로 옥살이 반년	《조선일보》(1960. 8. 28.)	
43	제2공화국에 바라는 문화정책	《동아일보》(1960. 9. 9.-10.)	